森田眞円著

観経玄義分窺義

永田文昌堂

まえがき

平成二十九年（二〇一七）の夏安居において、本講師を拝命し、『観経玄義分』を講じる機会を頂いたのは、まことに有り難いことである。これまで平成十七年に『観念法門』、平成二十七年に『観経序分義』といずれも善導大師のご著作を講じたが、今回の『観経玄義分』は、善導大師のご著作の中でも、最も重要な位置を占めるといえよう。何故ならば、この『観経玄義分』には、善導大師の発揮とされる「古今楷定」の内容が詳細に示されており、大師の『観無量寿経』理解、ひいては善導教学全体の内容が最も明確に顕れているからである。

善導大師は隋の末に誕生されたが、隋朝が前代の北周とは違って盛んに仏教を保護した為、仏教界全体の発展は目覚ましいものがあったのである。しかしながら、唐の時代に入って、仏教界の様々な問題が露呈することとなる。善導大師より十七歳年長で、南山律宗の開祖であり、『続高僧伝』の編者である道宣は、その主著『四分律刪繁補闕行事鈔』に、当今の仏教者のあり方について、

今、流俗の僧尼は多く、仏・法を奉せず、並に教網に愚かにして内に正信なく、見高遠ならずして大節を虧くを致す。（大正蔵四〇、一三二頁下）

と述べ、僧尼は外側は仏教者の相をしているものの、内心は仏法を信ぜず、教理の知識もなく、見識もなく僧侶としての節度も欠けている。また、仏像や経典に対しても敬いの気持ちがなく、その為、俗人からも軽蔑され正法を損ねることになっていると嘆いている。

当時、私度僧や偽濫僧が横行しており、このような腐敗や堕落は起こるべくして起こる問題であったが、そのことが教団に対する世俗法の適用、すなわち国家の介入を招くこととなった。また、それらは仏教批判の口実となり、唐初の武徳四年（六二一）に道教から廃仏の奏上がなされて以降の道教・仏教の争いの契機ともなるのである。

また一方、隋から唐初の時代に入った当時の中国仏教は、前代の翻訳時代とうってかわって、いよいよ中国仏教としての新宗成立の時代に入ったのである。特に、玄奘三蔵が大量の経論疏をインドから持ち帰り、国家的規模で翻訳事業が推進されることとなり、経論の学問的体系的解釈がより一層重要になってくるのである。そこで、仏教を理論的に整理する必要から、経論の学解的理解が主流となり、その結果「いたずらに理論の高尚をたたかわし、瑣細な行事作法に関する戒律の伝持するようなことは、これを実行しないのみならず、それを実行するをみては罵詈嘲笑するごとき悪弊」（宮林昭彦「道宣の戒律観」（『日本仏教学会年報』三二、一四六頁）があったと指摘されている。

したがって、一般の僧尼の中には、仏教者としての自覚に欠ける者が多く見られ、また学問に携わっている僧侶には、仏教者の実践行動に対する意識が希薄であるというような状況があったように思われる。

このような当時の状況にあって、善導大師は時代の中で仏教が抱える課題を見つめ、あるべき仏教の姿を真摯に求められたのである。そこで、『法事讃』『往生礼讃』『観念法門』『般舟讃』という具疏を著して、浄土教の行儀、すなわち浄土教者のあるべき日常実践の姿勢を明らかにされる。そしてまた、『観経四帖疏』を製作して、従来からの学解的な『観経』解釈や浄土理解の誤りを楷定して、浄土教独自の教理体系を確立し、時代に即応した仏教の果たすべき役割を提示されるのである。このような大師の姿勢こそが、時代を超えて法然聖人や宗祖に大きな影響を与えたのである。

この『観経四帖疏』の中、『観経序分義』『観経定善義』『観経散善義』は、『観経』の経文の一字一句を綿密に解説された書であるが、今回の『観経玄義分』は、その題目の通り『観経』全体を通して現れる「奥深い義」(玄義)を明かす総説部分であり、釈尊が説かれた経説の真意・正意を開顕しようとするものである。

『観経玄義分』の構成は、はじめに「帰三宝偈」という偈文を配し、続いて七門に分けて『観経』の玄旨を明かされる。まず第一に『観経』全体の主意を掲げて目標を示した「序題門」、第二に経題の上に顕される『観経』の要義を示した「釈名門」、第三に宗旨の不同と教の大小を示した「宗教門」、第四に『観経』が仏の自説であることを示した「説人門」、第五に韋提致請の定善と釈尊自開の散善を明らかにした「定散門」、第六に経と論の相違を和会する為に広く問答を施して疑情を釈去した「和会門」、第七に韋提希の得益を明らかにした「得益門」が配されているのである。

この中、「定散門」「和会門」「得益門」等では、当時の仏教界において重き位置を占めていた聖道門の諸師や摂論学派の人々の『観経』解釈や浄土教に対する理解を取り上げて、その所説の誤りを正す、いわゆる「古今楷定」の内容が展開されているのである。

中でも特に、第六「和会門」が最も中心となることは、『観経玄義分』の最後において、

証していはく、掌に機糸を握ること十有三結、条々理に順じて、もつて玄門に応じをはりぬ。

(七祖註釈版、三三三頁)

と結ばれることからも窺うことができる。この「掌に機糸を握る」とは、『観経』全体を織物に見立てたもので、掌に握った十三束の機織り糸の一条一条が正しく理に順っていることを示すのである。そしてその十三条とは、「序題門」「釈名門」「宗教門」「説人門」「定散門」「和会門」「得益門」の七門に加えて、「和会門」中の六項目、すなわち「一、諸師解」「二、道理破」「三、返対破」「四、出文顕証」「五、別時意会通」「六、二乗種不生」の六章を加えて十三の条条としたと考えられている。このことからも、「和会門」において、『玄義分』で最も中心となる問題が論じられていることが分かる

のである。

よって本講義では、「和会門」を中心として、善導大師がどのような意向によって「古今楷定」されたのか、その立論を詳細に検討する。それによって、唐初の仏教界の様々な状況の中で、末世の凡愚に目覚めながら、浄土教独自の仏道実践を顕して釈尊の正意に逼らんとされる善導大師の意向を窺うこととする。

思えば、昭和四十九年度の夏安居において、我が師である故村上速水和上が副講者として講じられた『観経玄義分』を、今回講じることは誠に感慨深いものがある。村上和上の『玄義分摘要』や勉強ノートの指南を仰ぎつつ、本書を纏めたのであって、改めて師恩に感謝したい思いで一杯である。

なお、本書の校正にあたってご尽力を頂いた龍谷大学文学部准教授の高田文英氏、京都女子大学講師の竹本了悟氏・那須公昭氏・東光直也氏、九州龍谷短期大学講師の内田准心氏、浄土真宗本願寺派宗学院本科生の釈氏真澄氏・西村慶哉氏、龍谷大学博士後期課程の谷治暁雲氏・藤雄正受氏、また出版に種々の便宜をはかっていただいた永田文昌堂主人のご厚情に対して、心より御礼を申し上げたい。

平成二十九年　七月

京洛室町の寓居にて

著　者　識す

目次

本論

凡例

一、引用文の漢字は、原則として常用漢字を含む現行の通行体を使用した。

一、所釈の『観経玄義分』の文については、『浄土真宗聖典全書一　三経七祖篇』を用いたが、『浄土真宗聖典七祖篇（註釈版）』に依る訓み下し文を付して、その頁数を示した。

また、本文中の『浄土真宗聖典七祖篇（註釈版）』以外の聖教は、『浄土真宗聖典（註釈版第二版）』に依る訓み下し文を引用して、その頁数を示した。

一、『大正新脩大蔵経』からの引用文には巻数・頁数を示した。

なお「本論」では、『国訳一切経』に収録される典籍は、原則としてその訓み下し文を用いた。

一、「序論」での註は、「序論」の末尾に付した。

一、本文中、および引用文の傍線部は、筆者による強調。

一、略号一覧

『真聖全四』――――『真宗聖教全書四　拾遺部上』（大八木興文堂）

『聖典全書一』――『浄土真宗聖典全書一　三経七祖篇』（本願寺出版社）
『聖典全書二』――『浄土真宗聖典全書二　宗祖篇上』（本願寺出版社）
『聖典全書三』――『浄土真宗聖典全書三　宗祖篇下』（本願寺出版社）
『聖典全書四』――『浄土真宗聖典全書四　相伝篇上』（本願寺出版社）
『七祖註釈版』――『浄土真宗聖典七祖篇（註釈版）』（本願寺出版社）
『註釈版』――『浄土真宗聖典（註釈版第二版）』（本願寺出版社）
『大正蔵』――『大正新脩大蔵経』（大正一切経刊行会）
『諸橋』――諸橋轍次著『大漢和辞典』（大修館書店）
『慧遠疏』――慧遠『観無量寿経義疏』（大正蔵三七）
『吉蔵疏』――吉蔵『観無量寿経義疏』（大正蔵三七）
『智顗疏』――智顗『観無量寿仏経疏』（大正蔵三七）
『伝通記』――良忠『観経玄義分伝通記』（大正蔵五七）
『楷定記』――顕意『観経玄義分楷定記』（西山全書六）
『四帖疏講義』――深励師『観経四帖疏講義』（法蔵館）
『玄義分講録』――月珠師『玄義分講録』（真宗叢書五）

『玄義分講要』――祐義師『観経玄義分講要』(大谷派安居事務所)
『玄義分摘要』――速水師『玄義分摘要』(安居事務所)

序論　善導大師当時の時代状況と仏教界

第一章　隋唐時代の仏教政策

（一）北周から隋へ

中国仏教の歴史において、いわゆる「三武一宗の法難」という四人の皇帝による仏教弾圧の内、北魏の太武帝に続く二番目の弾圧が北周武帝（在位五六〇〜五七八）による廃仏である。長きに亘って南北に分かれていた中国を統一せんとする野望を抱いていた武帝は、富国強兵政策を取って国力を挙げることに邁進する。当初は儒教・仏教・道教の三教斉一をもって宗教政策としていた武帝であったが、次第に富国強兵政策の障害となる仏教・道教両教団に対する不満を高め、国家財政の健全化や堕落した僧侶や道士の粛清をはかって、建徳三年（五七四）に詔勅を下し、徹底的な弾圧を断行するのである。更に三年後に隣国北斉を討伐した際にも、同じく廃仏を実施した。これらの廃仏によって、仏教寺院四万を廃寺して貴族の邸宅に充て、経典論疏を焚焼し、僧尼三百万人を還俗させた為、多くの高僧が南朝に逃れたという。この廃仏は、武帝が亡くなったことによって終了し、「わずか五年弱であったが、仏教界に与えた影響は、思想的にも経済的にも大なるものがあった」[1]のである。この法難を契機として、末法思想が興隆し、それが原動力となって、やがて道綽禅師・善導大師の浄土教思想を導き出すことにもなるのである。

武帝が亡くなり、宣帝の世となったが、一年も経たない内に、八歳の息子静帝に位を譲って政務を放棄した為、静帝の外祖父であった楊堅が実権を握り、孫の静帝から位を奪って新しく王朝を開く。これが隋の高祖文帝（在位五八一～六〇四）であり、この八年後の開皇九年（五八九）には、南朝の陳を併呑して、後漢（二三五～二二〇）が滅んで以来、三六九年振りに中国全土を統一するのである。

この文帝は、前王朝の廃仏から一転して、大規模な仏教復興事業を行う。先ず、即位した開皇元年（五八一）に、一千人余の僧尼を得度させ、五岳（東西南北中）に仏寺を建立して、仏教に基づく国造りを内外に宣言したのを始めとして、翌年には大興城と命名した新都に、国立寺院として大興善寺を造営し、更に中国各地に大興国寺を造営する。開皇十二年（五九二）頃には、仏教の教化を徹底させる為に、五衆主及び二十五衆の設置を行い、仁寿元年（六〇一）よりは、全国百十余州に仏舎利を頒布して、仏教帰依の中心となした。この文帝時代には、度する僧尼二十三万人、諸寺三七九二所、写経四十六蔵一三二八一六巻などの結果をもたらす仏教復興政策が行われたが、その狙いは、「仏教をもって統一国家隋の精神的支柱とする」(2)ことであった。

続く煬帝（在位六〇四〜六一七）は、晋王楊広と呼ばれた若き日より傾倒していた天台大師智顗（五三八〜五九七）を始め、多くの高僧を揚州に集めて、慧日・法雲・玉清・金洞の四道場に住まわせた。この中、慧日道場に迎えられた嘉祥大師吉蔵（五四九〜六二三）は優遇されて、後に長安の日厳寺に移って、三論教学を大成する。煬帝は、前帝の仏教政策を引き継ぎ、即位するや文帝の為に都城内に西禅定寺を建立し、更に河北省・山西省や東都洛陽や都城内に次々と大寺院を建立する。文帝が大興善寺に訳経館を設けて、那連提耶舎（四九〇〜五八九）等を集めて訳経事業を行ったことに倣い、煬帝も洛陽の上林園中に翻経館を設けて、彦琮（五五七〜六一〇）等に盛んに訳経を行わせた。しかしながら、このような仏教保護政策もやがて変化を見せる。次第に独裁者の姿を露呈してきた煬帝は、莫大な費用と労働の負担を民衆に強いた大運河の掘鑿事業を推し進める中、仏教教団の綱紀粛正を名目として、大業五年（六〇九）には、全国一斉に徳業のない僧尼を還俗させ、在籍を許された数にあわせて寺院を統廃合するという教団の整理淘汰を敢行する。これは大運河の掘鑿事業と高句麗遠征の失敗などの財政的損失を補塡する為であったと考えられる。やがて、隋末になって楊玄感の反乱は辛うじて治まったものの、各地で反乱が起こり、揚州において煬帝は殺害されて、わずか三十六年間で隋は滅亡する。

以上が隋代の仏教政策であったが、隋朝が国家宗教として盛んに仏教を保護したのは、国内統治に役立たせようという政治的利用の意味合いが大きかったのであるが、それによる仏教界全体の発展は目覚ましいものがあったといえるのである。

(二) 唐初の仏教政策

唐の高祖となる李淵は太原（山西省）にて決起し、長安を制圧し、翌年の武徳元年（六一八）より唐朝を建てて高祖となり、年号を武徳とした。隋朝から唐朝への交替は、どういう集団によってなされたかは、諸説あるが、李淵の政治集団は、一部の大原の豪族も見られるが、全般的に見て、幹部の多くのものが、隋の官吏の経歴があり、さらに彼等の父祖が北魏・北周（斉）・隋系統の官吏が多いことから、結局において、支配集団は官僚的集団であり、北朝以来の支配集団と変化していないとされている。(3) これらの支配集団にとって、新しく力を持ち始めた道教教団や仏教教団をどのように統治していくかは、大変大きな問題であった。

武徳四年（六二一）、太史令となった道士傅奕（五五四〜六三九）が「廃仏法事十有一条」を高祖に上訴する。その内容は、隋の文帝の仏教保護によっていかに国が疲弊したかを論じたものであり、これに対して法琳（五七二～六四〇）が『破邪論』を著し、隋の文帝の宗教政策に倣うべきであると反駁し、後には『弁正論』（武徳九年）を著して、唐初の道仏の主導権争いが生じてくるのである。

武徳九年（六二六）に、いわゆる「玄武門の変」が勃発する。これは高祖の第二子李世民が、第一子皇太子建成と第四子元吉を玄武門にて誅殺し、この後、世民は皇太子となり、高祖を引退させて太宗となる政変である。

この「玄武門の変」以前に、高祖は、①戒行精進の僧尼・道士女冠を除き、還俗させて郷里に還らし、②長安には仏寺三所と道観二所とし、諸州は道仏それぞれ一所のみとし、それ以外は廃棄するという道仏二教に対する宗教政策の詔を出していた。ところが、玄武門の変で全権を掌握した太宗が、人心収攬の策として、高祖の詔を撤回するのである。しかしながら、このような詔が出されることは、既に道仏二教の盛行にこと寄せて、道士や僧侶の中に徭役を逃れる為に出家するものが多くいたことを示しているであろう。(4)

このような状況の中、太宗は国家権力のもとに宗教界を統御する政策を推し進め、貞観十一年（六三七）に公式の席次を「道先仏後」とする詔勅を出す。その後、貞観十三年に太宗が太后の追福の為に弘福寺に参詣して自らを「皇帝菩薩戒弟子」と称しながらも、席次を「道先仏後」とした弁明をしている。それは、

以老子是朕先宗故令居釈氏先。〈中略〉凡有功徳僉向釈門。往日所在戦場皆立仏寺。太原旧第亦以奉仏。存心若此卿等応知。（『仏祖統紀』大正蔵四九、三六五下）

というもので、唐室の李姓は老子に通じているから先祖を優先して道教を上位にしたが、仏教に帰依している思いを汲んでくれるようにと述べている。これは、「少数派の道教と圧倒的な勢力を持つ仏教とのバランスを狙った」[5]苦肉の政策であったといえる。なお、このような道仏の対論は次の高宗時代にも続き、則天武后の執政時代には「仏先道後」になるが、その後玄宗時代には再び「道先仏後」に戻っていく。

また太宗は、この頃「『遺教経』施行勅」を出している。これは、『遺教経』を官費で、書写させて天下に施行したものであって、一見すると、仏教護持の如く見えるが、実は、如来は滅度の時に国王大臣に付属して仏法を護持させていたので、付属を受けた国王は、『遺教経』の本旨に逸脱した僧尼の行業を許さないとするものである。従来は、『仁王般若経』『梵網経』などに「仏法の国王付属」が説かれていることによって、国王は仏法護持に努めるべきであるとされていた。しかし太宗は、それを逆手に取り、国王は、仏法の付属を受けたのだから、僧尼を管理していく責務があるとしたのである。これもまた太宗が、仏教を王法の下に組み入れようとした政策であろう。[6]

この太宗の貞観の治政の時代に特筆すべきことは、貞観十九年（六四五）に、国禁を破って十七年間インドに渡っていた玄奘三蔵（六〇〇・六〇二〜六六四）が、国中から歓喜の声で迎えられ、大乗経二二四部、大乗論一九二部、小乗の経律論一九三部、因明論三六部、声明論一三部の経論や仏像・舎利等を持って帰国したことである。太宗の玄奘への信頼は厚く、これによって仏教保護がなされるに至った。なお、玄奘が帰国した同じ年に八十四歳で道綽禅師が往生され、三十三歳の善導大師が長安に移って来られるのである。

以上のような唐初の仏教統治政策は、その他にも僧尼を統括する僧官制度や隋の文帝の大興国寺を真似た国分寺建立等、様々に行われるが、国家からは、国の安泰を祈願し、皇帝の威徳を宣揚することが求められるのである。これに対して仏教側は、それらに応えながら皇帝の信用を得て、訳経事業や経録の編纂を進展させ、あるいはまた石窟等の仏教芸術を発展させることとなる。

そしてまた、この隋唐時代の仏教は、仏教思想史の大きな転換期であって、「インド亜流の仏教より独立し、新しく漢民族が創造した中国人の新宗教」[7]が興起した時代であり、三論宗・天台宗・法相宗・華厳宗・律宗・禅宗や浄土教・三階教などの諸宗が成立してくるのである。

第二章　当時の学僧と『観無量寿経』

六朝　五八一　隋　六一八　唐

慧光四六八…—五三七
曇鸞四七六…—五四二
真諦四九九…—五六九
慧思五一五…—五七七
霊裕五一八—六〇五
慧遠五二三—五九二
智顗五三八—五九七
信行五四一—五九四
曇遷五四二—六〇七

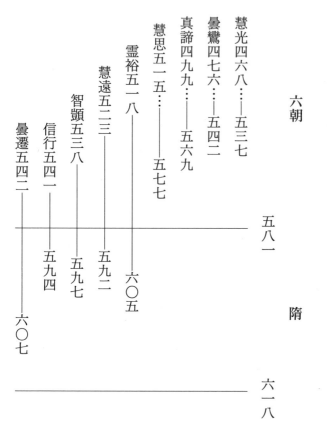

六朝　隋　唐

吉蔵	五四九	六二三
彦琮	五五七	六一〇
灌頂	五六一	六三二
道綽	五六二	六四五
法琳	五七二	六四〇
道宣	五九六	六六七
玄奘	六〇〇	六六四
智儼	六〇二	六六八
弘忍	六〇二	六七五
善導	六一三	六八一
基	六三二	六八二
慧能	六三八	…七一三
法蔵	六四三	…七一二

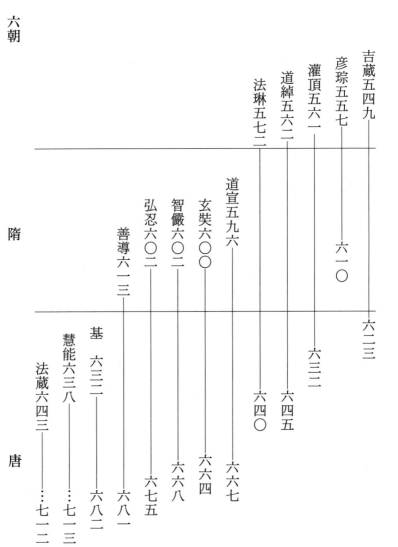

（一）浄影寺慧遠

隋代の巨石浄影寺慧遠（五二三〜五九二）は、敦煌に生れ、二十歳の時、北斉の鄴都にて法上（四九五〜五八〇）に師事して具足戒を受け、地論宗南道派の祖である光統律師慧光（四六八〜五三七）門下に連なった。その後、曇隠に『四部律』を学び、さらに法上に地論教学を学び、地論宗南道派の学問を大成した。北周時代には武帝の廃仏に敢然と抗したと伝聞され、晩年には隋の文帝の仏教治国政策の下、隠棲の地西山から招かれて六大徳として大興善寺の住僧となり、洛州沙門都という僧官統制職に任ぜられた。その学績は世に「釈義の高祖」と讃えられる当代一流の学匠であった。主著ともいえる『大乗義章』二十八巻を始めとして、『涅槃経』『華厳経』『勝鬘経』『維摩経』等の多くの大乗経論に註釈を施したのであるが、これは、廃仏の危機に際して、何としても仏法を次代に継承せんとする思いのなせる業であったと思われる。その慧遠が、当時中国仏教界に流布・注目されたであろう『観経』に着目し、『無量寿経』と共に、註釈を施したことは、大乗経典としての浄土教経典の位置を明らかにしたと言えるであろう。

慧遠没後、数十年を経て誕生した善導大師の時代は、永い戦乱の時代から統一国家が形成され、いわゆる中国仏教が花開く時代となったが、それ故に往時の慧遠の名声・学績は仏教界に讃嘆され、多大の影響力を持っていたことは想像に難くない。当然、善導大師も、師道綽禅師と共に、その影響下にあったのである。

現存する『観経』の註釈書で、最も古いものは慧遠のものであるが、善導大師がそれを見たであろうことはまず疑いの余地がない。

慧遠の『観経義疏』の「序分・正宗分・流通分」を解釈する一段に、

化必有由故先明序。由序既興正陳所説故次明正宗。為説既周欲以所説伝布末代歎勝勧学付伝於後故明流通。(大正蔵三七、一七四頁上)

とあるが、善導大師の『観経疏』「序分義」には、

然化必有由、故先明序。由序既興正陳所説。次明正宗。為説既周、欲以所説伝持末代、歎勝勧学。後明流通。(聖典全書一、六八〇頁)

とあって、ほぼ同文である。その他にも、

言証信者、欲明阿難稟承仏教伝持末代、為対衆生故如是観法、我従仏聞、証誠可信。故名証信序。(同右、六八二頁)

仏将説法、先託於時処。(同右、六八二頁)

此水即有八種之徳。一者清浄潤沢、即是色入摂。二者不臭、即是香入摂。三者軽。四者冷。五者軟、即是触入摂。六者美、是味入摂。七者飲時調適。八者飲已無患、是法入摂。（同右、七三五頁）

等とほぼ同文と見られる箇所がある。

あるいは、慧遠の解釈を承けながら、それをさらに詳細に論じる箇所も随所に見られる。例えば、慧遠が「与大比丘」を解釈して、

声聞衆中初言与者以身兼彼称之為与。（大正蔵三七、一七五頁中）

として「大」の三徳と「比丘」の五義を挙げているが、善導大師はそれを承けて、

就声聞衆中即有其九。初言「与」者仏身兼衆。故名為与。二者総大、三者相大、四者衆大、五者耆年大、六者数大、七者尊宿大、八者内有実徳大、九者果証大。（聖典全書一、六八四頁）

と述べて、慧遠の解釈を展開している。これと同様に「如是」を釈するところでも、慧遠の釈を承けて展開されている。

また、「二乗種不生」に関する『浄土論』と『観経』との会通において、慧遠は、

往生論拠終為言故説二乗種子不生。此経就始故説中輩学小得生。（大正蔵三七、一八四頁中）

として、「拠終」（不生）と「就始」（得生）と分けて解釈している。善導大師はこの問題に関して、

下輩の三人を挙げて慧遠とは違う独特の解釈をなしているが、結びの部分には、

前解就不定之始、後解就小果之終也。　　　　　（聖典全書一、六七八頁）

と述べて、「就始」「就終」という会通の形式は承けている。また、この外にも善導大師に見られる「隠顕」という会通の形式が、「隠顕彰」として慧遠にあることも示しておきたい。

このように、善導大師が慧遠の影響下にあったことは否定できない(8)。従来から宗学においては、善導大師の「古今楷定」については種々に論じられているが、大師の発揮が強調されるあまり、慧遠の影響力の面は、どちらかと言えば等閑視されてきた。それは、古今楷定の主眼が慧遠にあったと考えられる為、ある意味では当然のことである。

しかし、本来、批判と影響とは表裏をなしているはずである。批判する対象を充分吟味し咀嚼して、その問題点を露呈する訳であるから、その間の影響は必然のことである。しかも、対外道ではなく、仏教の教義内における批判は、たとえ尖鋭な批判の言葉が前面に現れようとも、仏道を歩む先達・同朋としての尊崇があることは言うまでもない。

しかしながら、慧遠の『観経』解釈はあくまで聖道門の立場からの理解であった。五十代半ばで、北周武帝の破仏の試練にみまわれた慧遠は、武帝に抗弁して隠遁生活を送ったが、慧遠の著述はこの隠遁生活中において構想がなり、順次製作されたといわれる。したがって、慧遠が心血を注いだ大乗

の経論の註釈は、経論それぞれが大乗仏教全体の中でどのような位置にありどのような特色を持つのかを明確にして、仏教界の統一をはかり、仏教の地位を揺るぎないものにせんとする意図が含まれていたと思われる。それは主著である『大乗義章』全二六巻の編纂にも現れていて、それまでの中国仏教を集大成して、仏教の教えを次代に遺そうという強い意志が見られるのである。よって『観経』解釈においても、他の大乗経論との論理的整合性が志向され、聖道門全体の立場から、浄土教の位置を示す理解なのである。

例えば、阿弥陀仏の仏身については、『大乗義章』において「開真合応」と「開応合真」の三身説を示して仏身を説明している。本書（「本論」三二五頁）で詳説しているが、そこでは、真身の阿弥陀仏を認めるものの、『無量寿経義疏』『観経義疏』では阿弥陀仏を応身の仏としている。すなわち『無量寿経義疏』には、

此仏寿長。凡夫二乗不能測度知其限算。故曰無量。命限称寿。云何得知是応非真。如観世音及大勢至授記経説。無量寿仏寿雖長遠。亦有終尽。（大正蔵三七、九二頁上）

と述べて、阿弥陀仏は応身であってその寿命は有量であるが、凡夫二乗が測ることができない為に無量寿と名づけるとし、その証明として『観音授記経』に阿弥陀仏の終尽が説かれていることを挙げている。これは他の大乗経典との整合性から規定された阿弥陀仏観であろう。したがって、『無量寿経』

『観経』に説かれた西方浄土とは、凡夫の往生が可能となるような低位の応土でしかないとするのである。

これに対して、善導大師は浄土教の独自性を発揮することに力点を置いて『観経』を解釈されるといってよいであろう。もちろん、他の大乗経典を引用して自説の証明とされることはあるものの、意を取って述べる場合も多く見られ、『観経疏』「玄義分」の「和会門」等に見られる従来の説への反論は、『観経』所説の範囲内において正当性を証明し、浄土教の立場によって仏意を明らかにせんとする意向が窺われるのである。

これは「学解の人と信仰の人という大きな異なり(9)」と指摘されるような両者の相違であるが、それは両者の生きた時代や社会、仏教界における立場の相違によるものであろう。

(二) 地論宗と摂論学派

浄影寺慧遠の属した地論宗は摂論学派と深い結びつきを持つのであるが、その契機となった事柄がある。それは、慧遠が文帝に遇されて大興善寺の住僧となった頃、北周の武帝の廃仏から南朝に逃れていた曇遷(五四二～六〇七)が、真諦訳『摂大乗論』『摂大乗論釈』を持ち帰ったのであるが、その講義を聴いた慧遠が大きな影響を受けるのである。

地論宗の興起については、そもそも『華厳経』の「十地品」がその起源となる。「十地品」は『十住経』『十地経』として別行され、龍樹は『十住毘婆沙論』二十巻、世親は『十地経論』十二巻を製作したのであるが、東晋時代に『華厳経』の全訳（六十華厳）が伝来し、漸次『十地経』が研究されることとなる。佐々木月樵師の『漢訳四本対照摂大乗論』(10)に依れば、梁の僧叡や道融（鳩摩羅什門下十哲の一人）等を嚆矢として多くの『十地経』研究がなされたが、その後菩提流支（?～五二七）等によって伝訳された世親の『十地経論』を講説する学派を「地論学派」と呼ぶのである。北魏の永平元年（五〇八）菩提流支が洛陽に来たって、勒那摩提（生没年不詳）と共に世親の『十地経論』を翻訳することとなった。両者は翻訳上の対立から各々一本を製作したが、光統律師慧光（四六八～五三七）が両本を対照和会して合成したのが、現行の『十地経論』十二巻である（仏陀扇多を加えた三人説もある）。この世親の『十地経論』伝訳以後、経よりも論の研究が盛んになり、地論学派が樹立されることとなる。その後、勒那摩提―光統律師慧光の流れを汲む慧遠の南道派と、菩提流支―道龍の流れを汲む北道派の系統に発展していく。

一方、真諦三蔵（四九九～五六九）は、梁の大同十二年（五四六）に来たって慶州に住し、翌々年に建業に入って梁の武帝に拝謁したのである。この時、北地では菩提流支・勒那摩提が来たって約四十年にて、地論学派勃興の時代であった。真諦は、国難の勃発によって困窮するが、陳の天嘉四年(五六三)、広州制旨寺において無著の『摂大乗論』三巻と世親の『摂大乗論釈』十五巻を訳出した。仏陀扇多が洛陽にて『摂大乗論』を訳出してから三十三年目であった。その後、南朝においては、『摂大乗論』『摂大乗論釈』が弘通せず、真諦は陳の大建元年(五六九)に七十一歳にて、失意の内に逝去する。

やがて隋が興り、北周の武帝の弾圧によって、南朝に逃れていた地論学派の人々が北地に帰るのであるが、この時、真諦訳『摂大乗論』『摂大乗論釈』を北地に持ち帰って、弘通したのが先ほど述べた曇遷であった。曇遷が隋の開皇七年(五八七)、勅命によって五大徳と共に文帝に拝謁したことが、真諦訳弘伝の契機となったのである。したがって、真諦の伝訳によって始まった摂論学派は、直弟子によって南朝に伝えられたものの弘通せず、真諦訳が北地に伝えられ、地論学派、殊に光統系の学匠によって、ようやく隆盛することになるのである。

その後、地論学派の北道派と南道派の教義的対立が起こり、南道派は阿頼耶識を真如と同一視して真如縁起を提唱し、北道派は阿頼耶識を無明妄心と同一視して妄識縁起を主張して対立することになる。それは、北道派が真諦訳の移北によって、新しく『摂大乗論』の妄識縁起説を移入して南道派に対抗しようとしたからであり、南道派も『起信論』を背景にして、真識縁起を強調して対立は深まることとになる。しかしながら、南道派には慧遠の如き大成者が現れるも、北道派は道龍門下が振るわず、『摂大乗論』を表に出していた為に、いつの間にか南道派地論学派対北道派摂論学派という構図が出来上がってくることになるのである。

この摂論学派が広まる中、『摂大乗論』に基づいて、浄土教に対する論難がなされる。『摂大乗論』に説かれる仏身は、自性身・受用身・変化身の三身であり、仏土はその三身所居の土とされるが、自性身は無相である故に所居の土は無く、変化身の土は穢土であるから、結局のところ浄土とは地上の聖人所居の受用土のみとなり、その相は十八円浄で示される。真諦訳『摂大乗論釈』（大正蔵三一二六三頁中）には、その浄土は出過三界の行処であって、凡夫の往生は不可能とするのである。それ故に『観経』で説かれる往生は、釈尊方便の「別時意説」に他ならないと主張するのである。このような主張が広まることによって、百余年に亘って西方の浄業が修されなかったと懐感が述べる（大正蔵四七、三九頁上）ように、浄土教の教えに大きな影響がもたらされたのであった。

（三）天台大師智顗

梁・陳・隋の時代に活躍し、天台宗の教学を大成した智顗（五三八～五九八）は、荊州華容県出身で、十八歳にて果願寺法緒の下で出家した。その後、二十三歳の時、慧文（生没年不明）の教えを受けた慧思（五一四・五一五〜五七七）の下で、法華三昧を修して悟りを開く。その後、金陵の瓦官寺に至って、『大智度論』『法華玄義』等を講じたが、三十八歳の時から天台山に籠もる。その後、四十九歳の時に光宅寺にて『法華文句』を開講し、五十三歳の時、晋王広（煬帝）に菩薩戒を授けて、智者大師の称号を受ける。その後、荆州の玉泉寺において再び『法華玄義』を講じ、翌年には『摩訶止観』を講じた。開皇十五年（五九五）には天台山に帰ったが、晋王広の招きを受けて下山の途中、病を得て西門石城寺にて示寂した。

この智顗の『維摩経略疏』には、

一染浄国凡聖共居。二有余方便人住。三果報純法身居。即因陀羅網無障碍土也。四常寂光即妙覚所居也。（大正蔵三八、五六四頁中）

と述べて、①凡聖同居土②方便有余土③実報無障碍土④常寂光土の四種の浄土を挙げている。この内、

前二是応即応仏所居。第三亦応亦報即報仏所居。後一但是真浄非応非報。即法身所居。（大正蔵三八、五六八頁中）

と述べるように、①と②は応仏の所居であり、③は亦応亦報で報仏の所居であり、④は法身仏の所居であるとする。そして、①の凡聖同居土を穢土と浄土とに分け、凡聖同居土の浄土が西方無量寿国で

あるとしている。この無量寿国には『観経』に説かれるように、

故経云犯重罪者臨終之時懺悔念仏業障便転即得往生。若但聖生凡夫何得願生彼土。故知雖具惑染願力持心亦得居也。（大正蔵三八、五六四頁中）

重罪の凡夫が念仏によって往生し、惑染を具すると雖も、願力を心に持っているから浄土に同居できるとする。また、この智顗の書と伝えられる『観経疏』にも同様の四種浄土が説かれ、そこでは阿弥陀仏に関しても、

如阿弥陀実有期限。人天莫数是有量之無量。応仏皆為両量。（大正蔵三七、一八八頁中）

と述べて、慧遠と同じく有量の無量寿である応身として規定している。

(四) 嘉祥大師吉蔵

三論宗の教学を大成した吉蔵（五四九〜六二三）は、金陵で生まれたが、祖先は安息国の人であることから「胡吉蔵」と呼ばれる。幼少の頃から法朗（五〇七〜五八一）について学問を深め、専ら三論を研究した。隋が起こって以後、会稽の嘉祥寺に住したが、煬帝に招かれて揚州の慧日道場に入り、空の思想を理論的に説明した『三論玄義』等を著した。

吉蔵は『大乗玄論』に、

就浄土中更開四位。一凡聖同居土。如弥勒出時凡聖共在浄土内住。亦如西方九品往生為凡。復有三乗賢聖也。二大小同住土。謂羅漢辟支及大力菩薩。捨三界分段身。生界外浄土中也。三独菩薩所住土。謂菩薩道過二乗。居土亦異。如香積世界。無二乗名。亦如七宝世界。純諸菩薩也。四諸仏独居土。如仁王云。三賢十聖住果報。唯仏一人居浄土。諸浄土位不出此四。

(大正蔵四五、六七頁上)

と述べて、四種の浄土を規定し、西方浄土は凡夫と三乗賢聖とが同居する浄土であるとする。また『観経義疏』では、経題の「観」を解釈するに、

観有三種。一観実相法身。二観修成法身。三観化身。〈中略〉観化者観西方浄土仏也。

(大正蔵三七、二三四頁上)

と述べて、西方阿弥陀仏を観ずることを化身観としている。そして応身の阿弥陀仏の寿命は有量であるが、三乗や凡夫には測ることができないという意味で無量寿と名づけるとし、慧遠と同じ説を取っている。また浄土については、法蔵菩薩に本迹二門を分け、

就跡為論在凡夫地以願造土可云報土。故双巻対阿難言成仏以来已逕十劫今在無量寿世界。

(大正蔵三七、二三五頁上)

と述べて、迹門の法蔵菩薩は願行によって身土を酬報されたから報身報土といえるが、

若論本門此菩薩位居隣極無更造業。唯是応現依正両報。〈中略〉故知応土亦是分段。（同右）

と述べて、本門から見れば、西方浄土の依正二報は下品の凡夫を憐れんで応現された応身の仏土であり、この土の寿命は無量ではあるが必ず終わりがくるから分段生死であり、三界を出過するものではないとする。よって、阿弥陀仏の浄土は、あくまでも応土中の報土でしかないというのである。

◆以上のような浄影寺慧遠・天台大師智顗・嘉祥大師吉蔵の浄土教理解や摂論学派の『観経』理解に対して、本論の諸処で述べるように、善導大師は「古今楷定」して、『観経』の新しい解釈を示されることになるのである。

（五）玄奘三蔵

唐の太宗の時代、インドから夥しい経論疏や文物を持って帰国し、後の中国仏教に大きな影響を与えた玄奘（六〇二〜六六四）は、河南省洛陽近くの緱氏県出身で、若くして『涅槃経』や『摂大乗論』を学び二十歳で具足戒を受けた。その後各地を遊行するが、阿毘達磨論や唯識学を原典に学ばん

として、貞観三年（六二九）国禁を犯してインドに向かう。艱難辛苦の末、西トルキスタンからアフガニスタンを経てインドに入り、マガダ国のナーランダー寺院でシーラバトラ（戒賢）に師事して、インド求法の最大の目的であった真諦訳『十七地論』の完本である『瑜伽師地論』の学習を中心に唯識学を学んだ。その後、インド各地の仏跡を訪ね、貞観十九年（六四五）に仏像・仏舎利のほか梵本六五七部を持って長安に帰国した。玄奘は高句麗遠征の為に洛陽にいた太宗に拝謁した後、弘福寺に住して仏典の翻訳事業に着手し、翌年には太宗の要求に応えて『大唐西域記』を編輯した。貞観二十二年（六四八）には大慈恩寺に訳場が移され、七六部一三四七巻の経典を翻訳し、中国仏教が花開く礎を造ったのである。

玄奘が翻訳した諸経論が当時の仏教者に与えた影響は非常に大きく、この翻訳が進むことによって、従来の仏教理解に随時訂正がなされることとなった。それに加えて浄土教への批判が厳しさを増すようになったと考えられ、柴田泰山氏は、善導大師は「玄奘及び玄奘系統の阿弥陀仏信仰への批判に対して二乗種不生説への対応を通じて、仏身・仏土論と併せて対応を行った[11]」と指摘し、「従来の研究では善導の批判対象は慧遠とされてきたが、慧遠のみならず玄奘にまで至る[12]」と主張されている。

隋の時代に伝わっていた真諦訳『摂大乗論』『摂大乗論釈』によって摂論学派は起こってきたのであるが、玄奘はこの二論を新たに翻訳している。したがって、弥勒信仰を持ち、瑜伽・唯識思想を喧

伝した玄奘は、摂論学派と同様に、西方願生に対する批判の目を持っていたことは間違いない。道世編の『諸経要集』には、

玄奘法師云。西方道俗並作弥勒業。為同欲界其行易成。大小乗師皆許此法。弥陀浄土。恐凡鄙穢修行難成。如旧経論。十地已上菩薩。随分見報仏浄土。依新論意。三地菩薩始可得見報仏浄土。豈容下品凡夫即得往生。此是別時之意。未可為定。（大正蔵五四、六頁下）

とあって、玄奘の言葉として、従来の説では十地以上の菩薩が分に随って報仏の浄土を見ることができるとしていたが、新たな説では三地の菩薩が始めて見ることができるのであって、ましてや下品の凡夫が即座に往生できることは全くないと示しているのである。

玄奘は、経典翻訳の国家的大事業の中心となり、インドより将来した唯識の教えに基づいて法相宗が起こるなど、中国仏教界において極めて重要な位置を占めているが、善導大師の如き一般民衆に対する宗教的実践については希薄であったのかもしれない。なお、宋代の『京兆金石録』に「唐慈恩寺善導禅師塔碑」とあることから、善導大師と慈恩寺との関係に基づいて、玄奘と善導大師に何らかの交流があったとの見方もあるが定かではない。

この玄奘に師事し、訳場に従事したのが慈恩大師基（六三二～六八二）である。二十八歳で『成唯識論』の訳出に従い、これに『成唯識論述記』『成唯識論掌中枢要』の註釈疏を著して、真諦訳に代

表される唯識説を批判して、法相宗の教学を確立されたのである。

（六）智儼

中国華厳宗の初祖杜順（五五七〜六四〇）に師事し、華厳宗を実質的に確立した智儼（六〇二〜六六八）は、十四歳で出家し、玄奘の師でもあった法常（五六七〜六四五）から『摂大乗論』を学び、智正（五五九〜六三九）について地論宗の教学を学んだ。さらに二十七歳の時、地論宗南道派の祖である慧光の『華厳経疏』を見て無尽縁起（法界縁起）の義を理解し、夢告によって諸法一つ一つの上に円融している六種の性質（六相義）を感得し、『華厳経捜玄記』を著して華厳宗を確立したのである。したがって智儼は、隋代・唐代の初期の地論宗や摂論学派の教学を修めて、『華厳経』の註釈疏を示すのであるが、柴田泰山氏は、善導大師の教学背景は「智儼の教学背景に類似した環境にあったのではないか(13)」と述べている。その理由として、智儼の著作と善導大師の『観経疏』とを比較して多数の接点を示し、特に「報身」と「応身」との関連や「種」を「心」とする解釈等における共通認識を挙げて、智儼と善導大師とが同時代性を有していることを指摘している。

この智儼の雲華寺での『華厳経』講義を聞いて弟子となり、二十八歳の時智儼の遺言に従って出家したのが賢首大師法蔵（六四三〜七一二）である。実叉難陀の『八十華厳』の翻訳を助け、各地で『華厳経』の宣布に尽くし、華厳教学を大成したである。

（七）信行

信行（五四〇〜五九四）は河北省大名県の出身で、相州の法蔵寺や光厳寺において修行したが、北周武帝の破仏によって還俗して難を逃れていたと伝えられる。隋の文帝による仏教復興がなされると長安に入り、真寂寺（後の化度寺）の三階院に住する。信行は仏の教えに、人・時・処それぞれに三段階の区別をつけ、第三階の「普仏法」の教えこそ、末法の時代に相応した教えであるとする。「普仏法」とは、「普遍的・究極的な仏の教え」という意であるが、一切の仏・法・僧を敬い自己以外の一切の衆生を本来の仏・未来の仏と見て普く敬う「普敬」の実践を行い、正しい教えに触れながらも顚倒した心を離れることができない自己の根深い悪を認知するという「認悪」の自覚を求めるのである。また、中心寺院である化度寺に無尽蔵院を設置し、すべての衆生に布施を施す無尽蔵施がなされ、全国から多くの人々が集まり、競って布施を行ったという。その後、玄宗の時代に弾圧を受けることとなる。

長安に三階教寺院は五つあり、その内、西市に南接する懐遠坊にあった光明寺には、三階院と共に浄土院があり、善導大師が布教を行った場所でもある。また、信行の墓所や信行塔院（後の百塔院）が終南山にあったことなどから、終南山悟真寺にいた善導大師との関わりが注目され、善導大師に三階教の影響が見られるとの指摘もある。[14]

●なお、これらの学僧とは別に、『観経』理解において善導大師が最も影響を受けたのは、大師の師たる道綽禅師（五六二〜六四五）であることは言うまでもない。また、道綽禅師の『安楽集』が善導大師の『観経』解釈の前提となっていることは明らかである。

この両者の関係について、柴田泰山氏は、「①仏身仏土論②生因論③機根論④別時意会通説⑤二乗種不生論という阿弥陀仏信仰を論じようとする際に不可避な議論において『安楽集』から引用経論や論旨の方向性について多大な影響を受けている」[15]と述べ、その上で、善導大師は「道綽と同じ問題に対応する際に、道綽とは異なった独自の発想から対応を行」ったと指摘している。この道綽禅師の『観経』理解に関しては、本論の中で随時触れることとする。

道綽禅師の生涯並びに事績、あるいは『安楽集』の持つ性格等については、内藤知康和上が平成十一年の安居講本である『安楽集講読』[16]の「序論」に的確に述べられているのを参照されたい。

第三章　その他の関連

（一）道宣の影響について―善導大師における戒律と懺悔―

〈一〉はじめに

隋の末に生まれ、唐初において活躍した善導大師（六一三～六八一）は、その主著である『観経疏』において、

不得外現賢善精進之相内懐虚仮。貪瞋・邪偽・奸詐百端、悪性難侵、事同蛇蝎、雖起三業名為雑毒之善、亦名虚仮之行。不名真実業也。（聖典全書一、七六一頁）

と述べるごとく、「外に賢善精進の相を現じ、内に虚仮を懐くことを得ざれ」と銘記した上で、自らを「罪悪生死の凡夫」「垢障の凡夫」「罪障の凡夫」と位置づける。このような善導大師の表白からすれば、戒律を持って清浄なる生活を目指すこととは、直接的には繫がらないように見える。

しかしながら、善導大師の著作には、「戒律」に関わる記述が少なからず見られる。それは、「懺悔」が重要な意味を持つ善導大師の教学において、懺悔は破戒・犯戒に対して行われることが通常であるから、その点において戒律は検討されねばならない問題なのである。

もっとも、善導大師が生涯をかけて註釈をした『観無量寿経』の中には、

①目連によって父王に授けられる八戒斎
②序分の三福の第二に示す戒福
③上々品の三種衆生の第一に示す戒行
④中上品の五戒・八戒斎・諸戒
⑤中中品の八戒斎・沙弥戒・具足戒
⑥下中品の五戒・八戒斎・具足戒の犯戒
⑦下中品の善知識による仏の五功徳（戒・定・慧・解脱・解脱知見）の讃嘆

などの箇所に戒に関する経文が見られることから、戒律についての言及が必然であったといえる。

しかし、それだけではなく、善導大師の生きた唐初当時の仏教教団において、全般的に戒、または戒の精神といったことが問われていた状況にあり、そのことが「罪悪生死の凡夫」を意識した善導大師が戒律・懺悔を問題としたことと深く関わっているように思えるのである。

この章では、善導大師が浄土教者として、戒の精神をどのように受容し発揮していったかについて窺ってみたい。

〈二〉善導大師の戒律観の背景

一、唐初における教団の実状と道宣の意向

中国の仏教界において、戒律の問題を考える際、南山律宗の開祖である道宣律師（五九六〜六六七、以下道宣）の存在を抜きにしては語れない。

隋から唐初の時代に入った当時の中国は、前代の翻訳時代とうってかわって、いよいよ中国仏教としての新宗成立の時代に入った。そこで、仏教を理論的に整理する必要から、経論の学解的理解が主流となり、その結果「いたずらに理論の高尚をたたかわし、瑣細な行事作法に関する戒律の伝持するようなことは、これを実行しないのみならず、それを実行するをみては罵詈嘲笑するごとき悪弊」(17)があったようである。

このような時代状況の中、慧頵によって出家し、智首・法砺等の律の系統を受け継いで、南山律宗を起こした道宣は、戒律の実践によって、仏教教団の改革を目指すのである。(18)道宣は、その主著『四分律刪繁補闕行事鈔』（以下『四分律行事鈔』）の巻下「僧像致敬篇」に、当今の仏教者のあり方につ

いて、

　今流僧尼多不奉仏法。並愚教網内無正信。見不高遠致虧大節。（大正蔵四〇、一三二頁下）

と述べ、僧尼は外側は仏教者の相をしているものの、内心は仏法を信ぜず、教理の知識もなく、僧侶としての節度も全く欠けていて、仏像や経典に対しても敬いの気持ちがなく、

　雖見経像不起迎奉。致令俗人軽笑損滅正法。（同右、一三二頁下）

と述べるごとく、俗人からも軽蔑され正法を損ねることになっていると嘆いている。

　当時、私度僧や偽濫僧が横行しており、このような腐敗や堕落は起こるべくして起こる問題であったが、そのことが教団に対する世俗法の適用、すなわち国家の介入を招くこととなった。また、それらは仏教批判の口実となり、武徳四年（六二一）に道教から廃仏の奏上がなされて以降の道仏の争いの契機ともなるのである。そして、道先仏後という唐室の宗教政策とも相まって、国家と仏教教団とのあり方は、次第に切迫した状況になっていくのである。

　道宣は、このように困難な仏教界の状況の中で、まず求められているのは、何よりも出家者自身の持戒持律による清浄な生活であるとし、それによって仏法への尊崇が高まり、さらには在家者のあり方も正されて、ひいては仏教界全体の興隆に繋がると考えていたのである。

　しかしながら、先述のごとく、戒の実践に対する意識は低い状況であった。そもそも、仏教が中国

に伝来した当初から、インドとは気候風土が全く違い、また儒教倫理が支配している中国において、インドの律蔵のみで制することは不可能であった。また、大乗仏教が中国に入ってくるにつれて、

或云。我是大乗之人不行小乗之法。如斯者衆。非一二三。此則内乖菩薩之心。外闕声聞之行。

（『新誡新学比丘行護律儀』大正蔵四五、八六九頁中）

と道宣が述べるように、自らは大乗の徒であるから、小乗戒の具足戒などは持する必要がないなどとして、持戒持律の生活を行わない言い訳にするものも多かったのである。

そもそも道宣は、大乗戒と小乗戒について、その差異は教旨にあるのでなく機の悟解によって生じるとする。すなわち戒の大小は心によるのであって、上品の心をもって受戒すれば大乗戒となりうるとした。[19] したがって、道宣には、戒律そのものの精神に立ち返った上で、「本来、小乗の律蔵である『四分律』を大乗的に解釈し、再構成することによって、中国の出家集団にふさわしい大乗の律蔵をつくろうとする一大願心が窺われる[20]」と指摘されている。

ところが一方で、上記のごとく、大乗の徒であることを破戒の言い訳にするような、いわゆる「大乗偏理談」の仏教者に対しては、道宣は厳しい姿勢を示したのであって、『四分律行事鈔』には、「出世間法としての比丘戒の精神をあくまでも堅持し、在家に気をくばるあまり世俗の常途に堕する憂のあるものをはっきり遮断しようとした姿勢[21]」が窺われるとされる。それゆえ道宣は、出家と在家のあ

り方に格差をつけ、出家戒は尽形寿を期して五戒・八戒・十戒・具足戒を重楼的にうける重楼戒観であり、在家戒は尽形寿を期して五戒、一日一夜を限って八戒をうける在家律儀を中心としたものであった[22]と指摘されている。なお、その在家菩薩戒はやがて「儀礼的なものに形式化してひくい民族的な宗教意識と習合していく[23]」とも指摘されている。

以上のごとく道宣は、唐初の仏教教団の腐敗した状況を変革すべく、出世間法としての具足戒の精神を堅持しつつ、中国の出家集団にふさわしい大乗戒を形成しようとし、あくまで出家の生活を清廉なものに高めることを目指し、その結果、在家者に仏法尊崇の心が生ずれば仏教界の発展に繋がると考えていたのである。

二、道宣と善導大師

以上のような意向によって、唐初の仏教教団の改革に尽力した道宣より、善導大師は十七歳年少であった。

道宣が『四分律行事鈔』を完成させた貞観四年（六三〇）の頃、善導大師は十八歳で、おそらくはまだ具足戒を受けていない沙弥僧であったであろう。法砺・智首が相次いで示寂し、続いて慧頵が示寂し、道宣の律学の体系が確立したとされる貞観十一年（六三七）前後の頃、善導大師は西河の道綽禅師を訪ねて、浄土教の研鑽を積んでいる。

さらに、玄奘三蔵が帰国した貞観十九年（六四五）には、道宣の手によって『続高僧伝』が完成するが、この年、道綽禅師が示寂し、善導大師は西河から長安に向かい、終南山悟真寺に入ったとされる。この時善導大師は、終南山の豊徳寺において南山律宗を起こしていた道宣の名を聞かないはずはない。

この頃から、善導大師の長安における伝道布教が始まる。終南山から長安に赴き、光明寺の浄土院にて説法し、浄土変相図による絵解き、阿弥陀経の写経の勧め、声明音声による浄土教行儀の実践等、その教化は多岐にわたり、燎原に火を放つがごとく、念仏の教えは長安の都に広まっていったのである。(24)

善導大師の都における活躍は、道宣の耳に届くことになる。顕慶三年（六五八）、西明寺建立に伴い上座として迎えられた道宣は、貞観十九年に一端完成していた『続高僧伝』を、この頃までに補筆しているが、その中の「遺身篇」に記されたさまざまな往生人伝の一つとして、善導大師の説法を聞いたものの投身往生が取りあげられ、そこに善導大師の記述が記されるのである。もっとも、この記述は「善導伝」といったものではなく、投身往生の動機因縁を叙するに当り、善導大師の人となりを述べたものに過ぎない。(25)したがって、以下のごとく、ごく短い記述でしかない。

近有山僧善導者。周遊寰寓求訪道津。行至西河遇道綽部。惟行念仏弥陀浄業。既入京師広行此化。写弥陀経数万巻。士女奉者其数無量。時在光明寺説法。有人告導曰。今念仏名定生浄土不。導曰。念仏定生。其人礼拝訖。口誦南無阿弥陀仏声声相次出光明寺門。上柳樹表。合掌西望。倒投身下。至地遂死。事聞台省。

（大正蔵五〇、六八四頁上）

しかしながら、「近ごろ山僧善導という者あり」とあるように、終南山の山僧であることも道宣に知れていたようであって、弥陀経の写経や光明寺での説法も記され、「士女奉者その数無量なり」と記されていて、その活躍の有り様は充分伝わっていたようである。一方、善導大師は当代一流の聖僧であった道宣の名声を聞いていたに違いないし、その書物を目にしたことも充分考えられ、道宣の為さんとする仏教教団の綱紀粛正の意向をも了解していたであろう。善導大師の他の伝記には、「禅師平生常楽乞食」（『瑞応刪伝』大正蔵五一、一〇五頁下）「護持戒品繊毫不犯、曽不挙目視女人」（『新修往生伝』真聖全四、四九〇頁）等々の厳格な念仏生活が伝えられ、「律師西京善道闍梨」（『念仏鏡』大正蔵四七、一二三頁下）と示されるものまであって、終南山に居していた善導大師は僧侶の日常生活について、道宣に近い思いを懐いていたと考えられるのである。

乾封二年（六六七）、道宣は七十二歳でその生涯を終える。この五年後、善導大師は大仏造像の検校を命じられ、三年後に完成させる。この頃には善導大師の名は長安に知れ渡り、やがて永隆二年

（六八一）西京の実際寺において善導大師は六十九歳の生涯を終える。

以上のごとく、善導大師と道宣は十七歳の年の差はあるものの同時代に活躍したのであって、善導大師の戒律に関わる記述には、何らかの形で道宣の影響が見られることは充分考えられることであろう。

次にそれらを念頭に置きながら、善導大師の戒律の記述に見られるいくつかの問題を見ていきたい。

〈三〉善導大師における戒律の諸問題

一、具足戒か菩薩戒か

善導大師の戒律の記述の中には、さまざまな戒律を並記したものが幾つかある。

①『観経疏』「序分義」散善顕行縁―「具足衆戒」の釈

戒有多種。或三帰戒、或五戒・八戒・十善戒・二百五十戒・五百戒・沙弥戒、或菩薩三聚戒・十無尽戒等。故名具足衆戒也。又一一戒品中亦有少分戒・多分戒・全分戒也。

（聖典全書一、七一四頁）

②『法事讃』「前行法分」前懺悔

或破五戒・八戒・十戒・三帰戒・四不壊信戒・三業戒・十無尽戒・声聞戒・大乗戒及一切

威儀戒・四重八戒等。　（聖典全書一、八二五頁）

③『往生礼讃』「日中讃」広懺

或破五戒・八戒・十戒・十善戒・二百五十戒・五百戒、菩薩三聚戒・十無尽戒、乃至一切戒及一切威儀戒等。　（聖典全書一、九五六頁）

いずれの場合も、在家に対する戒から始まっていて、『観経疏』「具足衆戒」の解釈では、初めの四つ（三帰戒・五戒・八戒・十善戒）が在家戒、次の三つ（二百五十戒・五百戒・沙弥戒）が小乗戒、最後の二つ（菩薩三聚戒・十無尽戒）が大乗戒という形でまとめられている。また、『法事讃』や『往生礼讃』では、小乗三千大乗八万といわれる一切威儀も並記されている。

善導大師は『観経』「中上品」の「受持五戒持八戒斎修行諸戒不造五逆無衆過患」や「中中品」の「若一日一夜受持八戒斎若一日一夜持沙弥戒若一日一夜持具足戒威儀無欠」について、『観経疏』「玄義分」において、中上品の人は「仏世を去りたまひて後の小乗戒を持てる凡夫」（七祖註釈版、三一五頁）であって、聖道諸師のいう如き小乗の聖者ではないとし、中中品の人は「仏世を去りたまひて後の無善の凡夫」（同、三一六頁）が小乗の縁によって小乗の戒を授けられたのであって、諸師のいう如き四善根位の内凡の人ではないとする。いずれも小乗の縁に遇える凡夫人であるとし、小乗の戒行をもって廃悪修善をし、それを廻向して浄土往生を願うものであって、仏願力によって往生がかな

う と示されている。したがって、「中上品」の「諸戒」や「中中品」の「沙弥戒」「具足戒」に重点を置いて、小乗戒の戒行が示されたものと見て、凡夫が小乗戒を受持するということが述べられ、その功徳も示されている。

ただし、

又十方衆生修小乗戒行願往生者、一無妨礙悉得往生。但到彼先証小果。証已即転向大。

（聖典全書一、六七八頁）

と述べるように、小乗の戒行を修して往生を願ずるものは、悉く往生はするものの、浄土において先ず小乗のさとりを証し後に大乗に転じるとされる。また、「中上品」の経文に「修行諸戒不造五逆」（聖典全書一、九四頁）とあるのは、小乗の戒善の力では五逆の罪を滅することができないことを示しているとして、小乗戒の限界が明確に示されている。

善導大師が懺悔の内容としたのは、具足戒（小乗戒）であったのか菩薩戒（大乗戒）であったのかについては、善導大師が一般論として述べたものか善導大師自身の持戒を意味したのかによって相違があると指摘[26]されている。

そもそも、小乗戒と大乗戒の相違については、様々な問題があるが、土橋博士の指摘[27]によると、その区別について、

①小乗戒は自己の道を清浄に持つことにしぼられ、大乗戒は、例えば三聚浄戒に摂衆生戒が制せられるように、利他の精神に基づく菩薩行を遮るものが誡めの中心となる。
②小乗戒は僧伽に対して誓いを立てるが、大乗戒では過現未の三世にわたる誓いであって、菩薩の願を捨てるか上煩悩による犯戒のほかは、十方世界のいずれに転生しても戒を失うことはない。
③小乗戒は僧伽（僧宝）の三師七証によって受戒するが、大乗戒は仏像（仏宝）に対し自誓受によって受戒するのが本来的である。
④小乗戒は犯戒すれば僧伽の権威によって他律的に処分されるが、大乗戒は犯戒すれば行者の懺悔の自律にまかされる。
⑤小乗戒を修戒とし、大乗戒を性戒と見ることもできる。
などの相違を挙げつつも、「それらは単に対立すべきものではなく、まさしく戒の二面として張り合うべきものである」[28]とされている。

この小乗戒と大乗戒との相違について、道宣は前述のごとく、大小の差異は教旨にあるのではなく、機の悟解にあるとしていて、大小の相違はあるものの、小乗戒も持戒の心構えによっては大乗戒となりうるし、大乗戒といっても小乗戒の精神を除くものではないと考えていたのである。

この点について善導大師の『観経疏』「散善義」の記述には、

言「具諸戒行」者、若約人・天・二乗之器、即名小戒、若約大心大行之人、即名菩薩戒。此戒若以位約者、当此上輩三位者、即名菩薩戒。正由人位定故自然転成。即合上第二福戒分善根也。

（聖典全書一、七七二頁）

とあるように、『観経』の「具諸戒行」について、初めは人に約して戒が転成することを示す。すなわち本来、戒に小乗大乗の区別はなく、小乗の人が行う戒も大乗の心をもって大乗の行を行う人にとっては大乗菩薩戒と転成することを示す。さらに、位に約していえば、上輩三位の大心大行によれば、諸戒が大乗戒に転成すると述べる。この点についても、道宣が『四分律行事鈔』において、

当発上品心得上品戒。若下品心者乃至羅漢戒是下品。

（大正蔵四〇、二六頁上）

と述べていることと通じるように思える。

二、八戒斎への注目

『観経』においては、「序分」「中上品」「中中品」「下中品」の四箇所において「八戒斎」が説かれている。八戒斎とは、在家の信者（優婆塞・優婆夷）が一日一夜を期して受持する戒法である。その八の数え方について二説あって、一説では殺生・不与取・非梵行・虚妄語・飲酒・塗飾鬘舞歌観聴・眠座高広厳麗床上・食非時食の八種の非法を離れることを八戒とするもので、八は斎法ゆえ八戒斎と

するのである。また一説では、塗飾鬘舞歌観聴を塗飾香鬘と舞歌観聴とに分けて二として八戒とし、最後の斎法と合して八戒斎とするものであるが、両説とも「不過中食」の斎法を具している。これは、在家の信者が出家生活に近い戒法を行うために設けられたもので、六斎日や十斎日と称するのは、一日一夜の八戒斎を日を決めて何度も行うことである。後には、布薩の日に在家信者が寺院に集まって八戒斎を持ち、説法を聞いて僧侶を供養する法会の形態となって盛んになったようである。

善導大師は、序分における父王の八戒斎の受持について、二つの問答を設けて解釈している。

問曰、父王遥敬、先礼世尊、及其受戒即請目連、有何意也。答曰、凡聖極尊無過於仏。傾心発願即先礼大師。戒是小縁。是以唯請目連来授。然王意者貴存得戒。即是義周。何労迂屈世尊也。問曰、如来戒法乃有無量、父王唯請八戒不請余也。答曰、余戒稍寛時節長遠。恐畏中間失念流転生死。其八戒者如余仏経説。在家人持出家戒。此戒持心極細極急。何意然者、但時節稍促、唯限一日一夜作法即捨。云何知此戒用心行細。如戒文中具顕云。仏子従今旦至明旦一日一夜、如諸仏不殺生能持不。答言、能持。第二又云、仏子従今旦至明旦一日一夜、如諸仏不偸盗、不行婬、不妄語、不飲酒、不得脂粉塗身、不得歌舞唱伎及往観聴、不得上高広大牀。此上八是戒非斎。不得過中食、此一是斎非戒。此等諸戒皆引諸仏為証。何以故唯仏与仏正習倶尽。除仏已還悪習等由在。是故不引為証也。是以得知。此戒用心起行極是細急。又此戒仏説有八種勝法。若人一日一夜具持不犯、所得功徳超過人・天・二乗境界。如経広説。有斯益故、致使父王日日受之。

（聖典全書一、六九三頁以下）

善導大師はこの中で、「在家の人、出家の戒を持つ。この戒の持心極細極急なり」と述べて、一日一夜に限って在家の人が出家の戒を持つことが、極めて細密であり精励であることを示し、八戒斎の重要性を強調している。その功徳についても、「八種勝法」を挙げているが、これは『受十善戒経』（大正蔵二四、一〇二四頁上）に説く八種利益のことである。すなわち、不堕地獄・不堕餓鬼・不堕畜生・不堕修羅・当生人中正見出家得涅槃道・若生天上・恒生梵天・値仏出世請転法輪得阿耨多羅三藐三菩提の八種であるが、八戒斎が在家の戒でありながら、八種利益の最後に「得阿耨多羅三藐三菩提」とあることから、戒によって得る功徳が「人天二乗の境界に超過せり」とするのであり、また八戒斎が人天二乗に超過した大乗菩薩戒であることをも示すのである。

ところでここで、八戒斎の用心と行の細なることは「戒文のなかにつぶさに顕していふがごとし」と述べられているが、この「戒文」とは何を指すのであろうか。常識的には『四分律』や『五分律』などの戒を説く律蔵であろうが、『四分律』は小乗の戒律を示すものであるから、沙弥戒である十戒は説かれるものの、八戒斎は直接的には説かれていない。善導大師の八戒斎の数え方は先述の二説の内の後説であるから、それを説く『大智度論』であるとも考えられ、『大智度論』には、

問曰白衣居家唯此五戒。更有余法耶。答曰。有一日戒六斎日持功徳無量。若十二月一日至十五日。受持此戒其福甚多。問曰。云何受一日戒。答曰。受一日戒法長跪合掌応如是言。我某甲今一日一夜。帰依仏帰依法帰依僧。如是二如是三帰依。我某甲帰依仏竟。帰依法竟。帰依僧竟。如是二如是三帰依竟。我某甲若身業不善。若口業不善。若意業不善。貪欲瞋恚愚痴故。若今世若過世有如是罪。今日誠心懺悔。身清浄口清浄心清浄。受行八戒是則布薩。秦言共住。如諸仏尽寿不殺生。我某甲一日一夜。不殺生亦如是。如諸仏尽寿不盗。我某甲一日一夜。不盗亦如是。如諸仏尽寿不婬。我某甲一日一夜不婬亦如是。如諸仏尽寿不妄語。我某甲一日一夜不妄語亦如是。如諸仏尽寿不飲酒。我某甲一日一夜不飲酒亦如是。如諸仏尽寿不坐高大床上。我某甲一日一夜。不坐高大床上亦如是。如諸仏尽寿不著花瓔珞。不香塗身不著香熏衣。我某甲一日一夜。不著花瓔珞不香塗身不著香熏衣亦如是。如諸仏尽寿不自歌舞作楽亦不往観聴。我某甲一日一夜。不自歌舞作楽不往観聴亦如是。已受八戒。如諸仏尽寿不過中食。我某甲一日一夜。不過中食亦如是。我某甲受行八戒随学諸仏法。名為布薩。願持是布薩福報。願生生不墮三悪八難。我亦不求転輪聖王梵釈天王世界之楽。願諸煩悩尽逮得薩婆若成就仏道。（大正蔵二五、一五九頁中）

とあって、その内容も符合している。

しかしながら、善導大師の述べる「仏子従今旦至明旦一日一夜如諸仏不殺生能持不答言能持」というような形式は『大智度論』には見られない。ところが、同じように『大智度論』を引用して述べている『四分律行事鈔』の記述には、

智論戒師応語言。汝優婆塞聴。是多陀阿伽度阿羅呵三藐三仏陀為優婆塞。説五戒法相。汝当聴。受尽形寿不殺生。是優婆塞戒。能持不答能。尽形寿不盗是優婆塞戒。能持不答能。尽形寿不邪淫不妄語不飲酒。並準上説。………次為説相。一如諸仏尽寿不殺生。我某甲一日一夜不殺生亦如是。如諸仏尽寿不盗。我某甲一日一夜不盗亦如是。如諸仏尽寿不淫。我某甲一日一夜不淫亦如是。如諸仏尽寿不妄語。我某甲一日一夜不妄語亦如是。不飲酒不坐高大床上。不著華鬘瓔珞及香塗身熏衣。不自歌舞作楽及故往観聴亦如是。已受八戒如諸仏尽寿不過中食。我某甲一日一夜不過中食亦如是。我某甲受行八戒随学諸仏法。名為布薩。願持是布薩福報。願生生不堕三悪道八難。我亦不求転輪聖王梵釈天王世界之楽。願諸煩悩尽逮得薩云若成就仏道。　（大正蔵四〇、一三九頁下）

とあって、『四分律』の沙弥戒の箇所（大正蔵二二、八一〇頁中）に示す「能持不能持者答言能」を受けて「能持不答能」の形式が示されている。この「能持不能持者答言能」「能持不答能」を受けて、善導大師が「能持不答言能持」と示したと考えられる。したがって、八戒斎を示す「戒文」とは、『四分律行事鈔』を通してみた『大智度論』であったか、もしくは『四分律行事鈔』そのものを指すようにも窺える。

道宣は、出家者の持戒のあり方を正すことに力を注ぐのであるが、在家者を全く無視していたわけではない。『四分律行事鈔』の「道俗化方篇」において、『四分律』には示されていない八戒斎を取り入れ、主に在家信者の仏道生活規範を示そうとしたと考えられる。

善導大師が八戒斎に注目をして、

問曰、八戒既言勝者、一受即足。何須日日受之。答曰、山不厭高、海不厭深、刀不厭利、目不厭明、人不厭善、罪不厭除、賢不厭徳、仏不厭聖。然王意者既被囚禁、更不蒙進。止念念之中畏人喚殺。為此昼夜傾心、仰憑八戒、望欲積善増高擬資来業。（聖典全書一、六九五頁）

と述べて、八戒斎を何度も受持する意義を示し、また『観念法門』において、

又如浄度三昧経説云、仏告瓶沙大王、若有男子・女人、於月月六斎日及八王日、向天曹・地府、一切業道、数数首過受持斎戒者、仏勅六欲天王、各差二十五善神、常来随逐守護持戒之人。亦不令有諸悪鬼神横来悩害。亦無横病・死亡・災障、常得安穏。此亦是現生護念増上縁。（聖典全書一、八八五頁）

と述べるように、八戒斎を六斎日及び八王日において何度も受持すれば護念の功徳があることを示す。これらは、八戒斎を取り入れた道宣の意向と何かしら通じるところがあるように思えるのである。

三、持戒・念仏・誦経の規範

善導大師の行儀分においては、

①又願持戒・誦経・念仏・行道、及造諸功徳等。　（『法事讃』聖典全書一、八六四頁）

②又白、行者欲生浄土、唯須持戒・念仏、誦『弥陀経』。　（『観念法門』聖典全書一、八七四頁）

③又如観経九品云。一一品中所告衆生者、皆是若仏在世、若仏滅後五濁凡夫。遇善知識、勧令生信、持戒念仏誦経礼讃、決定往生。以仏願力尽得往生。此亦是証生増上縁。　（『観念法門』聖典全書一、八九六頁）

④上品上生凡夫等
　持戒・念仏・誦経専
一切時中常勇猛　（『般舟讃』聖典全書一、九九七頁）

⑤上品中生凡夫等
　読誦・念仏専持戒
一日七日倶廻向　（『般舟讃』聖典全書一、九九八頁）

などに、持戒・念仏・誦経の形、またはそれに付け加えて、行道・礼讃の形式が見られるのである。

これらは、浄土教の行儀の実践を普及せんとしたものであって、例えば、一日一夜の八戒斎の間、戒を持し、念仏をし、阿弥陀経を誦経するという念仏生活の実践を勧励するものであったに違いない。

このような浄土教儀礼の実践は、善導大師において極めて具体的に提示されてくる。『法事讃』の諸処に見られる、

高接下讃云。　下接高讃云。　高座入文。

高座唱讃、　下座和云。

行道散華七周竟、次向仏前立唱讃云。

次打磬子、敬礼常住三宝。

等々の記述も具体的であるし、『往生礼讃』においても、一日を日没・初夜・中夜・後夜・晨朝・日中の六時に分け、それぞれに「礼讃偈」を配列し「一十九拝」「二十四拝」「一十六拝」等々と礼拝の数まで示し懺悔方法を述べるなど、非常に実践的具体的な儀式方法の提示がなされている。

このように、善導大師が在家信者における清新で真摯な浄土教儀礼を具体的に提示したことは、道宣が『四分律行事鈔』等において持戒持律の如法な出家者の生活態度を実践的具体的に示し、また従来の仏教儀礼のすべてを見直して新しい方向づけの作業を手がけていったこととは、あながち無関係ではないように思える。

しかしながら、当時の仏教界を憂いて戒律の堅持を主張した道宣の立場と善導大師の立場に相違が

見られるのは、その戒律を破戒・犯戒せずにおれない在俗の人間の問題をどう取り扱うかについてであり、言わば人間そのものに対する見方の相違といえるのかもしれない。その意味で、善導大師にとっては破戒・犯戒とそれに伴う懺悔が重要な意味を持ってくるのである。

〈四〉破戒・犯戒と懺悔

一、破戒・犯戒の内容

『観経』の「下中品」には「毀犯五戒八戒及具足戒」の愚人、さらに偸盗・不浄説法を行い慚愧なきものに対し、臨終時に地獄の猛火が現前するが、善知識の教えを聞き、弥陀願力によって化仏来迎することが説かれている。

善導大師は、この部分の解釈において「破戒次罪凡夫人」とし、下上品では「多造衆悪無有慚愧」であったが、ここでは破戒・偸盗僧祇物・不浄説法・無有慚愧の罪が加わって罪が重いことを示している。

次に『法事讃』「前行法分」における破戒の内容を見てみると、

弟子道場衆等自従曠劫已来乃至今身至於今日、於其中間放縦身口意業造一切罪。或破五戒・八戒・十戒・三帰戒・四不壊信戒・三業戒・十無尽戒・声聞戒・大乗戒及一切威儀戒・四重八戒等、虚食信施、誹謗邪見不識因果、断学波若、毀十方仏、偸僧祇物、婬宜無道逼掠浄戒諸比丘尼・姉妹・親戚不知慚愧、毀辱所親造衆悪事。或楽行十悪不修十善障、楽行八苦不持八戒障、楽行三毒不受三帰障、楽行五逆不持五戒障、楽行地獄極苦業不修浄土極楽障、楽行畜生・愚痴業不修智慧・慈悲障、楽行慳貪・餓鬼・嫉妬業不行布施利他障、楽行諂曲・虚詐・修羅業不行真実言信不相違障、楽行瞋悩・殺害・毒竜業不行歓喜慈心障、楽行我慢・自大・下賎・不自在業不行謙下・敬上・尊貴障、楽行邪見・破戒・破見・悪見謂修善無福造悪無殃外道・闡提業不行正見禁行出世往生浄土障、楽行破滅三宝壊人善事悪鬼業不行護惜三宝成人功徳具足障、楽受三界人天長時縛繋業不貪浄土無生解脱障、楽受二乗狭劣業不行菩薩広大慈悲障、楽行親近悪友業不楽親近諸仏・菩薩・善知識障、楽行六貪・六弊業不行六度・四摂障、楽行不識因果骶突業不知身中有如来仏性障、楽行貪煥一切衆生酒・肉・五辛多病短命業不行慈心楽聞仏法僧香華供養障、如是障罪自作教他、見作随喜、若故作辤作、戯笑作、瞋嫌作、違順愛憎作無量無辺。思量不可尽、不可尽。説不可説。亦如大地微塵無数、虚空無辺、法界無辺、法性無辺、方便無辺我及衆生造罪亦復如是。如是等罪、上至諸菩薩下至声聞・縁覚、所不能知。唯仏与仏乃能知我罪之多少。

（聖典全書一、八二五頁〜八二六頁）

とあるが、この内、「或破五戒八戒」から「毀辱所親造衆悪事」までは『観仏三昧海経』の「復有衆

生犯四重禁虚食信施。誹謗邪見不識因果。断学般若毀十方仏。偸僧祇物。婬宜無道。逼略戒諸比丘尼。姉妹親戚不知慚愧。毀辱所親造衆悪事。」（大正蔵一五、六六九頁中）に当たる部分である。

まず『観仏三昧海経』の「犯四重禁」を開いて「或破五戒・八戒・十戒・三帰戒・四不壊信戒・三業戒・十無尽戒・声聞戒・大乗戒及一切威儀戒・四重八戒等」と表し、在家戒から小乗戒・大乗戒に至る一切の戒を出して破戒の内容を示すのである。

そして、「虚食信施」以下の衆悪の内容が示される。なお、『四分律行事鈔』においても、この『観仏三昧海経』が引用され、「一毀無十方仏、二断学般若、三不信因果、四用僧物極重於三宝物、五犯重食他信施、六汚比丘尼、七六親所行不浄」の七罪とし、順序を変えて提示されている（大正蔵四〇、九六頁下）。

続いて、「或楽行十悪不修十善障」から「楽行貪煥一切衆生酒肉五辛多病短命業不行慈心楽聞仏法僧香華供養障」までは、『六十華厳経』に「菩薩摩訶薩起瞋恚心。則受百千障礙法門」（大正蔵九、六〇七頁上）という、いわゆる一瞋百障の文に基づいているといわれ、以下に十八にわたるさまざまな罪障が述べられている。

しかも、これらの罪業は「曠劫よりこのかたすなはち今身に至り今日に至るまで」の一切の造罪が表白されているのである。したがって「かくのごとき障罪」は無量無辺であって、それゆえ我及び衆生の造罪も無量無辺であり、「唯仏与仏乃能知我罪之多少」とあるように、ただ仏と仏のみがわが罪の多少を知っていることを示すのである。

また、同じく『法事讃』「後行法分」には、「不殺生・不偸盗・不邪婬・不妄語・不悪口・不両舌・不綺語・無貪・無瞋・正見」の十善戒を破戒した十悪罪について述べ、「自従無身有身・無識有識已来、乃至今日至於今時、於其中間、所作身口意業十悪之罪無量無辺」(聖典全書一、八五三頁)として、無量無辺なる造罪が表白されている。

次に、『往生礼讃』の「広懺」においても、「無始より今日今時に至るまで」において、「不殺生・不偸盗・不邪婬・不妄語・不綺語・不悪口・不両舌」を破戒した罪を述べた後に、

或破五戒・八戒・十戒・十善戒・二百五十戒・五百戒、菩薩三聚戒・十無尽戒、乃至一切戒及一切威儀戒等、自作教他、見作随喜不可知数。如是等衆罪、亦如十方大地無辺微塵無数、我等作罪亦復無数。虚空無辺、我等作罪亦復無辺。方便無辺、我等作罪亦復無辺。法性無辺、我等作罪亦復無辺。法界無辺、我等作罪亦復無辺。衆生無辺、我等劫奪・殺害亦復無辺。三宝無辺、我等侵損・劫奪・殺害亦復無辺。戒品無辺、我等毀犯亦復無辺。如是等罪、上至諸菩薩、下至声聞・縁覚所不能知。唯仏与仏乃能知我罪之多少。今於三宝前、法界衆生前発露懺悔、不敢覆蔵。唯願十方三宝、法界衆生、受我懺悔、憶我清浄。始従今日、願共法界衆生、捨邪帰正、発菩提心、慈心

相向、仏眼相看、菩提眷属、作真善知識、同生阿弥陀仏国、乃至成仏、如是等罪永断相続更不敢作。懺悔已、至心帰命阿弥陀仏。（聖典全書一、九五六頁）

とあるように、「戒品無辺なり、我等が毀犯もまた無辺なり」と我等の衆罪が無辺であることを表白し、『法事讃』に同じく、「ただ仏と仏とのみすなはちよくわが罪の多少を知りたまへり」と述べるのである。このように、過去世より現在に至るまでの破戒・犯戒による造罪を述べて、衆罪は無量無辺とし、そしてこれらの造罪を、十方の三宝、法界の衆生の前において覆蔵することなく、発露懺悔すべきであるとするのである。

二、懺悔の内容

懺悔の思想は、善導教学において教義的に重要な位置づけがなされるものであり、すでにさまざまな角度から考究されているが、以下に懺悔の内容の幾つかを示す。

『観経』では「懺悔」という語は、①阿闍世が耆婆に諭されて母を害しようとしたことを懺悔する場面と②韋提希が釈尊に向って五体投地し哀れみを求めて懺悔する場面にしかない。なお、「慚愧」については「下品上生」と「下品中生」に「無有慚愧」とある。

したがって、善導大師の著作中、解義分である『観経疏』においては、懺悔やそれに類する言葉の記述は少なく、「日想観」と「華座観」の解釈においてわずかに示され、そこでは観の準備段階としての懺悔が示される。すなわち、仏教の伝統的な懺悔の儀規に則って心髄に徹する懺悔をすれば観法が可能となり、懺悔において摂受護念を請願すれば、仏の加被力によって観法が可能となることが示されるのであって、いずれも観法が懺悔を前提としたものであることが説示されている。(29)

善導大師の著作中、懺悔の内容は、主に行儀分に示されるが、中でも『往生礼讃』においては、二つの三品懺悔が示される。一つは、懺悔作法の広略要の相違による三品懺悔である。まず「初」の「要懺悔」は「日没讃」に説かれる「南無懺悔十方仏願滅一切諸罪根」以下の偈文を唱えることであり、次に「中」の「略懺悔」は「中夜讃」に説かれる「至心懺悔・至心勧請・至心随喜・至心廻向・至心発願」の五悔を唱えることであり、最後に「下」の「広懺悔」とは「日中讃」に説かれる内容で、広く「四衆」「十方仏」「十方の三宝」「舎利」「尊像」「大衆」「一人」もしくは「自分ひとり」に対して一切の罪過を懺悔することである。

なお、この中、「略懺悔」に示される「懺悔」「勧請」「随喜」「廻向」「発願」の五悔については、天台智顗の『摩訶止観』にその用語が見られることから、その関係について、いくつかの議論があり検討が加えられている。(30)

二つ目には、懺悔心の強弱の相違による上中下の三品懺悔をも示す。「上品の懺悔」は、「身の毛孔のなかより血流れ、眼のなかより血出づるもの」とし、「中品の懺悔」は「遍身に熱き汗毛孔より出で、眼のなかより血流るるもの」とし、「下品の懺悔」は「遍身徹りて熱く、眼のなかより涙出づるもの」としている。そして、不惜身命にて徹心徹髄すれば、あらゆる重障が頓に皆滅すとし、逆に至誠ではない懺悔は、日夜十二時急走しても利益はなく懺悔しないのと同じであるとし、真心徹到すれば、たとえ流涙・流血等ができなくとも利益は上中下の三品の懺悔に同ずと述べて真心徹到の懺悔を勧めるのである。

また次に、『般舟讃』において、

　一切善業廻生利
　不如専念弥陀号
　念念称名常懺悔
　人能念仏仏還憶
　（聖典全書一、九八八頁）

と示される「懺悔」も注意されねばならない。「念念称名常懺悔」とは、「念々の称名は常の懺悔なり」と読めるならば、念々に称名念仏する中に自然に懺悔の心は具わっているというのであるから、称名念仏をしていること自体が懺悔になるといった内容となる。さすれば、造悪の凡夫にとっては、懺悔することさえできず、称名念仏こそがその役割を果たすことになるという理解も可能である。しかしながら、この部分は「念々に称名して常に懺悔す」と読む方が穏当であろうし、『般舟讃』のこの記述は、他の箇所の懺悔の記述には見られない内容であるため、ここだけを取って善導大師の懺悔観とすることに慎重な意見もある。(31)

三、懺悔と末法思想

先述のごとく、善導大師の懺悔の表白には、過去世から現在に至るまでのすべての破戒・犯戒の造罪に対する懺悔が示される。『法事讃』には、

弟子某甲等、自従無身有身・無識有識已来、乃至今日至於今時、於其中間、所作身口意業十悪之罪無量無辺。

（聖典全書一、八五三頁）

とあり、『往生礼讃』には、

我某甲発露懺悔。従無始已来乃至今身、殺害一切三宝・師僧・父母・六親眷属・善知識・法界衆生不可知数。

（聖典全書一、九五五頁）

とあり、また『観経疏』「定善義」にも、

現在一生懺悔無始已来、乃身口意業所造十悪・五逆・四重・謗法・闡提等罪。

（聖典全書一、七二三頁）

と示されるように、無始已来の過去世から現在の今日今時に至るまでの一切の造罪が懺悔の内容とされるのである。

さらに、『往生礼讃』では、

是等罪永断相続更不敢作　（聖典全書一、九五六頁）

と述べて、未来における造罪の制止まで誓われている。

善導大師は、「戒品無辺なるが故に毀犯無辺」と述べるように、在家戒から小乗・大乗のさまざまな戒律を挙げ、小乗三千大乗八万という一切威儀戒までも挙げて戒律を毀犯する無量無辺の造罪を示し、しかも無始已来、生死流転してきた中間における多生間の一切「われらの造罪」が挙げられている。

このような三世多生にわたる造罪の表白となれば、単に自己の犯した罪に限定して述べているとは思えない。「他人の犯したものまで重々無尽に直接間接に影響を与えてる自己の罪過とするようになってくる」(32)と指摘されるように、いわば「罪悪生死の凡夫」における「機の真実」といった内容を示しているに違いない。

善導大師は、八戒斎を勧励し、持戒・念仏・誦経によって浄土教の念仏生活の規範を提示し、道俗は相通じて持戒の精神をもって身を調えねばならないとする一方で、凡夫の身における根源的なところにおいては、無辺の衆罪を犯すことは免れない事実であることを認め、それらの衆罪の多少を知る仏に対して、あるいは十方の三宝、あるいは、法界衆生に対して発露懺悔して、阿弥陀仏に帰依することを表白するのである。

このように、根源的なところにおいて凡夫が衆罪を犯すことを免れないという善導大師の人間観は、従来からの指摘にもあるように、当時の末法意識の高揚から来るものであろう。しかしながら、それは単に教学的に末法思想を取り入れたといったものではなく、善導大師の青年期における経験が、このような善導大師の人間観の基底となっているように思える。何故なら隋末の大乱において、善導大師が青年期までを過ごしたと考えられる山東省という地域は特別な意味を持っていたからである。

その一端を示すのが、『資治通鑑』の貞観六年（六三二）の項の記載である。善導大師誕生から二十年が経った貞観六年、時の皇帝である太宗の命によって、『貞観氏族志』編集開始が開始され、いわゆる「貞観の治」は、この年辺りから始まったと考えられている。この「貞観の治」といわれる政治的社会的に安定した治世は、後代の政治の手本とされ、我が国でも帝王学の教科書として愛読された『貞観政要』によって知られている。

しかし、史書によれば、この年、太宗は、「封禅の儀式」を執り行おうとするが、魏徴（五八〇～六四三）の反対によって取りやめている。この辺の事情について、『資治通鑑』の貞観六年の項(33)に

は、魏徴が太宗に、

承隋末大乱之後、戸口未復倉廩尚虚、而車駕東巡、千乘萬騎、其供頓労費、未易任也。且陛下封禅、則萬国咸集、遠夷君長、皆当扈従、今自伊洛以東至于海岱、煙火尚希、灌奔極目、此乃引戎狄入腹中、示之以虚弱也…崇虚名而受実害、陛下将焉用之。

隋末の大乱の後を承けて、戸口いまだ復せず、倉廩なお虚し。而して車駕東巡すれば、千乘萬騎、其の供頓の労費は、いまだ任え易からざるなり。且つ陛下封禅すれば、則ち万国は咸く集まり、遠夷の君長、皆まさに扈従すべし。今、伊洛より以東、海・岱に至るまで、煙火なお希にして、灌奔目を極む。此れ乃ち戎狄を引いて腹中に入れ、これに示すに虚弱を以てするなり…虚名を崇びて実害を受くる、陛下いずくんぞ之を用ふべしや。

と諫言した旨が記されている。

隋の煬帝は、高句麗遠征のために過酷な労役を人々に負担させたが、特に高句麗遠征の拠点である山東省を重視して、大業七年（善導誕生二年前）の大洪水（旧唐書巻五十四）にもかかわらず、苛烈な徴発を行った。その為、その後の隋末の叛乱は山東省に集中的に多発した。したがって、国土の疲弊は相当なものであったと考えられる。(34)

ここでいう「封禅の儀式」とは、後の高宗の例に見られるように、山東省の泰山で執り行われる皇帝の威を天下に示す儀式であるが、『資治通鑑』の記述によれば、魏徴が、「隋末の大乱による国家的な損害は未だ回復しておらず、中原（伊水・洛水）から山東半島（海・岱）までの荒廃したさまを外国（戎狄）の首長に見せることとなって、唐の威勢が侮られる」旨を述べてこの封禅の儀式に反対したことが記されているのである。

したがって、「貞観の治」が始まる善導大師二十歳の貞観六年に至っても、いまだ隋末の戦闘による被害が回復せず、なおまだ希には煙火が上がっているような状況が述べられ、善導大師誕生地の方面である山東省泰山への行幸が取りやめられているのである。ましてや善導大師の誕生前後数十年は、戦乱に次ぐ戦乱によって、戦火や飢えの絶えぬ時期であったであろう。

善導大師が誕生後からいつ頃位まで、山東省に在していたかは確かではないが、幼少の頃から、恐らくは悲惨な争乱を目の当たりにしていたに違いない。戦乱の中で、人間の根源的な浅ましさ醜さが露呈された時、「当今末法現是五濁悪世」を実感し、無始已来の衆悪造罪に埋没している人間の愚かさに眼を向けざるをえず、『安楽集』において、

若論起悪造罪、何異暴風駛雨。是以諸仏大慈勧帰浄土。縦使一形造悪、但能繋意専精常能念仏、一切諸障自然消除、定得往生。何不思量都無去心也。

（聖典全書一、六一三頁）

と述べる道綽の言葉に深い感銘を受けたことであろう。

四、臨終行儀としての懺悔

『観経』の九品段には、臨終における来迎往生が説かれ、特に下品の造悪の人間についても善知識の勧導や臨終来迎往生が示される。善導大師はこれらの経説に基づいて臨終の行儀を述べるのであるが、この中、臨終における懺悔が示されているのは、『観念法門』において、

又行者等若病、不病、欲命終時、一依上念仏三昧法、正当身心、廻面向西、心亦専注観想阿弥陀仏、心口相応声声莫絶、決定作往生想、華台聖衆来迎接想。病人若見前境、即向看病人説。既聞説已、即依説録記。又病人若不能語者、看病人必須数数問病人、見何境界。若説罪相、傍人即為念仏助、同懺悔必令罪滅。若得罪滅、華台聖衆応念現前。準前抄記。又行者等、眷属六親若来看病、勿令有食酒・肉・五辛人。若有、必不得向病人辺。即失正念、鬼神交乱、病人狂死堕三悪道。願行者等好自謹慎奉持仏教、同作見仏因縁。已前是入道場及看病人法用。

（聖典全書一、八七九頁〜八八〇頁）

と述べられる一段である。ここには、「看病人法用」とあるように、臨終の人とそれを看病する人のなすべき事が示されている。すなわち、臨終人は「念仏三昧法」によって「身心を正当にして面を廻して西に迎へて、心もまた専注して阿弥陀仏を観想し、心口相応して声声絶ゆることなく、決定して往生想、華台の聖衆来りて迎接する想をなせ」と述べ、来迎引接の境界を見たならば、看病人に向か

って話をし、看病人はそれを記録せよとしている。さらに、臨終人が病人であり、自ら語ることができない場合は、看病人がどのような境界を見たかを質問し、もし罪相を見たのであれば、「傍人すなはちために念仏し、助けて同じく懺悔してかならず罪滅せよ」とあるように、周囲の人は病人のために一緒に念仏し懺悔して滅罪せよと述べている。また臨終人には、「酒肉五辛を食せる人」は近づけてはならないとして、看病人の心得を示している。

この善導大師が示した臨終行儀における看病人の記述について、道宣の『四分律行事鈔』「膽病送終篇」（大正蔵四〇、一四三頁上）との関係が指摘されている。[35]

それによれば、『四分律』などの律蔵には、看病の必要性等が説かれているが、臨終の行儀には触れていない。しかるに道宣は「律蔵の看病人法から論を敷衍して臨終の行儀、観念そして正念往生の臨終行儀まで展開している」[36]とされる。もちろんこの臨終行儀は、出家者のために説かれたもので在俗の信者を対象にはしておらず、また西方浄土願生という浄土教思想が表面に現れたものではない。これに対して、善導大師の臨終行儀は浄土教を背景としてのものであり、両者の間に相違があることは間違いない。しかしながら、『観念法門』の臨終行儀は、『観経』の九品段には見られない「看病人」「看病」という用語を使ってのものであり、「両者の間に相違はあるが、この『観念法門』の臨終行儀においても、臨終の正念を助ける看病人の設定、その看病人の心得、説法教導を不可欠な要件とした発想の基盤には、道宣の影響があったのではないか(37)」と指摘されている。

〈五〉結び

善導大師における戒律と懺悔の問題を考えるにあたっては、当時の仏教教団の状況に留意しなければならない。すなわち、私度僧や偽濫僧の横行する唐初の教団の綱紀粛正を目指した道宣は、何よりも持戒持律の如法なる出家者の生活を具体的実践的に提示し、従来の仏教儀礼のあり方も一々見直しを加えて、仏教教団における新たな儀規を確立せんとするのである。

このような時代的風潮を受け、また道宣と同じく終南山に居した善導大師は、少なからず道宣の影響を受けたと考えられ、在家信者が出家の戒を持つ法である八戒斎に注目して、その利益を述べて勧進し、あるいはまた持戒・念仏・誦経といった念仏儀礼を推奨し、在俗の念仏者の生活規則や浄土教儀礼を具体的実践的に提示しようとするのである。それは、臨終の行儀にまで及び、そこにもまた道宣の影響が見られると指摘されるのである。

さらに善導大師は、自らは「戒品護持」の厳格な念仏生活を行いながらも、末法に生きる「信外の軽毛」「罪悪生死の凡夫」の身であることに徹底して、「戒品無辺我等毀犯亦復無辺」と述べて、無始已来多生流転の間における破戒犯戒による無量無辺の造罪にまで言及し、ただ仏と仏のみが知る人間の根源的な罪悪を、十方三世の三宝、一切の諸天賢聖や法界衆生等に自ら発露懺悔して、阿弥陀仏の救済に遇うことを勧めるのである。

このような善導大師の表白を見れば、善導大師はその懺悔の内容として、大乗の菩薩戒を意識していたことと思われる。すなわち、僧伽の三師七証により僧伽に対して生涯を期して誓いを立て、犯戒すれば僧伽の権威によって他律的に処分されるといった小乗戒についてではなく、十方三世の諸仏に対して、過現未の三世にわたって自ら誓いを立て、犯戒すれば行者の懺悔自律にまかされるといった大乗戒の内容を意識していると思われる。

また善導大師は、八戒斎等の勧進に見えるように、末法における在俗の浄土教信者にとっても、自ら身を律するという戒の精神が重い意味を持つと見ていたに違いない。この点において、道宣が「戒律の伝統的立場を忠実に継承し、しかもそれを中国的変容を加えながら、大乗的性格を附与しようとして、大小乗戒の一体化をめざそう(38)」としたことに、根本的なところにおいて影響を受けたと言えるであろう。

しかしながら、道宣が「そうした意図とは裏腹に『四分律行事鈔』の随処に、部派の伝統的解釈を依用して小乗戒的性格を濃厚に打出し、釈尊の制戒の精神に迫ろう(39)」としたことと、無量無辺の破戒犯戒を行わざるをえない造悪の凡夫が阿弥陀仏の願力によって救済されていくとする善導大師の念仏思想とは、当然のことながら、極めて対照的といえるのである。そこには、自ら末法濁世の戦乱を体験した善導大師の、人間の根源的な愚悪性に対する透徹した目線が見て取れるのである。

(二) 唐初の景教と善導大師

〈一〉はじめに

善導教学の背景には、様々な要素とその影響が考えられる。まず第一には、師である道綽の存在が挙げられる。『観経』を通して時機相応の浄土教教義の内容を説示されたことが善導教学の基礎となっていることはいうまでもない。次に、善導大師の主著である『観経疏』において、「諸師」として挙げられる聖道諸師方の観経解釈である。中でも、隋の六大徳と呼ばれ、釈義の高祖と称される浄影寺の慧遠の影響は見逃せない。善導大師の『観経疏』には慧遠の『観経疏』と全く同文が見られ、或いは慧遠の釈義に基づいた考察も多く見られることから、いわゆる「古今楷定」を行うに際し、慧遠の存在は大きかったに相違ない。(40)

このような善導浄土教の思想的系譜とは別に、善導大師が生きた唐初の時代状況もまた、善導教学の背景を窺う際に考慮せねばならないであろう。まず最初に、規律の緩みがちであった唐初の仏教界において、南山律宗を興し、厳格な戒律の実践を提唱した道宣の影響が考えられる。道宣より十七歳年下の善導大師は、同じく終南山に居し、道宣の具体的実践的な仏道を見聞きしたに違いない。善導大師が浄土教行儀の具体的実践を積極的に提示したこととの関連が、善導大師の戒律に関する論述などから窺えるのである。(41)或いはまた、道綽示寂の年、国中の歓呼の声を受けて帰国した玄奘によって、将来した多くの経論書の翻訳という国家的大事業が大慈恩寺において行われるが、その大慈恩寺に善導大師が住したとの記録があることから、(42)玄奘の事業に何らかの形で影響を受けたことも考えられるのである。そしてまた、善導大師と同じく長安光明寺にて説法されていた三階教に対して、教義的な論争があったのではないかとの指摘もある。(43)

さらには、以上のような唐初の仏教界の様相だけではなく、この時代に伝来した景教が善導大師に影響を与えたのではないかという推論もされている。景教とは、一般にネストル教（ネストリウス派）と呼ばれるキリスト教の一派であるが、この景教の伝来が注目されるようになったのは、一六二五年、西安の近くで偶然に「大秦景教流行中国碑」が発掘されたことが契機である。この「碑文」には、唐初の貞観九年（六三五）に大秦国阿羅本が中国に景教を伝え、太宗皇帝は来賓として歓迎したとあり、その後、長安の義寧坊に大秦寺が建てられ、やがて第九代徳宗の建中二年（七八一）にこの石碑が建てられたことが記されているのである。

したがって、善導大師が長安に居たと考えられる貞観年中に景教は確かに伝わっており、大秦寺も存在したことから、本稿で取りあげる如く、唐初の景教と善導大師との関連が指摘されているのである。

これらの指摘に基づくのか、巷間、景教と浄土教との関連が推論されることが多く、最近の一般書においても、「善導が景教徒たちとの交流を通して、《救い主への信仰による救い》の観念を深めたことは疑いありません(44)」ということから始まり、「京都西本願寺には、親鸞上人も学んだという景教の教典『世尊布施論』があります。現在は公開はしていませんが、宝物として保管されています。親鸞上人も、景教の書物を読んでいたのです(45)」とまで記されているのである。

これらの穿った意見はともかくとしても、その根拠となっている指摘ははたして穏当であるのか、唐初の景教と善導大師との間に何らかの関連が見出されるのかどうか改めて検討を加えるというのが本稿の目的である。

〈二〉唐初の景教伝来

景教とは、一般にはキリスト教で異端とされたネストリウス派の系統のものを指す。ネストリウス派とは、キリスト教の神学論争、即ちキリストの神性と人性に関する論争(46)によって、異端とされてローマ帝国から追放されたネストリウスを支持する人々のことで、その後一派は、シリアからペルシャ（波斯国）に入り、さらに東方に教勢を延ばしていく。そして、唐初太宗の時に中国に伝来したのである。

先述の如く、景教の伝来という記述があるのは、明の末の天啓五年（一六二五）に、偶然発掘された「大秦景教流行中国碑」の碑文である。発掘の場所は大秦寺の旧址にあたる陝西省西安西郊の崇聖寺（通称金勝寺）の境内であったという。(47)

この碑文は波斯僧景浄が記したものであるが、その中に

太宗文皇帝。光華啓運。明聖臨人。大秦国有上徳。曰阿羅本。占青雲而載真経。望風律以馳艱険。貞観九祀至於長安帝使宰臣房公玄齢総仗西郊賓迎入内。翻経書殿。問道禁闈。深知正真。特令伝授。

（「大秦景教流行中国碑頌」大正蔵五四、一二八九頁以下）

とあって、唐の太宗皇帝の時代、大秦国の阿羅本という大徳が貞観九年（六三五）に長安に至って景教を伝えたとされている。そして、太宗は阿羅本を来賓として宮中に迎え入れ、景教の教典が宮中の書殿にて翻訳・研究され、その正しく真なることを深く知って一般に伝わることとなったと記されている。

続いて碑文には、

貞観十有二年秋七月。詔曰道無常名。聖無常体。随方設教。密済群生。大秦国大徳阿羅本。遠将経像来献上京。詳其教旨。玄妙無為。観其元宗。生成立要。詞無繁説。理有忘筌。済物利人。宜行天下。所司即於京義寧坊造大秦寺。一所度僧二十一人。（同右、一二八九頁）

とあって、貞観十二年（六三八）七月に出された詔勅には、大秦国の阿羅本は長安に上京して、聖書とキリストの像を献上してその教えを説き、役人は長安の西地域の義寧坊に大秦寺を建立して、二十一名の景教僧の得度が正式に認められたと記されている。

また、碑文の末尾には、この中国碑建立の由来が記されているが、そこには、

大唐建中二年歳在作噩太蔟月七日大耀森文曰建立　時法主僧寧恕知東方之景衆也。（同右、一二九〇頁）

とあって、唐の第九代徳宗の建中二年（七八一）一月七日の日曜日に建立され、時に法主僧寧恕は東方景教の総管長であったと記されているのである。

景教は、唐初の伝来時、「最初は波斯教と呼ばれ、次に彌施訶教又は迷詩訶教と称せられ、後に玄宗皇帝の時代に於て景教と唱えらるるに至りたる事実」(48)が認められるのである。伝来当初「波斯教」といい、その寺院が「波斯寺」と俗称されたのは、景教を中国に伝来せしめた本国が波斯であり、当時の宣教師が波斯人であったことを示しているが、それがやがて景教と呼ばれるようになったのであ

る。

最初に「景教」という名称が見られるのは、この中国碑文であって、

真常之道。妙而難名。功用昭彰。強称景教。

と示されている。では何故に「景教」と名称されるようになったかについて、佐伯好郎氏は以下のように言及している。(49)

第一に景の字は、光を意味し、メシア即ちキリストは世の光であるという信仰に基づく。第二に景の字は、日と京の二字より成り立ち、日は太陽の光、京は大を意味する為、景の字には「大いなる光明」の意味を持つことに基づく。そして第三には、「大いなる日」という意を持つ景の字を使用することによって、「当時既に長安の上下に流行していた「大日教」の勢力を尠なからず「景教」の勢力扶植に利用することを得たことは争いなき事実である」としている。つまり、キリスト教の伝道を容易ならしむるために「大日教」と同じ意の「日大教」を意味する「景教」という名称を使用したとされている。この景教の字の意味については異論(50)もあるが、唐初の景教と仏教との関連を示すものといえよう。

また、景教と大日教との関係については、高楠順次郎氏が『貞元新定釈教目録』(般若伝一七)の記述に、波斯僧景浄が、般若三蔵法師と共に密教経典の『大乗理趣六波羅蜜多経』七巻を共訳せんと

したとあることを発見し、景教と密教の繋がりが注目されたことも関連している。(51)

〈三〉景教経典と仏教

景教の教えの内容を伝えるものとして、いくつかの景教典籍が見られる。前述の「大秦景教流行中国碑」もその一つであるが、それ以外に敦煌の千佛洞莫高窟から出土したとされるものが数種ある。これらの典籍を検討し、『序聴迷詩所経』『一神論』のコロタイプ版を出版された羽田亨氏は、その『一神論』の「解説」において、

唐代に於て景教典籍の伝訳せられたるもの少なからざりしこと明らかなれども、其の今日に伝えらるるものに至りては僅かに五種を数えるに過ぎず。大秦景教三威蒙度讃は其の一なり。一神論は其の二なり。序聴迷詩所経は其の三なり。志玄安楽経は其の四なり。宣元至本経は其の五なり。(52)

と述べて、五つの景教典籍を挙げている。また、佐伯氏はこれらを分類して、

景教碑文、景教三威蒙度讃、尊経及び志玄安楽経並びに大秦宣元至本経を「景浄の文書」と呼べば、一神論と序聴迷詩所経とは之を「阿羅本の文書」と称してよい。(53)

と述べて、『一神論』『序聴迷詩所経』の二点は、景教伝来当初のものとして、「阿羅本の文書」と称している。

本節の目的は、景教伝来当初と善導大師との関連を窺うことにあるので、善導大師没後約百年を経過した「景浄の文書」はしばらく置いて、「阿羅本の文書」二点について、先行研究に基づいて窺うこととする。

まず、『序聴迷詩所経』についてであるが、羽田氏は「これを正しい漢文と認めることのできないのは言うまでもない」と指摘し、それは、

経典の撰者が漢語漢文の学習には従事しながらも、まだ充分にそれに通達し得なかった異邦人であり、またその文章を補訂し得る程の教徒を有しなかった時代に作られたが為ではあるまいか。(54)

とし、ほぼ同様の性質を持つ『一神論』と同時期に撰述されたものとしている。これを受けて佐伯氏は、

この序聴迷詩所経の撰述を以て一神論よりも二年か三年前若しくは四年か五年前に在りたるものと推定せんとするのである。換言すれば、この序聴迷詩所経は貞観九祀始めて景教の宣教師団が団長阿羅本の統率の許に在って長安に到着してから、貞観十二年（六三八年）秋太宗の勅命によりて大秦寺が建てられたる頃までに大徳阿羅本配下の宣教師団によりて当時の支那の学者の補助を借りて撰述せられたるものと思はざるを得ないのである。(55)

と述べて、この経典が唐朝における最初の景教経典であるとしている。

羽田氏は経題の「序聴迷詩所」について、「序聡迷詩訶」の誤写であるとし、「エス・メシア経」であるとした。佐伯氏もこれを支持し、さらにイエスを「移鼠」の卑字を充てたが、経名だけは「序聴（＝聰）」と改めたと論じている。これに対して、神直道氏は「序聴迷詩所」とは、中世ペルシャ語ヤズド・モークシション（神の救い）の音訳ではないかと述べている。[56]

佐伯氏によると、この経典の概要は五つに分けられ[57]、第一段は、天尊序婆（娑）すなわち神エホバの法が示され、神は風のごとくして見ることができないが、善福善縁の衆生のみが見ることができ、悪業をなすものは悪道地獄に堕落して救われないことを述べる。第二段は、人間の堕落と善悪の審判の問題が示され、人間の日常の事柄における善因善果悪因悪果の法則を語り、神を畏れず悪業を続けて国家の命令に背くものは配流に死すと述べ、最後に偶像を崇拝することを否定している。第三段は、前半において景教道徳の根本である忠君愛国思想と父母孝養主義とを力説し、天尊をおそれるものは聖上（皇帝）をおそれ父母をおそれるものであり、これに事えるべきであって、この三事は一なることを述べる。そして天尊の説く十願が示される。[58]第四段は、十願以外に景教信徒との実行すべき道徳的訓戒が述べられていて、佐伯氏は一～十六の訓戒を見ることができるとする。第五段には、イエス・キリストの出生・事績・贖罪等の一代記が示されている。

次に、もう一つの「阿羅本文書」である『一神論』については、羽田氏が巻尾に「一神論第三」と

記すところから、「一神論は蓋し全帙の題名なり」とし、

此の論述ぶる所は、要するに万物悉く一神の創造し、一神の主宰する所なるを説ける教理論[59]

であると規定している。そして、

行文殆ど体を成さず、加ふるに伝写の譌少なからずして、文義解し難きもの甚だ多し。

と述べて、『序聴迷詩所経』と同じ性質のものであり、本論中の「六百四十一年」という記述から、

本論の述作は実に唐の貞観十五年に当たり、景教碑謂う所の阿羅本が始めて教を伝えたる貞観九年を去ること僅かに六年後なりとす。[60]

と推定している。この『一神論』は、三種の小品によって成立していると考えられるが、その第一が「喩第二」であり、第二が「一天論第一」であり、第三が「世尊布施論第三」である。[61]

第一段では、一切万物はすべて唯一神の作り給うところであることが述べられ、もし一神でなければ、天地は保てず、一神の神妙の力によって天は梁や柱がなくとも独立するとする。この一神の神妙力は窮めて尽きるべからず、その神力は余神なくしてただ独一神にありとする。また、この唯一神は一切処に遍満し、無接界、無起作、無住所、無時節であることを示し、最後に一人の人間には、身体と魂魄と神識とを具足することを示している。

第二段では、天地創造に関する問答が設けられ、地水火風の四色を念頭に置きながら、宇宙万物は

悉く神によりて作られたものであることを述べ、神以外には創造主がいないことを述べる。次に、聖霊を風に喩え、聖霊による霊魂への働きを神識という言葉で述べ、「魂魄神識是五蘊所作」として、神識と魂魄も五蘊からなっているので認識できると述べている。そして因果応報の道理も示し、善事は此処（現世）において他に対してなすことによりて効果があるとし、彼処（来世）においてはその効能がないと説く。さらに、景教徒の生活について述べ、身を清潔にして礼拝を怠らず、戒律を遵守することを説き、至心に天尊を礼拝すれば、一切の罪業が除免されると説かれる。最後に、善神に縁りて善業あり、愚人は悪魔等の迷惑によって悪道に堕落せしめられると説かれている。

第三段は、最初に新約聖書に示される「山上の垂訓」が説かれ、次にイエスの伝道から磔刑までと古代キリスト教会時代の状況が示され、最後に滅悪魔論というべきものが記されている。(62)

景教経典の内容には、当時の中国の人々に景教の教理を伝えんとして、その用語や文章の諸処に仏教用語や仏教思想に関連するものが利用されている。

「阿羅本の文書」の二点について窺ってみると、『序聴迷詩所経』では、「天尊」「諸仏」「阿羅漢」「果報」「称仏名」「報仏慈恩」「罪悪」「善福善縁」「悪業」「堕悪道」「閻羅王」「仏法」「受戒」「衆生」「破戒」「諸天」「清浄」「威力」「因縁」「信心」「回向」「精進」などの仏教用語を認めることができる。

また、『一神論』では、「神妙」「大智」「遍満一切処」「執着」「接界」「常住不滅」「常滅不住」「地水火風」「一切衆生」「五蘊」「神通」「後生」「果報」「一切功徳」「発心」「身心」「恭敬礼拝」「不犯戒行」「一切罪業」「讃歎」「清浄心」「智慧」「善業」「愚痴」「解脱」「堕悪道」「覚悟」「回向」「善縁」「三界」「回心」「方便」「世尊」「布施」「罪過」「妄語」「唯識」「羅刹」「諸鬼」「直道」「地獄」などを見出すことができる。

これらの用語は、その本来の意味とは違った意味で用いられているものも少なくない。例えば、「仏」といっても景教の神のことを指すし、「天尊」「世尊」とは釈尊のことではなく、神やイエスを指し、「布施」は神の恵みといった意味である。本来の用語の意味とは違って用いられている上に、撰者が漢文に通達していない為に極めて難解であるが、恰も仏教が中国に伝わった当初の挌義仏教の如く、仏教や道教の用語を使用して、相当の苦労をしながら景教の教理を説明するのである。

しかしながら、仏教の用語を使用することは、その思想においても影響を受けることは避けられない。例えば、『一神論』の「魂魄神識是五蘊所作」なども、景教の教理の内容である魂魄と神識との関係を五蘊の所作とする訳であるから、それは仏教との調和とも言えるが、濱田直也氏は「景教神学の自己解体であり仏教への思想的変容である」し、「景教は唐代の伝道当初から仏・道教と融合し教理を損なっていたと看做されても仕方ない(63)」と指摘する。また、羽田氏は忠孝の教えを説く儒教との

調和を計った側面も指摘している。(64)

このような指摘に対して、景教が「仏教語や道教にかかわる語を多用しているのは、景教が仏教化したり道教化したりしているという意ではなく、また新入宗教が、権力絶大の唐王朝に阿諛して用いたというのもあたらない。シリア語や中世ペルシャ語による語─漢人の宗教意識にはまったく目新しいものであった─を漢訳するのに従来から使用していた語をあてた、というにすぎぬ(65)」という神氏の意見もある。

このように、景教が仏教の影響を受けているという指摘の一方で、景教側からは、仏教の用語を使用していても景教の教理を変容させているわけではないという反論がなされている。それどころか、逆に景教が仏教に影響を与えている面があるという指摘がなされたことがあり、その一つが、景教と浄土教、特に景教と善導大師との関連を示す指摘なのである。

〈四〉景教と善導大師

景教と浄土教との関係について、佐伯氏は、最初期の論文『景教碑文研究』において、中国浄土教の三祖、曇鸞・道綽・善導と景教の関係について述べている。それは、景教の中国伝来に至るまでの時期と、曇鸞大師や道綽禅師の時代が重なるといった程度であるが、特に善導大師に関しては、我が親鸞上人との信仰の主義上、関係の密なるものと伝へられたる善導大師の入寂に先立つこと四年、儀風年間に当たりて波斯の三卑羅斯（Sappiras）が長安醴泉坊の東に波斯寺を建てたるの事実は宗敏求の長安志に拠るも明なりとす。されば善導大師の世、既に長安の都に於て人目を引くに足るべき景教の活動ありしや知るべきなり。況んや碑文に善導大師を厚遇せし高宗皇帝に関して「高宗大帝克恭纉祖潤色真宗而於諸州各置景寺仍崇阿羅本為鎮国大法主法流十道国富元休寺満百域家殷景福」とあるにおいてをや善導大師と景教との間に年代的関係の存在を否認すべからざるや知るべきなり。(66)

と述べて、その関係を強調している。

さらには、「大秦景教流行中国碑」のシリア語部分に景教僧が妻帯していたことを記す文が見られることから、信仰上、善導大師との関係が密である親鸞に言及し、仏教の肉食妻帯主義と景教との関係について述べて、「肉食妻帯主義等の《背景》に景教的勢力の潜む(67)」ことまで指摘している。

また道簱泰誠氏は、善導大師が長安において念仏を弘通していた時に景教との接点があったことを強調し、

景教は一神的福音主義なると共に、未来的生命と他力的贖罪を高調する宗教なるが故に、善導をして大いに景教に学ばしむる所あった。(68)

と述べて、具体的に善導大師が景教から受けた感化について、「第一下層階級に伝道せしこと」「第二六時礼讃の制定」「第三観無量寿経疏の神学は景教神学の模倣なること及び祖先崇敬死者の回向を景教より学びしこと[69]」の四点を挙げている。

その内容について、いくつかを示すと、「大秦景教流行中国碑」に「七時礼讃大庇存亡」とあるのは、一日に七度の礼讃をなし、生存者（存）と死亡者（亡）の生霊の為に祈るという意であるが、この讃美礼拝の影響を受けて、善導大師が六時礼讃行道念仏の一日六回の礼拝を制定したとするのである。また、善導教学の特徴である称名念仏についても「口称念仏は善導大師の創意かと云うに、決して然らず。これこそ実に景教の感化にして、景教の僧侶が日々勤行して居った主の祷や使徒信経の連称を模倣したものに過ぎない[70]」とし、「景教の僧侶が珠数を爪繰って主の祷や詩篇や使徒信経を連称して天主（基督のこと）の功徳を受けると信じて行った行法が、其侭仏教に移って行って珠数爪繰って唱へる口称念仏となり、之を易行他力の法門と善導大師はして終ったのである」としている。そして「善導の宗致は恩寵他力の易行門に外ならない」と結び、この「恩寵他力の道は景教の根本信仰にして、如何に罪業深重なる罪人と雖も信仰によりて義とせらるる宗教」である景教の教理を、善導の称名念仏救済往生の教義に当てはめたものであると述べている。

これらの指摘が、本稿の冒頭で紹介したように、善導大師が景教徒との交流を通して、阿弥陀仏への信仰による救済という教義を確立していったという如き見解の基礎となっているのであろう。

一方、時代状況から善導大師と景教の両者の関係は否定できないとしながらも、善導大師が景教の教理や実践体系に触発されたことに疑問を持つ意見もある。清水澄氏は景教との関わりの可能性について、善導教義の特徴の一つと言える懺悔滅罪に焦点を当て、両者の関係に言及している。(71) そして、

①景教経典(『序聴迷詩所経』『一神論』)に懺悔という用語はない。

②exomologesis-metanoia-pistis(告白・悔い改め・信仰)を含意できる言葉は若干見出せる。

③キリスト者となるもなお罪業を重ねるという罪悪の根源性についての認識の強調はある。

④神の慈愛とイエスの贖いの死が説かれるが、善導大師の阿弥陀仏観中に贖いの死という要素は全くない。

⑤善導において罪業は人間自身の罪悪性の中に認められるのに対して、景教経典では悪魔の仕業として外的にみられていることが最も大きな相違点であり、道綽や善導にみられる自己原因的な罪悪凡夫観と全く異質である。

などの点を挙げている。その結果、

善導浄土教に特徴的な全身の毛穴から出血するまでの厳しい形まで深められた懺悔は、その用語すらないこと。また、罪業が悪魔の仕業として外的であること。就中、称名思想が皆無であるこ

ととの三つの主要な理由によって、善導浄土教が景教に触発せられるところがあるとみることはできない。寧ろ景教の方が、就中、用語法において浄土教的なものを借りていることは明らかである。(72)

とし、

善導浄土教の懺悔観・罪悪観は大乗仏教のそれらの必然的で本来的な展開であり、曇鸞・道綽等の先達を伝承するものである。そこに景教の影響という歴史的偶然の契機を考慮する必要はないとしてよい。(73)

と結論づけている。

藤田宏達氏も清水氏のこの指摘を支持し、

善導と同時代の景教の残存文献は極めて限られたものであるが、それによる限り、この指摘は支持しうるものであり、この点から、善導の懺悔・滅罪の思想には、景教の影響を認める余地はないといわねばならない。(74)

と述べている。

〈五〉結び

善導大師が長安で活躍を始めるのは、道綽が示寂して後、終南山に本拠地を置くようになってから、すなわち貞観十九年（六四五）以降と考えてよいであろう。したがって、既に貞観九年に阿羅本が景教を伝え、貞観十二年には義寧坊に大秦寺が建てられていたのである。

しかも、この大秦寺のある義寧坊は、長安城で最も賑やかな西市の西北にあって、西市のすぐ南の懐遠坊にあった光明寺とは、かなり近い距離にあったといえるのである。また、善導大師存命中に西市の北隣の醴泉坊に波斯寺を建てたとの記録もあることから[75]、光明寺において説法していた善導大師が、景教の波斯僧達の活動を見聞きしていた可能性は充分に考えられるであろう。

しかし、かといって善導大師が「竊かに景教の教会を訪問してその礼拝に列しているに相違ない[76]」と断定して、六時礼讃等の浄土教儀礼や観経疏に示される善導教学が景教の模倣であるとするのは、いささか暴論に過ぎると言わざるをえない。

このように、景教が善導大師に影響を与えたという主張は、主に善導大師の著作や思想に景教に類似している点を探し出して論じられてはいるが、善導大師の著作の具体的な箇所を示した上で、両者を比較検討して論述されているものではない。

これに対して清水氏は「今、許される最も確実な検討方法は、残存景教経典の中に善導大師を触発する何ものかの存することを探ることである[77]」とし、先に示した①～⑤の検討結果を示している。

これ以外にも、例えば『序聴迷詩所経』には「人急之時、毎称仏名」とあって、「仏名を称する」という善導大師の称名念仏と似たような表現が見られるが、これは佐伯氏が「苦しき時の神だのみのこと」(78)と訳しているように、善導大師のいう如きの称名念仏思想と関連があるとは到底言えないであろう。

このような検討の結果、善導大師の懺悔観・罪悪観について、「景教の影響という歴史的偶然の契機を考慮する必要はない」とか「景教の影響を認める余地はない」と結論づけられているように、善導大師への景教の影響を見ることは極めて難しいと言わざるを得ない。

では、なぜこのような推論がなされるに至ったのであろうか。景教研究の契機となった「大秦景教流行中国碑」が発掘された際、キリスト教世界では大きな話題となった。異端とされていた波斯僧たちが、さまざまな困難を乗り越えて中国にまで伝道していたことが明確になるにつれて、それはある種の感銘を持って受けとめられたのである。その思いは昂じて、やがてキリスト教思想は仏教に何らかの影響を与えたのではないかとなり、景教と浄土教との関連が推論されていくことになったのではあるまいか。

それは、いみじくも景教関係者の主張に顕れている如く、景教と浄土教との類似点に起因しているのであろう。すなわち、唯一絶対神と阿弥陀仏一仏、神の恩寵と阿弥陀仏の本願力救済、主の祷りと称名念仏、七度礼拝と六時礼讃など、キリスト教と善導浄土教の両者に表面上の類似点を多少見出すことができることから、浄土教思想はキリスト教の思想が伝播し影響して生育したに相違ないという結論が先にあった上で、両者の関連が推論されてきたように思えるのである。近年には、それがキリスト教の伝道の現場でも利用されていた傾向も見られ、それらが巷間に広がっていった理由のように思われる。

しかしながら、思想的背景の全く違う唐初の景教と善導浄土教について、多少の類似点を以てその関連を語ることは、今のところ難しいと言わざるを得ないのである。

（※以上、第三章の内容は、『日本仏教学会年報』第七四号所収の拙論「善導における戒律と懺悔」と『眞宗研究』第五五輯所収の拙論「唐初の景教と善導大師」を加筆・訂正したものである）

註

（1）鎌田茂雄『新中国仏教史』一〇五頁
（2）鎌田茂雄『前掲書』一〇九頁
（3）布目潮風『隋唐史研究』一〇二頁以下
（4）道端良秀『唐代仏教史の研究』一三八頁以下
（5）藤善眞澄『隋唐時代の仏教と社会』一一四頁
（6）礪波護『隋唐の仏教と国家』六二頁以下

（7）鎌田茂雄『前掲書』一五六頁
（8）拙論「善導教義とその周辺―浄影寺慧遠の『観経疏』との関連」（『村上速水先生喜寿記念　親鸞論叢』所収）、拙書『観経序分義窺義』七頁
（9）深貝慈孝「善導と浄影寺慧遠」（森三樹三郎博士頌寿『東洋学論集』所収）
（10）佐々木月樵師『漢訳四本対照摂大乗論』三六頁以下
（11）柴田泰山『善導教学の研究』三二五頁
（12）柴田泰山『前掲書』六七四頁
（13）柴田泰山『前掲書』二〇八頁以下
（14）粂原勇慈「善導教学と三階教」（『仏教論叢』三三）
（15）柴田泰山『前掲書』二〇一頁以下
（16）内藤知康『安楽集講読』三頁以下
（17）宮林昭彦「道宣の戒律観」（『日本仏教学会年報』三二、一四六頁）
（18）以下は佐藤達玄『中国仏教における戒律の研究』八二頁以下の論究によった。
（19）土橋秀高「道宣の菩薩戒」（『印度学仏教学研究』二九、一三一頁）
（20）佐藤達玄『中国仏教における戒律の研究』八八頁
（21）土橋秀高『戒律の研究』九三九頁
（22）土橋秀高「前掲論文」一三三頁
（23）土橋秀高『前掲書』一二六頁
（24）拙書『観念法門窺義』二一頁以下
（25）松本文三郎「善導大師の伝記と其時代」（『善導大師の研究』所収、五頁）
（26）福原隆善「善導大師の懺悔思想」（『浄土宗学研究』一二、五〇頁）
（27）土橋秀高『前掲書』一一五頁以下

(28) 土橋秀高『前掲書』一二二頁
(29) 沢田謙照「仏教に於ける懺悔の種々相と善導大師」(『善導大師研究』所収、六二頁)
(30) 沢田謙照「前掲論文」五九頁
福原隆善「前掲論文」五二頁以下
坪井俊映「善導大師の懺悔と法然上人」(『浄土宗学研究』一二、七七頁以下)
(31) 福原隆善「前掲論文」四八頁
(32) 福原隆善「前掲論文」五一頁
(33) 『資治通鑑』巻一九四(『中華書局資治通鑑』所収、六〇九四頁)
(34) 布目潮風『前掲書』二六頁以下
(35) 佐藤成順「中国仏教における臨終にまつわる行儀」(『宋代仏教の研究』所収、四三四頁以下)
(36) 佐藤成順「前掲論文」四四〇頁
(37) 佐藤成順「前掲論文」四五〇頁
(38) 佐藤達玄『中国仏教における戒律の研究』一三八頁
(39) 佐藤達玄『前掲書』一三八頁
(40) 拙論「前掲論文」七七一頁以下
(41) 拙論「善導における戒律と懺悔」(『戒律と倫理』日本仏教学会編所収、六三頁以下)
(42) 宇野順治「善導大師の生涯とその社会的背景について」(『宗学院論輯』四四、四一頁)
山崎宏「善導大師とその時代」(『仏教文化研究』二六、二三頁)
(43) 山崎宏「前掲論文」二四頁
(44) 久保有政・ケン・ジョセフ『聖書に隠された日本・ユダヤ封印の古代史2』【仏教・景教篇】八四頁
(45) 『同右』一七〇頁
なお、この『世尊布施論』(『一神論』の一部)が西本願寺に所蔵されている事実は、確認できていない。

また、これと同様の記述が濱田直也氏の「景教経典『一神論』とその佛教的性格について」（『大谷大学文芸論叢』六八、六二頁）にある。そこには、「『一神論』が富岡謙蔵没後、御遺族の依頼を受けた高楠順次郎を経て西本願寺に寄贈され、いまは未公開文書として保管されていて」という記載があるが、本稿作成に際し濱田氏に問い合わせたところ、「西本願寺に所蔵されている」というのは事実誤認であって、他所に所蔵されていたことが最近判明し、現在詳細を調査中とのことであった。いずれ、濱田氏がこの間の事情を発表されるであろうからそれを待ちたい。

因みに、たとえ西本願寺に所蔵されていたとしても、それは敦煌で発掘されたものである。この『一般書』一七〇頁で述べる如き、「親鸞も景教の典籍を読んでいた」ことにはならないのは言うまでもない。

(46) キリストの神性と人性に関す論争は、アレキサンドリア学派とアンテイオケ学派の論争であった。アンテイオケ学派のネストリウスは、五世紀のキリスト教世界において、神であるキリストを産んだことから母マリアを「神の母」と呼ぶマリア崇拝が起きたことを危惧して、「キリストの母」と呼ぶべきとした。このことがキリストに二人格を認めるものとされ、四三一年エペソでの第三回宗教会議において異端と決定され、四三六年リビアに追放され、十五年後エジプトで逝去する。なお、このネストリウス派の追放および異端の諸事情には次の二点を見逃してはならないと指摘される。すなわち、教会学派の論争には必ず皇帝すなわち政治権力が関与していることと、教会内の神学論争や抗争の裏には、あらわな、時に陰湿な権力闘争の臭いがあるということである。（神直道『景教入門』二四頁）

(47) 塚田康信「大秦景教流行中国碑の研究」（『福岡教育大紀要』第五分冊―芸術保健体育　家政技術科編―七頁）

(48) 佐伯好郎『景教の研究』二一頁

(49) 佐伯好郎『前掲書』二六頁以下

(50) 神直道『前掲書』一五頁以下。景教は中世ペルシャ語の訛音訳で「他とは異なるすぐれた教え」という意とする。

(51)『貞元新定釈教目録』の著者は、長安西明寺の僧円照であるが、日本の弘法大師空海が遣唐使として滞在したのが西明寺であり、空海が円照から仏教を学び、般若三蔵から梵語や密教を学んだことから、空海も景浄から景教を学んだのではないかという推論（川口一彦『景教のたどった道―東周りのキリスト教―』一一三頁以下）もある。

(52)コロタイプ版『一神論巻三』（東方文化学院京都研究所）羽田亨「解説」一頁

(53)佐伯好郎『前掲書』六二七頁

(54)羽田亨「景教経典序聴迷詩所経に就いて」（『内藤博士還暦祝賀支那学論叢』所収、九頁）

(55)佐伯好郎『前掲書』六七四頁

(56)神直道『前掲書』三七頁

(57)佐伯好郎『前掲書』六八〇頁、以下の内容は、主に羽田・佐伯の解釈に基づく。

(58)この十願にはいくつかの欠文が見られるが、旧約聖書の十戒に配当して理解されているが、佐伯氏は十戒ではなく、十二使徒の「生と死との二道」としている。

(59)羽田亨『前掲書』「解説」二頁

(60)羽田亨『前掲書』「解説」三頁

(61)佐伯好郎『前掲書』六二七頁、以下の内容は、主に羽田・佐伯の解釈に基づく。

(62)神直道『前掲書』九七頁

(63)濱田直也「景教経典『一神論』とその佛教的性格について」（『大谷大学文芸論叢』六八、七二頁）

(64)羽田亨「前掲論文」一五頁以下

(65)神直道『前掲書』三四頁

(66)佐伯好郎『景教碑文研究』（『アジア学叢書』十七、一一三頁）

(67)佐伯好郎『前掲書』一一八頁

(68)道籏泰誠『支那の浄土宗の開祖善導大師に与へし景教（基督教）の感化』（『基督教優越性叢書』第一巻、

五二頁)
(69) 道籏泰誠『前掲書』六〇頁
(70) 道籏泰誠『前掲書』九〇～一〇三頁
(71) 清水澄「罪悪と懺悔―宗教学的覚え書―」附　浄土教の懺悔滅罪瞥見―景教との関わりの可能性―」(『善導教学の研究』所収、一六三頁以下)
(72) 清水澄「前掲論文」一六五頁
(73) 清水澄「前掲論文」一六六頁
(74) 藤田宏達『善導』(一五五～一五六頁)
(75) 山崎宏「善導大師とその時代」(『仏教文化研究』二六、二四頁)
(76) 道籏泰誠『前掲書』四八頁
(77) 清水澄「前掲論文」一六四頁
(78) 佐伯好郎『景教の研究』六七八頁

本論

第一章　観経玄義分の構成

◆科段

▼速水師（『玄義分摘要』一〇頁）

- 一題号二
  - 一、疏題
  - 二、撰号
- 一、説偈乞加 ── 先勧大衆
  - 一、総標 ── 此観経一

- 二本文三
  - 二、正釈経義
    - 一、文前玄義
      - 一、標列
        - 二、別列——第一先標
      - 二、料簡
        - 一、序題門——第一先標
        - 二、釈名門——第二次釈
        - 三、宗旨門——三弁釈宗
        - 四、説人門——四弁説人
        - 五、定散門——五料簡定
        - 六、和会門
          - 一、総標
            - 標章——六和会経
            - 標列——就此門中
          - 諸師解——初言諸
          - 道理破——第二即

- 二、正釈
  - 返対破―第三重
  - 出文証―第四出
  - 会別時―第五会
  - 会不生―第六会
- 七、得益門―第七料簡
- 三、総結―証日挙握
- 二、依文釈義
  - 序分義
  - 定善義
  - 散善義
- 三、請証勧信―敬白一切

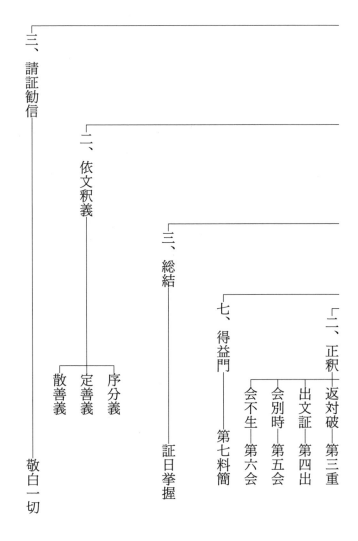

▼月珠師（『玄義分講録』五三一～五三二頁）

- 一、題目
- 二、正文
  - 一、説偈勧帰 ―― 先勧大衆
  - 二、文前玄義
    - 一、標列 ―― 此観経一
    - 二、牒釈
      - 一、序題門 ―― 第一先標
      - 二、釈名門 ―― 第二次釈
      - 三、宗教門 ―― 三弁釈宗
      - 四、説人門 ―― 四弁説人
      - 五、定散門 ―― 五料簡定
      - 六、和会門

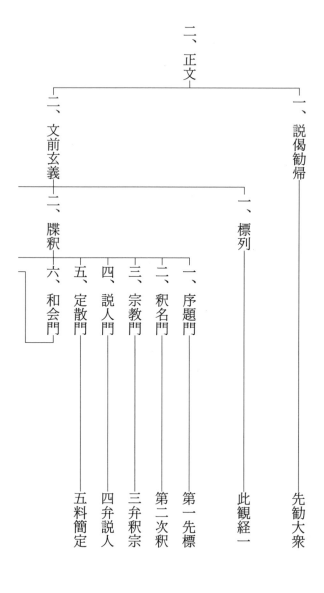

- 一、牒標――六和会経
- 二、正釈
  - 一、挙諸師解――初言諸師
  - 二、以道理破――第二即以
  - 三、返対破責――第三重挙
  - 四、出文顕証――第四出文
  - 五、会別時意――第五会通
  - 六、会二乗種不生――第六会通
- 七、得忍門――第七料簡
- 三、結証――証曰掌握

▼これらの科段に依れば、題目（題号・撰号）に続いて、先ず「帰三宝偈」を挙げ、次に「標列」において示すように、以下（一）序題門（二）釈名門（三）宗教門または宗旨門（四）説人門（五）定散門（六）和会門（七）得忍門または得益門の七科に分けて料簡する。これは、「標列」において、「先七門料簡、然後依文釈義」とし、『序分義』冒頭においては「従此以下就文料簡」とあることか

ら知れるように、『観経』の経文の文々句々を解釈する前に、『観経』の「玄義」を七門に亘って料簡検討する「文前玄義」なのである。

また、最後の「結証」(総結)において、「十有三結条条順理以応玄門」とあるのは、七門に和会門の六章(一、諸師解　二、道理破　三、返対破　四、出文顕証　五、会別時意　六、会二乗種不生)を加えて十三の条条としたと考えられている。このことから、第六和会門においては、『玄義分』で最も中心となる問題が論じられていると言えるであろう。

第二章　題号と撰号

観経玄義分　巻第一　沙門善導集記

(聖典全書一、六五五頁)

▼題目の「観経玄義分」を釈するに、「観経」とは、所釈の経を示すもので、下の釈名門において「仏説無量寿観経一巻」と示す経題の略名である。既に『安楽集』巻上「総説」(聖典全書一、五七三頁)にこの略名が見られるのを用いられたのである。

『玄義分』とは、『序分義』『定善義』『散善義』のように一々の文を具に釈した「文義分」に対する語である。この「玄義」については、『伝通記』（大正蔵五七、四九七頁下）に「玄者。幽遠深妙二義」と釈している。幽遠・深妙とは、経意を幽遠に開顕し、経典の深妙な義を述べるという意である。深励師は、懐感の『群疑論』に、

　玄とは幽玄なり、其の幽玄の旨趣を捜むるに、（大正蔵四七、三四頁下）

とあるを引いて、「一経に通ずる幽深の義趣を釈するゆえに玄義という」（『四帖疏講義』六頁）と述べる。「分」とは、区別して分斉を明らかにすることで、次の「文義分」の三分に対するものである。したがって、『玄義分』とは、次下の「文義分」に先立ちて、「一経の幽玄の義趣を述べる部分」という意である。

「**巻第一**」は、第は次第のことで、四巻の最初であることを示す。

▼撰号の「**沙門善導集記**」を釈するに、「沙門」とは、サンスクリット語 śramaṇa（パーリ語 samaṇa）に相当する音写語であり、努力する（√śram）より派生した語と解釈され、解脱に向かって努力する人という意である。また通俗語源解釈によって休息する（√śam）という語根に由来すると解されて息心・静志・勤息などと訳される場合もある（『岩波仏教辞典』三八七頁）。

「善導」大師の生涯等については、平成十七年度安居講本である拙書『観念法門窺義』の「序論」

一、善導大師の生涯とその時代（三頁以下）を参照されたい。

「集記」について、『伝通記』には「聖僧の指授を集めて之を筆点に記す。故に集記と云うなり」（大正蔵五七、五〇〇頁上）とある。「文義分」の撰号もすべて「沙門善導集記」であり、『般舟讃』の「比丘僧善導撰」（聖典全書一、九六五頁）以外は、「具疏」もすべて同様の記述である。善導大師の「集記」の表現に込められた意図は、単に自説を述べるのではなく、諸経論を集めて経論の正意を述べるという卑謙の意向を示すものと考えられ、宗祖の『顕浄土真実教行証文類』や『浄土文類聚鈔』のいわゆる「文類聚」における「愚禿釈親鸞集」（聖典全書二、九頁・二六一頁）に通じるものがあるといえよう。

第三章　帰三宝偈

◆科段

▼月珠師（『玄義分講録』五三四～五三七頁）

- 一、総標 —— 先勧大衆発願帰三宝
- 二、説偈
  - 一、勧他
    - 一、総勧 —— 道俗時衆等・各発無上心
    - 二、別勧 —— 生死甚難厭～帰依合掌礼
  - 二、自帰
    - 一、帰敬 —— 世尊我一心～果徳涅槃者
    - 二、乞加 —— 我等咸帰命～念念見諸仏
  - 三、述意
    - 一、嘆自身法義 —— 我等愚痴身～速証無生身
    - 二、標能弘心願 —— 我依菩薩蔵～広開浄土門
  - 四、回願 —— 願以此功徳～往生安楽国

（一）総標

先勧大衆発願帰三宝　（聖典全書一、六五五頁）

先づ大衆を勧めて願を発して三宝に帰せしむ。（七祖註釈版、二九七頁）

▼これよりは、先ず大衆に往生浄土の願を発して三宝に帰依することを勧めると共に、自らも先ず発願・帰依三宝して、その後に『観経疏』を製作せんことを示す。

総標の「**先勧大衆発願帰三宝**」については、古来より四種の訓み方がある。

①先ず大衆の発願を勧めて三宝に帰す
②先ず大衆を勧め発願して三宝に帰せしむ
③先ず大衆を勧めて発願し三宝に帰せしむ
④先ず大衆を勧め発願し三宝に帰す

①の訓みでは、発願は大衆、三宝に帰するのは善導大師に属する意味で、大衆に西方往生を発願せ

しめんが為に、先ず大師自らが三宝に帰したまふという意味となる。②の訓みでは、発願は大師に、帰三宝は大衆に属して、大衆を勧めて三宝に帰せしめんが為に大師自らが発願したまふという意味になる。③の訓みでは、発願も帰三宝も大衆に属し、先ず大衆に、発願し三宝に帰することを勧める偈という意味になる。④の訓みでは、発願も帰三宝も大師に属して、大衆を勧めんが為に大師自らが発願し三宝に帰依したまふという意味になる。

これらの訓みのいずれが妥当であるかは様々に論じられている。偈文の「道俗時衆等～帰依合掌礼」までが、大衆に浄土往生の発願を勧めていると見て、「世尊我一心～果徳涅槃者」までが、大師自らが三宝に帰すと見れば、①の訓みが当てはまるであろう。しかし、「世尊我一心」と言われるものの、次には「我等咸帰命」とも続ける訳であるから、帰三宝は大師のみとも限定し難い。本テキストの『浄土真宗聖典全書一』の訓みは、③であって、発願も帰三宝も大衆に属しているが、深励師は「発願とは大衆をして往生の心を発願せしむる也。帰三宝とは我も大衆とともに三宝に帰敬せんと也」(『四帖疏講義』八頁)と述べて、帰三宝の主体は大衆でもあり大師でもあるとしている。また、祐義師は「先ず大衆に発願帰三宝をすすめ、然る後に大師自らも発願帰三宝することを表白せられた偈」(『玄義分講要』一九頁)としている。

また、この「先」の字義について、『伝通記』では、「下の長行に対して偈を以て先となす」(大正蔵五七、五〇〇頁下）とし、『楷定記』でも、三義を出す中、「正釈に先んずる故」（西山全書六、一八九頁）を第一義に挙げている。

したがって、この「先」には二通りの意味があり、「先ず大衆に発願帰三宝を勧めると共に、大師自らも発願帰三宝することを表白された偈」という意味を以て、先ず造偈し、然る後に長行を以て四帖の『観経疏』を製作することを表白されるのである。「論疏」を製作するに当たって、長行の釈の前に偈を置く例は少なくない。長行に先立って偈を置くという意味では、「先」の字が本偈全体にかかることになるのである。なお、『大乗起信論義記』には、論疏製作に当たって帰敬の意を示すのは、①為荷恩故②請加護故③為生信故④敬儀故⑤表勝故⑥益物故と記されている（大正蔵四四、二四六頁下）。この内、②③⑥の意は、本偈に如実に示されているといえよう。

「発願」とは、浄土往生を願う心であり、『散善義』に「作得生想」（聖典全書一、七六七頁）と述べられる心である。なお、月珠師（『玄義分講録』五三四頁）が『観経疏』「後跋」の「標心結願」（同右、七九三頁）のことを指すと述べるように、この「発願」には、『観経疏』を製作するに当たって、先ず三宝に帰して諸仏の加備を願うという意味を兼ねているとの見方もある。

「三宝」とは、周知の如く「仏・法・僧」のことであり、世に尊重されることが宝の如くである故に「三宝」と名づけられる。『散善義』には「南無帰命尽虚空遍法界一切三宝」（同右、七九三頁）とあり、『往生礼讃』には「南無釈迦牟尼仏等一切三宝」（同右、九一六頁）、「南無十方三世尽虚空遍法界微塵刹土一切三宝」（同右、九一七頁）とあり、『法事讃』にも「南無本師釈迦牟尼仏等一切三宝」「南無十方三世尽虚空遍法界微塵刹土一切三宝」（同右、八六五頁）とあり、本偈においても「帰命尽十方　法性真如海　報化等諸仏」と述べられている。したがって、大師が大衆に勧め自ら帰依された三宝は三世十方の一切三宝に他ならない。もっとも「願入弥陀界　帰依合掌礼」と表白されるように、阿弥陀仏への帰依こそが、浄土教信仰の中心であることは言うまでもない。

（二）説偈

〈一〉勧他

道俗時衆等　各発無上心
生死甚難厭　仏法復難欣
共発金剛志　横超断四流
願入弥陀界　帰依合掌礼

（聖典全書一、六五五頁）

道俗の時衆等、おのおの無上心を発せ。

生死はなはだ厭ひがたく、仏法また欣ひがたし。
ともに金剛の志を発して、横に四流を超断すべし。
弥陀界に入らんと願じて、帰依し合掌し礼したてまつれ。
（七祖註釈版、二九七頁）

▼この一段は、総勧（初めの二句）と別勧（後の六句）に分かれるが、いずれも先ず大衆に発願と帰依三宝を勧める部分である。

・総勧

「**道俗時衆等　各発無上心**」とは、僧俗すべての人々に無上の信心を発せと勧めるのである。「道俗」とは、比丘・比丘尼・優婆塞・優婆夷の四衆を指す。宗祖が『尊号真像銘文』に、

「道俗」は、道にふたりあり俗にふたりあり。道のふたりは、一つには僧、二つには比丘尼なり。俗にふたり、一つには仏法を信じ行ずる男なり、二つには仏法を信じ行ずる女なり。
（註釈版、六六三頁）

と解釈される通りである。「時衆等」とは、今の時代の人々という意味であるが、「等」の字に、末代の衆生を含むと見るべきであろう。

この「無上心」については、古来より鎮西・西山・真宗に理解の相違が見られる。祐義師の分類に依れば（『玄義分綱要』二三頁〜）、鎮西は、仏教全体に通じるものを総安心とし、「上求菩提下化衆生」の菩提心と厭欣心であるとする。それに対して往生浄土の特別の安心を至誠心・深心・廻向発願心の三心とする。

- 安心
  - 総安心
    - 菩提心——各発無上心
    - 厭欣心——生死甚難厭、仏法復難欣
  - 別安心——三心——共発金剛志

また鎮西では、この「菩提心」と「三心」とは、大異小同であるという。大異とは、菩提心は利他を先にして仏果を期し、三心は自利を先にして往生を期す。小同とは共に大乗心である点が同じであるとする（『伝通記』大正蔵五七、五〇二頁下〜五〇四頁上）。

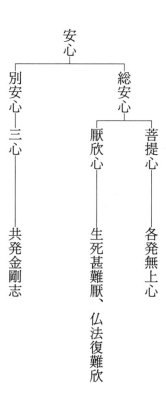

西山では、証空の『玄義分観門義』に、「無上心」とは三心のことで、この無上心は他力の菩提心であって、無上の功徳を具して浄土に往生せしむる故に無上心というとする（西山全書三、九頁）。

『楷定記』では、

各発無上心	一心	至心	本願三信
共発金剛志	信楽	信楽	
願入弥陀界	求願往生	欲生	

と配当している（西山全書六、一九〇頁）。

さて真宗では、古来より「各発無上心」の訓みについて、「信文類」引用（註釈版、二四四頁）の訓点「おのおの無上の心を発せども」と『愚禿鈔』の訓点と相違があるとして解釈してきた。しかしながら、現今のテキスト（聖典全書二、二九〇頁、存覚上人書写本も）では相違は見られない。但し、『観経弥陀経集註』の引用の訓点には「おのおの無上の心を発せ」（聖典全書三、一二七頁）となっている。

そもそも「信文類」の「菩提心釈」では、

> しかるに菩提心について二種あり。一つには竪、二つには横なり。また竪についてまた二種あり。一つには竪超、二つには竪出なり。竪超・竪出は権実・顕密・大小の教に明かせり。歴劫迂回の菩提心、自力の金剛心、菩薩の大心なり。また横についてまた二種あり。一つには横超、二つには横出なり。横出とは、正雑・定散、他力のなかの自力の菩提心なり。横超とは、これすなはち願力回向の信楽、これを願作仏心といふ。願作仏心すなはちこれ横の大菩提心なり。これを横超の金剛心と名づくるなり。横竪の菩提心、その言一つにしてその心異なりといへども、入真を正要とす、真心を根本とす、邪雑を錯とす、疑情を失とするなり。欣求浄刹の道俗、深く信不具足の金言を了知し、永く聞不具足の邪心を離るべきなり。（註釈版、二四六頁）

と述べて、自力の菩提心と他力の菩提心に分類されている。『愚禿鈔』の解釈（註釈版、五〇二頁）と合わせると、

- 菩提心
  - 竪
    - 超 ― 即身是仏・即身成仏等の証果 ― 自力の菩提心
    - 出 ― 聖道、歴劫修行の証 ― 自力の菩提心

横─超─選択本願・真実報土・即得往生─他力の菩提心
　└出─浄土、胎宮・辺地・懈慢の往生─他力の中の自力の菩提心

となる。

今この「各発無上心」を「おのおの無上の心を発せども」と訓んだ場合、「無上心」は自力の菩提心となって廃せられることになり、「共発金剛志」は万人が共に発すことができる他力の菩提心を示すことになるのである。

また一方、「おのおの無上の心を発せ」と訓んだ場合は、「無上心」とは他力の菩提心を発すことを勧められる意になるのである。すなわち、『愚禿鈔』の「町版」に見られた「おのおの無上心を発せ」の訓点に基づいて、善導大師が大衆に他力の菩提心を発起すべきことを勧められたとする先哲の解釈は、大師が『観経疏』で明かされた弘願他力の意向を明らかにしようとする意図があったといえる。

とはいえ、この訓みが『観経弥陀経集註』にのみ見られるとすれば、宗祖が主に法然聖人門下で研鑽された時分に記されたとされる『集註』では、未だ「自力菩提心」と「他力菩提心」とを分けて解釈される如きの教判が確立されていた訳ではない。したがって、浄土教に帰依する人々は、各々に阿

弥陀仏に帰依信順するという無上の信心を発すことを勧められたという理解のもとに「おのおの無上の心を発せ」と訓点をされたのであろう。そしてそのような理解がこの場合の善導大師の意向に沿うと思われる。

・別勧

「**生死甚難厭**」以下の六句についても、月珠師は「先の二句は自力の難を明し、後の四句は他力の易を明す」（『玄義分講録』五三四〜五三五頁）とする。自力による為に生死の迷いを厭い仏法を欣うことは難しく、それ故に、「**共発金剛志**」と共々に他力金剛の信心を発して、その利益によって、ただちに生老病死の「**四流**」の迷いを断ち切るとする。

この「金剛志」とは、『序分義』に「金剛の志を発すにあらざるよりは、永く生死の元を絶たんや」（七祖註釈版、三七四頁）とあると同意であり、『散善義』に「この心深信せること金剛のごとくなるによりて、一切の異見・異学・別解・別行の人等のために動乱破壊せられず」（同、四六四頁）と示される「深信」のことを指す。これを承けて宗祖は「本願力の回向の大信心海なるがゆゑに、破壊すべからず。これを金剛のごとしと喩ふるなり」（註釈版、二四四頁）と述べられるのである。

「**願入弥陀界　帰依合掌礼**」とは「無上心」「金剛志」の信心の相を示す。阿弥陀仏の浄土に往生することを願って、阿弥陀仏に帰依し合掌し礼拝せよと勧めるのである。

〈二〉自帰

世尊我一心　帰命尽十方
法性真如海　報化等諸仏
一一菩薩身　眷属等無量
荘厳及変化　十地三賢海
時劫満未満　智行円未円
正使尽未尽　習気亡未亡
功用無功用　証智未証智
妙覚及等覚　正受金剛心
相応一念後　果徳涅槃者
我等咸帰命　三仏菩提尊
無礙神通力　冥加願摂受
我等咸帰命　三乗等賢聖

（聖典全書一、六五五頁）

学仏大悲心　長時無退者
請願遙加備　念念見諸仏

世尊、われ一心に尽十方の
法性真如海と、報化等の諸仏と、
一々の菩薩身と、眷属等の無量なると、
荘厳および変化と、十地と三賢海と、
時劫の満と未満と、智行の円と未円と、
正使の尽と未尽と、習気の亡と未亡と、
功用と無功用と、証智と未証智と、
妙覚および等覚の、まさしく金剛心を受け、
相応する一念の後、果徳涅槃のものに帰命したてまつる。
われらことごとく三仏菩提の尊に帰命したてまつる。
無礙の神通力をもつて、冥に加して願はくは摂受したまへ。
われらことごとく三乗等の賢聖の、仏の大悲心を学して、
長時に退することなきものに帰命したてまつる。

請ひ願はくははるかに加備したまへ。念々に諸仏を見たてまつらん。
（七祖註釈版、二九七～二九八頁）

▼この一段は、帰敬と乞加の二つに分かれる。初めの帰敬十八句は、善導大師の発願・帰依三宝を示す。次の乞加十句は、仏宝・僧宝に加被を乞うことを示す。

・帰敬

「**世尊我一心帰命**」とは、先ず初めに善導大師自らが釈尊に啓白し、帰敬の心相を述べたものである。続いて「**尽十方法性真如海**」以下は、帰敬の対象である三宝の体を並べ挙げる。

「世尊」とは、仏の十号の一つであり、『往生論註』には、

「世尊」とは諸仏の通号なり。智を論ずればすなはち義として達せざるはなし。断を語ればすなはち習気余りなし。智断具足してよく世間を利し、世のために尊重せらるるゆゑに世尊といふ。
（七祖註釈版、五一頁）

と釈す。「我一心」とは、同じく『往生論註』に「天親菩薩の自督の詞なり」（同右）と述べられるのと同様に、善導大師が自らの信心を述べ、帰三宝を示された詞である。但し、先に述べた如く、大衆

と共にある身（我等）としての表白に違いない。

「尽十方」は、以下に示す三宝全体にかかる語であり、「法性真如海」以下は所帰の対象である三宝を示す。「**法性真如海　報化等諸仏**」は仏宝と法宝を示し、「**一一菩薩身**」以下の四句は、僧宝を示す。さらに「**時劫満未満**」以下「果徳涅槃者」までの十句は、仏宝と僧宝とを示す。

「法性真如海」の語は、『大乗起信論』冒頭の「帰敬頌」には、

帰命尽十方　最勝業遍知
色無礙自在　救世大悲者
及彼身体相　法性真如海
無量功徳蔵　如実修行等
為欲令衆生　除疑捨耶執
起大乗正信　仏種不断故

尽十方の最勝業の遍知、色無礙自在、救世の大悲者と、及び彼身の体相の法性真如海、無量の功徳蔵と如実修行等とに帰命し奉る。衆生をして疑を除き、耶執を捨て、大乗の正信を起して、仏種をして、断たざらしめんと欲する為の故なり。（大正蔵三二、五七五頁中）

とあって、仏身の体相として「法性真如海　無量功徳蔵」と記されている。したがって、「法性真如」

とは、仏のさとりの覚体であり、真如そのものである。

この法宝である「法性真如」は、法身・報身・応身の中の法身であるから、法宝の内に仏宝中の法身仏を含めていて、次に「報化等諸仏」と法身以外の報身・応身を示すのである。この場合の「報」は報身、「化」は化身で応身と同じ意味である。なお、仏身の三身説や応身に関する善導大師の特別な用法については、「和会門」第六の「二乗種不生」において（三二七頁）述べる。

「一一菩薩身　眷属等無量　荘厳及変化　十地三賢海」の四句は、僧宝を示すが、特に僧宝の中で最も勝れたる菩薩を出すのである。「一一」は「眷属」の「無量」に対する語であって、『華厳経』（六十華厳）に、

彼に現に菩薩有り、香象と名け、三千の菩薩の眷属有りて〜彼に現に菩薩有り、文殊師利と名け、一万の菩薩の眷属有りて、常に為に法を説く。（大正蔵九、五九〇頁上）

と説かれ、『法華経』にも、

我が娑婆世界に自ら六万恒河沙等の菩薩摩訶薩あり。一一の菩薩に各六万恒河沙の眷属あり。（大正蔵九、三九頁下）

と説かれているように、一々の菩薩には無量の眷属がいることを示す。「荘厳及変化」とは、『伝通記』（大正蔵五七、五〇六頁下）に、菩薩の相好を「荘厳」となし、菩薩が教化に随って化現するこ

とを「変化」となすと釈している。これに対し、「荘厳」とは、仏世界の地上・地下の荘厳であり、「変化」とは虚空中の様々な飾りを指すという解釈もあるが、ここは、「僧宝」を示す箇所であるので、『伝通記』が穏当であろう。「十地三賢海」とは、

十信		外凡
十住	三賢	内凡
十行		
十回向		
十地	十聖	
等覚		
妙覚		

という菩薩の階位の内、十住から十地までの三賢十聖を指す。

「**時劫満未満**」等の十句は、僧宝・仏宝の相を示す。初めの四句は仏宝と僧宝とを対弁して示し、後の六句は僧宝・仏宝それぞれについて述べる。「時劫」とは、菩薩が仏果に至るまでの修行の時期

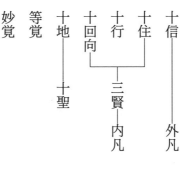

をいう。『菩薩地持経』によれば、十信から十回向までが初阿僧祇劫、初地から第七地までが第二阿僧祇劫、第八地から等覚までが第三阿僧祇劫であると説かれる（大正蔵三〇、九四五頁上）。「満未満」とは、三大阿僧祇の修行を満たした仏と未だ満たしていない菩薩という意味である。これは時に約して、仏宝と僧宝とを対弁して示したものといえる。なお、「満未満」とは、菩薩の修行過程において、それぞれ時期を満たした菩薩と未満の菩薩がいることを示したものとの解釈もある。

「**智行円未円**」の「智行」とは、六波羅蜜の第六を智となし、前五波羅蜜を行と名づけたものである。よって「円未円」とは、六波羅蜜行を円満に完成した仏と未円の菩薩を示し、行に約して仏宝と僧宝とを対弁したものである。

「**正使尽未尽　習気亡未亡**」の二句は、断惑についての仏宝と僧宝との対弁である。「正使」とは煩悩の体をいう。煩悩は衆生の心身を正しく駆使して悪業をなさしめ、迷界に留めるから「正使」とも名づける。「習気」とは煩悩の体を断ち切ってもなお残っている煩悩の習慣的余薫をいう。

「**功用無功用**」以下は、初めの二句は僧宝の徳を示し、後の四句は仏宝の徳を示す。「功用」とは、七地以前の菩薩は自利利他の修行において意欲的に強いて努力の功を用いることをいう。これに対して「無功用」とは、八地以上の菩薩になれば、強いて努めることなく、自然に任運に修行が進み行くことを示している。「**証智未証智**」とは、七地以前の菩薩は、未だ真如の一分をも証していない故に

「未証智」とし、八地以上の菩薩を「証智」とする。以上の二句は僧宝の徳を示す。

「**妙覚及等覚**」以下は、仏宝の徳を述べる。「等覚」は仏の位ではないが、深励師が「等覚の菩薩を仏地に摂す」(『四帖疏講義』二二頁)と述べるように、ここでは「妙覚」と共に仏宝の徳として示す。「**正受金剛心**」の「正受」とは三昧のことである。この三昧とは、等覚の菩薩が根本無明(元品無明＝一切衆生が真如の内証を迷い始めた元初根本の無明。これを等覚の後、心に妙覚智現前して断ずる。最後品の無明)を断ち切って、妙覚仏智を開く為に入られる金剛三昧のことを指す。したがって「正受金剛心」とは、金剛三昧によって得られた堅固な智慧心を意味する。この金剛の智慧心にて真如の理を覚ったその刹那を「**相応一念後**」というのであり、このようにして仏果に至る菩薩を「**果徳涅槃者**」と名づけるのである。以上十八句は、このように三宝に帰依することを明かすのである。

なお宗祖は、「正受金剛心」以下の三句を、「信文類」に引用されているが、

道俗時衆等　各発無上心
生死甚難厭　仏法復難忻
共発金剛志　横超断四流
正受金剛心　相応一念後
果得涅槃者　　　　　　　　(聖典全書二、九〇頁)

とあるように、冒頭の「道俗時衆等」以下の句から一部を抄要して引用される。この場合の「正受金剛心」以下の三句引用は、等覚の菩薩が仏果を得る事態を転用して、他力の信心を決定したその時に、仏果の涅槃を得るべき正定聚不退の身に定まることを意味しておられることは言うまでもない。

・乞加

「**我等咸帰命**」等以下の十句は、仏宝・僧宝に加被を乞うことを述べる。始めの四句は、仏に対して摂受護念を請い、後の六句は菩薩の加備を乞うことを示す。「我等咸」とは前段に「我一心」と帰敬した善導大師が、「我」自らを始めとして、一切の道俗「等」と共に「咸」く帰命することを明かす。「**三仏菩提尊**」は、月珠師（『玄義分講録』五三六頁）は弥陀・釈迦・諸仏の三仏を指すと釈しているが、深励師（『四帖疏講義』二三～二四頁）はこれを否定し、『妙法蓮華経論優婆提舎』に「三種仏菩提」を示現するとして「応化仏菩提」「報仏菩提」「法仏菩提」（大正蔵二六、一八頁下）とあるのを挙げ、化仏・報仏・法仏の三仏菩提であると釈す。つまり、前段の「法性真如海」「報化等諸仏」を受けたものがこの「三仏菩提尊」であると見るのである。「**無碍神通力**」とは、仏の神通力の無碍なることを示し、「**冥加願摂受**」とは、三仏の加被力を以て摂受護念したまへと願うのである。

次の「**我等咸帰命**」以下の六句は、僧宝たる菩薩の加備を乞う。「**三乗等賢聖**」とは、声聞・縁覚の賢聖や三賢十聖の菩薩を意味する。ここで小乗の賢聖を挙げるのは、単なる小乗の修行者ではなく、廻小向大の二乗と思われる。つまり、小乗から大乗に至った菩薩を指すのである。「**学仏大悲心　長時無退者**」とは、長く仏の大悲心を学び退堕することがない菩薩のことをいう。「**請願遙加備**」とは、先には仏に対して「冥加願摂受」と仏の加被力を請い、今は菩薩に対して加備力を請うのである。加備の備は補備という意である。「**念念見諸仏**」とは、「諸仏」の「見仏」を請うことで、『観経』「真身観」に、

無量寿仏を見たてまつれば、すなはち十方無量の諸仏を見たてまつる。無量の諸仏を見たてまつることを得るがゆゑに、諸仏は現前に授記したまふ。（註釈版、一〇三頁）

と説かれることから、見仏の利益を請うのである。これについて深励師は、要門に約せば定散の利益が最勝であること示す為に諸仏の見仏を請うという意であるが、「弘願に約せば、言は諸仏なりと云へどもすなわち弥陀に帰し、心に信じおもひうかべる是を見と云」（『四帖疏講義』二五頁）と述べる。そして、見には眼見と聞見の二つがあると述べて、ここでの願見は聞見の意であるとしている。要するに、この六句は、仏の大悲心を学ぶ三乗の僧宝に対して、我等の為に見仏の利益を与えたまへと願うのであるが、それは単に見仏を請うだけではなく、仏の大悲心を信知したまへと請われたのである。

〈三〉述意

我等愚痴身　曠劫来流転
今逢釈迦仏　末法之遺跡
弥陀本誓願　極楽之要門
定散等廻向　速証無生身
我依菩薩蔵　頓教一乗海
説偈帰三宝　与仏心相応
十方恒沙仏　六通照知我
今乗二尊教　広開浄土門

（聖典全書一、六五六頁）

われら愚痴の身、曠劫よりこのかた流転して、
いま釈迦仏の末法の遺跡たる
弥陀の本誓願、極楽の要門に逢へり。
定散等しく回向して、すみやかに無生の身を証せん。
われ菩薩蔵頓教、一乗海によりて、
偈を説きて三宝に帰して、仏心と相応せん。

十方恒沙の仏、六通をもつてわれを照知したまへ。
いま二尊（釈尊・阿弥陀仏）の教に乗じて、広く浄土の門を開く。

（七祖註釈版、二九八～二九九頁）

「**我等愚痴身**」以下の八句は、前段で三宝の加被を請うた意趣を示す一段である。それは、「我等」如きの愚痴愚鈍の身は、「**曠劫**」より已来、今日に至るまで生死海に「**流転**」している存在である。然るに、今幸いにも、「**釈迦仏**」が「**末法**」の時代にまで遺された阿弥陀仏の「**本弘誓願**」と往生極楽の「**要門**」である「**定散**」二善の教えに逢うことができたのである。この「定散」を等しく「**廻向**」して、速やかに「**無生身**」を証らんとしたのが、三宝の加被を請うた意趣であることを明かすのである。

ところで、この「**定散等廻向　速証無生身**」については、下の「序題門」において二尊二教を示し、さらに『散善義』において『観経』「流通分」を釈する箇所で、

上来定散両門の益を説くといへども、仏の本願に望むるに、意、衆生をして一向にもつぱら弥陀仏の名を称せしむるにあり。

（七祖註釈版、五〇〇頁）

と釈して、釈尊の正意は弘願念仏にあることを明かされる。にもかかわらず、ここでは何故に定散二

善による速証を示して弘願念仏による速証を述べないのかという疑問が起こる。

これについては、鎮西・西山・真宗において、解釈の相違がある。祐義師（『玄義分講要』五六頁〜）の分類によれば、鎮西では、往生行には諸行と念仏とがあって、諸行は非本願の行ではあるが、非往生の行ではない。したがって、定散諸行を廻向しても速証すると解釈する。西山は、行門・観門・弘願門に分けて論じる。行門では諸行は非本願の行であるから廃し、本願の行である念仏を立てる（廃立の義）。その念仏は行者の口称を待たないで往生せしめる仏体即行の妙法である。次に観門では、非本願の諸行を傍とし、本願の念仏を正とする（傍正の義）。これは廃捨した諸行を念仏に関係づけた法門で、定散二善は弘願念仏を顕彰するはたらきがあるのであって、この意を得て定散諸行を修するならば、念仏正行の徳が知られて他力念仏の安心が得られるから、必ずしも諸行を捨てるべきではないという。さらに最後の弘願門では、念仏を正定業とし、廃となり傍となっていた諸行を助業とする（助正の義）。行門において自力諸行に執着していた心を捨て、観門において諸行の傍行により念仏正定業の徳を信じて安心を得たものは、諸行を修していても、その諸行は念仏体内の功徳となって、念仏正定業を助ける助業となり、その価値が高められるのである。したがって、弘願門における諸行も速証する因となるのである。

これに対して、多くの真宗先哲は、宗祖の隠顕の見方によって論じる。よって、この二句を顕説で見れば定散二善を廻向して化土往生を果たすことを述べたもので、隠彰で見れば定散自力の善を翻し、定散の自力を廻心して弘願に廻入することを示す文と解釈するのである。

しかしながら、祐義師も指摘するように、この二句は、定散二善の中に念仏をも摂めて、大まかにこれらの行による速証を期することを表白されたという如きが善導大師の意向であろう。

「**我依菩薩蔵**」以下の八句は、諸仏の加被によって「帰三宝偈」を造り、浄土教を弘めんとする意趣を述べる一段である。この一段は『浄土論』の偈頌「我依修多羅　真実功徳相　説願偈総持　与仏教相応」(聖典全書一、四三三頁)に倣って造られたと思われる。「菩薩蔵」は下の「宗教門」において「今此『観経』菩薩蔵収頓教摂」(聖典全書一、六六〇～六六一頁)と述べる箇所で詳説するが、「菩薩蔵」とは声聞蔵に対する語であって、この二蔵は大乗小乗の異名である。「**頓教**」とは、漸教に対する語で、浄土教こそが頓教であることを示す。「**一乗海**」の「一乗」とは、三乗教が声聞・縁覚・菩薩の三乗の機それぞれにおいて修行と証果を示すのに対し、すべての衆生を悉く同様の一仏果に至らせる教えを一乗法という。「海」は同一鹹味であることより、一乗の法に譬えられたのである。深励師(『四帖疏講義』二七頁)は、善導大師が頓教一乗を述べるのは、漸頓を判定する慧遠や三乗一乗を主張する智顗の教説に抗弁する為と指摘している。「**与仏心相応**」は『浄土論』の「与仏教相応」に応じたもので、「仏心」とは、次に示す「十方恒沙仏」のことを指す。

「**十方恒沙仏**」は、次の「**今乗二尊教**」と共に、弥陀・釈迦・諸仏を示す。「**六通照知我**」の「六通」とは、神足通・天眼通・天耳通・他心通・宿命通・漏尽通の六神通のことである。「**広開浄土門**」とは、広く往生浄土の法門を明らかにする意であるが、直接には『観経疏』を造って浄土教の真意を明かすことである。よってこの四句は、十方恒沙の諸仏が六神通を以て我を照覧せる下において、弥陀・釈迦二尊の教えである『観経』の註釈疏を製作し、浄土往生の教門を開き顕したいという意である。

〈四〉回願

願以此功徳　平等施一切
同発菩提心　往生安楽国　　　（聖典全書一、六五六頁）

願はくはこの功徳をもつて、平等に一切に施し、
同じく菩提心を発して、安楽国に往生せん。　　　（七祖註釈版、二九九頁）

「**願以此功徳**」以下の四句は、「帰三宝偈」の結文であって、この造偈は全く他の衆生を利益せんが為のものであることを示す。これは『散善義』後序において、「本心為物不為己身」（聖典全書一、

七九四頁）と表白される意と同じで、善導大師の利他教化の心を表す。「願以此功徳」の「願」とは利他の願いである。「此功徳」とは、直接には「帰三宝」の功徳であり、さらに「観経疏」製作の功徳であるが、先哲はそれらの功徳も名号の功徳のなさしめたまうものとして、深意は名号の功徳と釈している。「**平等施一切**」とは、この尊い功徳を以てすべての人々に与えてという意である。「**同発菩提心**」とは、冒頭の「共発金剛志」と同意であって仏のはたらきに帰依し信順する心（深信）を指し、「往生安楽国」とは、もろともに信心をおこして西方浄土に往生しようという意である。よってこの四句は、自らが今、三宝に帰依し造疏を製作して浄土の教えを広開するが、その功徳を平等に一切衆生に与え、みな共に信心を発して安楽国に往生することが、この『観経疏』を造る本意であるという「自信教人信」を示すものである。

第四章　七門料簡

此『観経』一部之内、先作七門料簡、然後依文釈義。第一先標序題。第二次釈其名。第三依文釈義、并弁宗旨不同、教之大小。第四正顕説人差別。第五料簡

定散二善、通別有異。第六和会経論相違、広施問答釈去疑情。第七料簡韋提聞仏正説得益分斉。

（聖典全書一、六五六頁）

この『観経』一部のうちに、先づ七門を作りて料簡し、しかして後に文によりて義を釈せん。第一に先づ序題を標す。第二に次にその名を釈す。第三に文によりて義を釈し、ならびに宗旨の不同、教の大小を弁ず。第四にまさしく説人の差別を顕す。第五に定散二善、通別に異なることあることを料簡す。第六に経論の相違を和会するに、広く問答を施して疑情を釈去す。第七に韋提の、仏の正説を聞きて益を得る分斉を料簡す。

（七祖註釈版、二九九頁）

◆以下に示す『観経疏』及び『玄義分』の分科を示す総標の文である。

▼この一段は、先ず『観経疏』を『玄義分』と「文義分」とに分け、その『玄義分』の七分科を列記されたものである。

「**先作七門料簡**」とは、『玄義分』を七門に分けたことを示し、「**然後依文釈義**」とは、『玄義分』に対する「文義分」のことであり、『序分義』『定善義』『散善義』を指す。よってこれに対応して、

『序分義』の冒頭には、「従此以下就文料簡」（聖典全書、六八〇頁）と述べるのである。

七門の内、第一の「序題門」は、『観経』全体の主意を挙げて目標を示したものであり、第二の「釈名門」は、経題の上に顕される『観経』の要義を示したものであり、第三の「宗教門」は、宗旨の不同と教の大小を示したものであり、第四の「説人門」は、『観経』が仏の自説であることを示したものであり、第五の「定散門」は韋提希致請の定善と釈尊自開の散善を明らかにしたものであり、第六の「和会門」は経と論との相違を和会する為に広く問答を施して疑情を釈去したものであり、第七の「得益門」は、韋提希の得益を明らかにしたものである。

なお、この中、第三門の箇所に「**依文釈義**」という語があるのが解釈し難い。月珠師（『玄義分講録』五三七頁）は「第一に先と云い、第二に次と云う、是れ第三已下を束ねて一聚と為すの意を示す。是れ玄義の依文の故なり」と述べ、深励師（『四帖疏講義』三四頁）も始めの二門は経の本文に預からないが、第三門已下は「文義に付て宗を判ずる」から「依文釈義」というとしている。したがって、第三門已下は『玄義分』であるから経文の一文一文について解釈したものではないが、経文の大まかな内容に依ってその義意を解釈する故に、「依文釈義」の語を入れるのであろう。

第五章　序題門

◆科段

▼月珠師（『玄義分講録』五三七～五四一頁）

一、牒釈――「第一先標序題者」
二、正釈
　一、総明出世利益
　　一、先明出世由
　　　一、性海平等――「窃以真如」～「寂用湛然」
　　　二、垢障覆深――「但以垢障」～「無由顕照」
　　二、正示出世益――「故使大悲」～「生之楽果」

二、別明二門教益

一、明化益教益

一、随類開化――「不謂群迷」～「因茲増長」

二、随宜得益――「依心起於」～「皆蒙解脱」

二、明今経利益

一、正明

一、教興因縁――「然衆生障」～「教我正受」

二、明一部教義――「然娑婆化」～「増上縁也」

三、顕密意所在――「又仏密意」～「容不去也」

二、結勧――「唯可勤心」～「性之常楽」

三、総結――「此即略標序題竟」

▼柔遠師（速水師『玄義分摘要』一九頁による）

一、標――「第一先標序題者」

二、釈

　一、明化前聖道一代

　　一、明本覚理体――「窃以真如」～「無由顕照」

　　二、明如来開化――「故使大悲」～「皆蒙解脱」

　二、明観経大綱

　　一、先明発教団縁――「然衆生障」～「教我正受」

　　二、正明浄土摂化――「然衆生障」～「増上縁也」

　　三、重嘆仏意――「又仏密意」～「序題竟」

※柔遠師の科段は、『観経』化前の聖道一代の教化の内容と『観経』大綱の浄土教化の内容とに分科する見方である。

◆これより以下は、第一門の「序題門」である。「序題門」とは、『観経』全体の大意によって、先ずその由序を示すものである。先の「帰三宝偈」が『観経疏』の由序とすれば、「序題門」は『観経』の由序に当たる。

（一）総明出世利益

第一先標序題者、窃以、真如広大五乗不測其辺。法性深高十聖莫窮其際。真如之体量、量性不出蠢蠢之心、法性無辺。辺体則元来不動。無塵法界凡聖斉円、両垢如如則普該於含識、恒沙功徳寂用湛然。但以垢障覆深、浄体無由顕照。故使大悲隠於西化、驚入火宅之門、灑甘露潤於群萠、輝智炬則朗重昏於永夜。三檀等備、四摂斉収、開示長劫之苦因、悟入永生之楽果。

（聖典全書一、六五六～六五七頁）

第一に先づ序題を標すとは、ひそかにおもんみれば、真如広大にして五乗もその辺を測らず。法性深高にして十聖もその際を窮むることなし。真如の体量、量性、蠢々の心を出でず。法性無辺なり。辺体すなはちもとよりこのかた動ぜず。無塵の法界は凡聖斉しく円かに、両垢の如々すなはちあまねく含識を該ね、恒沙の功徳寂用湛然なり。ただ垢障覆ふこと深きをもつて、浄体顕照するに由なし。ゆゑに〔釈尊は〕大悲をもつて西化を隠し、驚きて火宅の門に入り、甘露を灑ぎて群萠を潤し、智炬を輝かせばすなはち重昏を永夜より朗らかならしむ。三檀等しく備はり、四摂をもつて斉しく収めて、長劫の苦因を開示し、永生の楽果に悟入せしむ。
（七祖註釈版、二九九〜三〇〇頁）

▼この一段は、総じて釈尊出世の利益を明かす。即ち一切衆生に行き渡っている真如法性の徳を顕すことができないものの為に、釈尊がこの娑婆に出世し、大悲摂化の利益を与えられることを示す一段である。

「**標序題**」の「標」とは、目印のこと、「序」とは糸口のこと、「題」とは額のことである。したがって、「標序題」とは、先ず「はしがき」（序）として『観経』の主意を「額」「かんばん」（題）に掲げて、「目印」（標）とするという意味である。

「**真如広大**」とは、真如は横に広大であって、人・天・声聞・縁覚・菩薩の「五乗」などではとても「**其辺**」を測ることができないほどに、数量を超えた広さなのである。「**法性深高**」とは、法性真如は竪に底深く、「**十聖**」即ち十地の菩薩であっても「**其際**」を窮めることができないほど、思慮を絶した深さなのである。これより以下は、真如法性について体・相・用の三面から述べられている。

この真如法性の体は無量であって、その性は蠢く小さな虫の心にもゆきわたり、法性は「**無辺**」であって、その体はもとより「**不動**」である。これは、真如法性は、五乗・十聖には測り知ることもできないが、実はその全体が一切群生の心に存在することを示すものである。

この真如法性の相は、煩悩の塵垢がなく、凡夫にも聖者にも斉しく円かに具わっており、有垢真如と無垢真如の「**両垢**」はそもそも同一であることを示す。有垢真如とは、煩悩の塵垢に纏わり縛られている状態のことで、衆生の体性たる真如は未だ雑染の纏縛を離れていないことをいう。これに対して無垢真如とは、煩悩の纏縛を出で離れた真如の本然態のことである。よって、二つの実体があるのではなく、この「**両垢**」は本来平等のものなる故に「**如如**」というのである。したがって、真如法性の相は、煩悩のあるものも煩悩のないものも、すべての有情に行き渡るのである。

この真如法性には、迷えるものを救う「**功徳**」が「**恒沙**」の如くに具わっていて、その用きは、一切の差別にとらわれず、「**湛然**」たる水のように静かにはたらくのである。以上が聖道門で説く真如法性の徳なのである。

このように、一切衆生には本来真如法性が具わっているのであるが、凡夫の実態は「**垢障覆深**」であって、真如の清浄な体性が「**顕照**」する術がないのである。そこで、釈尊が「**大悲**」の心から、自らの「**西化**」(「西方無勝世界」での教化)をさしおいて、驚いて娑婆の「**火宅之門**」に入られて、「**甘露**」のみ法を注がれるのである。そして、あらゆる「**群萌**」をうるおし、智慧の光を輝かして、永い永い迷いの暗闇を明るくされるのである。

ところで、釈尊が教化されるべき「西方無勝世界」とは、『大般涅槃経』に、

西方此の娑婆世界を去り、三十二恒河沙等の諸仏の国土を度りて、彼に世界有り、名づけて無勝と曰ふ。彼の土何が故ぞ名づけて無勝と曰ふ。其の土の有らゆる厳麗の事、皆悉く平等にして差別有ること無し。猶し西方安楽世界の如く、亦東方満月世界の如し。我彼の土に於て世に出現す。衆生を化せんが為の故に、此の界閻浮提の中に於て現じて法輪を転ず。但我が身独り、此の中に於て現じて法輪を転ずるのみに非ず、一切の諸仏も、亦此の中に於て而も法輪を転ず。

（大正蔵一二、五〇八頁下）

と説かれることに依る。これは『安楽集』において、釈尊の報身・報土を示して、

問ひていはく、釈迦如来の報身・報土はいづれの方にかましますや。答へていはく、『涅槃経』（意）にのたまはく、「西方ここを去ること四十二恒河沙の仏土に世界あり、名づけて無勝といふ。かの土のあらゆる荘厳また西方極楽世界のごとし。等しくして異なることあることなし。われかの土において世に出現す。衆生を化せんがためのゆゑに、来りてこの娑婆国土にあり。ただわれのみこの土に出づるにあらず、一切の如来もまたかくのごとし」と。すなはちその証なり。

（七祖註釈版、一九三頁）

と述べられることに依っているのであろう。したがって、『法事讃』や『般舟讃』にも、

かの荘厳無勝の土を捨てて、八相示現して閻浮に出でたまふ。（『法事讃』同右、五四八頁）

釈迦如来の真の報土は［願往生］

清浄荘厳の無勝これなり［無量楽］

娑婆を度せんがために化を分ちて入り［願往生］（『般舟讃』同右、七一八頁）

などの同様の記述が見られ、釈尊が大悲を起こし、この娑婆世界を教化せんが為に、「西方無勝世界」から八相示現されたと明かされるのである。

次の「**三檀等備、四摂斉収**」とは、その釈尊の摂化の相である。「三檀」は財施・法施・無畏施という「三檀那」（布施）を等しく被らせることであり、布施・愛語・利行・同事という「四摂」を以てすべての者をおさめ、「**長劫之苦**」の原因を明らかに「**開示**」して、「**永生之楽果**」に「**悟入**」せしめたもうのである。この「四摂」の内、布施とは三檀那のことであり、愛語は慈愛に満ちたやわらかな言葉で仏道に勧めることであり、利行とは衆生に修行を勧めて利益を得しむることであり、同事とは衆生と業事を同じくして衆生を度すことであって、いずれも釈尊の巧みな教化を指すのである。

また、この「開示」と「悟入」の語は、『観念法門』に、

釈迦出現して五濁の凡夫を度せんがために、すなはち慈悲をもつて、十悪の因、三塗の苦を報果

することを開示したまひ、また平等の智慧をもつて、人天回して弥陀仏国に生ずることを悟入せしめたまふ。

（同右、六三八頁）

と記されていることから、深励師（『四帖疏講義』四七頁）は、釈尊がこの娑婆世界に出世された本意は、五濁の凡夫の為に三悪道の苦因（長劫之苦因）を開示して、弥陀のさとり（永生之楽果）に悟入せしめんが為であることを示すと指摘している。

（二）明化益教益

不謂群迷性隔、楽欲不同。雖無一実之機、等有五乗之用、致使布慈雲於三界、注法雨於大悲。莫不等洽塵労普沾未聞之益。菩提種子藉此以抽心、正覚之芽念念因茲増長。依心起於勝行、門余八万四千。漸頓則各称所宜、随縁者、則皆蒙解脱。

（聖典全書一、六五七頁）

群迷の性の隔たり、楽欲の不同をいはず。一実の機なしといへども、等しく五乗の用あれば、慈雲を三界に布き、法雨を大悲より注がしむることを致す。等しく塵労を洽すに、あまねく未聞の益を沾さざるはなし。菩提の種子これによりてもつて心を抽き、正覚の芽念々にこれによりて増長す。心によりて勝行を起すに、門八万四千に余れり。漸頓すなはちおのおの所宜に称ふをもって、縁に随ふもの、すなはちみな解脱を蒙る。

（七祖註釈版、三〇〇頁）

▼この一段は、別して釈尊の教化を明かす（「別明二門教益」）中で、『観経』の興起に先立って、釈尊が様々な聖道一代の経を説いて、機に随って教化することを示すのである。

「**群迷性隔**」とは、迷いの衆生は過去の根性の隔たりを持つことであり、「**楽欲不同**」とは、現在の衆生の要望の異なることであり、これらは共に機類がそれぞれ異なっていることを意味する。「**一実之機**」とは一乗の教えの根機である。仏の本意は一乗法（誰もが同様に真実に至る教え）を説くことであるが、衆生の根機はそれぞれに相違しているので、直ちに一乗法を説くことができない。それ故、「**五乗**」の機それぞれに被らせるはたらきがある法を説かれるのである。それは、仏の慈悲の雲である「**慈雲**」を、迷いの「**三界**」に布き、仏の「**大悲**」によって、所説の法である「**法雨**」を注がしめて、ひとしく迷いの者をうるおすようなものであり、すべての者に今まで聞いたこともない尊い「**未聞之益**」を与えてくださるのである。これによって、「**菩提種子**」が芽を出し、その「**正覚之芽**」である菩提心は次第に成長するのである。

この自らの菩提心を本として勝れた修行を起こす法門は、「八万四千」に余っている。「漸頓」の教説は、おのおのの根機の宜しきにかなっており、それぞれが縁のある法門に随って教説を頂いた者はみな「解脱」を蒙るのである。

この「門余八万四千」については、『般舟讃』にも、

仏教多門にして八万四なるは［願往生］

まさしく衆生の機不同なるがためなり［無量楽］　（七祖註釈版、七二二頁）

と述べられていて、「八万四千」とは無数の法門を示すものである。「門余」について、『伝通記』（大正蔵五七、五一二頁下）には、仏教は八万四千というけれども実は無量無数である故に「門余」としたとする。また『楷定記』（西山全書六、二一七頁）では、「八万四千漸対治門、余即頓教一実観門」と述べて、八万四千を大小二乗すべての方便漸教とし、「余」を頓教の念仏門と見るのである。

これに対して、宗祖は、「化身土文類」に、

「門余」といふは、「門」はすなはち八万四千の仮門なり、「余」はすなはち本願一乗海なり。

（註釈版、三九四頁）

と述べられている。

深励師（『四帖疏講義』四九～五〇頁）は、『伝通記』の解釈は、無量無数にもかかわらず余の字を

置くことは通じないとし、また『楷定記』の如きも、八万四千は漸教ばかりなりという釈は善導大師にはないと否定している。その上で、善導大師は『序分義』に「化前序」をおいて、釈尊一代の経を『観経』教化の前序に摂めるのであるから、「八万四千」の法門は、弘願一乗に入る方便の経説とし、弘願一乗を門余の大道とする宗祖の理解が疏主の心にかなっていると指摘している。もっともここはまだ弘願を述べる所ではない為に、次の「言弘願者如大経説」等と弘願一乗を明かす「伏線ノ法」であるとも述べている。

(三) 明今経利益

然衆生障重、取悟之者難明。雖可教益多門、凡惑無由遍攬。遇因韋提致請、我今楽欲往生安楽、唯願如来、教我思惟、教我正受、然娑婆化主因其請故即広開浄土之要門、安楽能人顕彰別意之弘願。其要門者即此『観経』定散二門是也。定即息慮以凝心。散即廃悪以修善。廻斯二行求願往生也。言弘願者如『大経』説。「一切善悪凡夫得生者、莫不皆乗阿弥陀仏大願業力為増上縁也。」又仏密意弘深、教門難暁。三賢・十聖弗測所闚。況我信外軽毛、敢知旨趣。仰惟、釈迦

此方発遣、弥陀即彼国来迎。彼喚此遣、豈容不去也。唯可勤心奉法、畢命為期、捨此穢身即証彼法性之常楽。此即略標序題竟。

（聖典全書一、六五七頁）

しかるに衆生障重くして、悟を取るもの明めがたし。教益多門なるべしといへども、凡惑遍攬するに由なし。たまたま韋提、請を致して、「われいま安楽に往生せんと楽欲す。ただ願はくは如来、われに思惟を教へたまへ、われに正受を教へたまへ」といふによりて、しかも娑婆の化主（釈尊）はその請によるがゆゑにすなはち広く浄土の要門を開き、安楽の能人（阿弥陀仏）は別意の弘願を顕彰したまふ。その要門とはすなはちこの『観経』の定散二門これなり。「定」はすなはち慮りを息めてもつて心を凝らす。「散」はすなはち悪を廃してもつて善を修す。この二行を回して往生を求願す。弘願といふは『大経』（上・意）に説きたまふがごとし。「一切善悪の凡夫生ずることを得るものは、みな阿弥陀仏の大願業力に乗じて増上縁となさざるはなし」と。また仏の密意弘深なり、教門暁めがたし。三賢・十聖も測りて闚ふところにあらず。いはんやわれ信外の軽毛なり、あへて旨趣を知らんや。仰ぎておもんみれば、釈迦はこの方より発遣し、弥陀はすなはちかの国より来迎したまふ。かしこに喚ばひここに遣はす、あに去かざるべけんや。ただ勤心に法を奉けて、畢命を期となして、この穢身を捨ててすなはちかの法性の常楽を証すべし。これすなはち略して序題を標しをはりぬ。

（七祖註釈版、三〇〇～三〇一頁）

▼前段では、釈尊一代の八万四千の法門の益を述べたが、この一段では、一代の教では悟り難い機について述べ、『観経』の正化による利益を示す。

先ず、一、浄土教が興る由縁を顕す。「**衆生障重**」とは、五濁悪世の愚鈍の衆生は障り重く、一代の経説にはもれる『観経』所被の機を指す。「**取悟之者難明**」とは、迷いを捨てて悟りを取らんと思っても甚だ難しく、教は八万四千と無数にあって「**教益多門**」であるものの、凡夫の身では、到底遍く尋ねることはできないのである。

深励師（『四帖疏講義』五〇頁）は冒頭の「**然**」の語は、上を承る意味を持つが上を承けながらも意の変わる時、「そうはそうなれども」ということを明かすとする。即ち、前段で一代の経説の利益を挙げて縁に随う者はみな解脱を蒙るとしたが、そうはそうなれども、鈍根無智の機では証り難いことを示され、それが浄土教が興る因縁となることを明かすのである。つまり、釈尊一代の経説を、この『観経』の興る由序となることを顕すのである。

次に、二、『観経』の大意を述べるのであるが、「**遇因韋提致請**」とは、「序分」の最後にある韋提希の請いを出し、この請いを縁として『観経』が説かれることを示す。月珠師（『玄義分講録』九頁）はこれを「洪鐘響くと雖も撞くを待って方に鳴る」と譬えている。「**我今楽欲往生安楽**」とは、釈尊が「光台現国」した浄土の中から韋提希が西方浄土を「別選所求」したことを指し、「**教我思惟教我正受**」は正しく「韋提別請」を示している。

続いて、「**然娑婆化主**」以下は、『観経』一部の大綱を明かす一段である。まず「**娑婆化主**」たる釈尊が定散の「**要門**」を説き、「**安楽能人**」たる阿弥陀仏が別意の「**弘願**」を説くことを示し、釈迦・弥陀の二尊が二教を説かれることを明かしている。

ここで問題となるのは、後段の「定散門」では、

定善一門韋提致請、散善一門是仏自説。　　（聖典全書一、六六一頁）

と述べられるに対し、ここでは「**因其請故即広開浄土之要門**」と示し、定散二善とも韋提希の請いに因って説かれるとされることである。これについて、『伝通記』（大正蔵五七、五二二頁中）では、散善は仏の自開ではあるが、韋提希が定善を請うたことを契機として散善までが説かれたので、今はその意味で定散共に韋提致請に因ってと述べられるとしている。深励師（『四帖疏講義』五二頁）は、ここでもこの段の「然」の語に注意して、この「然」の字で請わないことまでを説く『観経』の説相を示すという。即ち、韋提希は「教我思惟教我正受」と定善ばかりを請うのに対し、釈尊はそれを承けながらも散善までを説き、「その上韋提希の思いも付かぬ安楽の能人別意の弘願を顕したまふ」ことを示すとしている。

この「即広開浄土之要門」の「要門」とは、要は肝要・宗要の義で、門は通入の義である。そして、その「要門」とは「**此『観経』定散二門是也**」と記され、「**定**」とは「**息慮以凝心**」、即ち慮りを息めて心を凝らして観法を行うことであり、「**散**」とは「**廃悪以修善**」、即ち三業に造る悪を廃して世福・戒福・行福の善を修めることと記されている。

この「要門」について、古来より異なった解釈が見られる。

①要即門―要＝門。定散二善は、浄土に通入する要であり門である。

②要之門―要に入るの門。浄土教の要である弘願に通入する門が、定散二善である。

①は要の一字で定散二善を示し、門は門別の意で他のものを区別する意味とする。②は要の一字は弘願の意で、要門と熟字して、弘願に通入する定散二善となる。①②とも「要門」とは定散二善のことを指すが、①の理解では、釈尊が一代の機を悉く浄土に往生させせんと誘引する為に、定散二善を浄土に通入する要門として説かれたことになる。したがって、念仏も散善に収まって諸行も念仏も共に浄土に通入する要門となる。このように往生の因行を総称して要門と名づけ、その要門の行者を容易く往生せしめる阿弥陀仏の願力を弘願とするのである。これに対して、②の理解では、定散二善の他に釈尊は弘願念仏を説かれたが、定散二善はその弘願念仏に通入する要門となる。ここでは、弘願念仏こそが浄土教の要法であって、定散二善は弘願念仏に入らしめる為の要門となる。

宗祖の「要門」の解釈を見れば、

釈迦は要門ひらきつつ　定散諸機をこしらへて
正雑二行方便し　ひとへに専修をすすめしむ
（『高僧和讃』「善導讃」註釈版、五八九頁）

おほよそ八万四千の法門は、みなこれ浄土の方便の善なり。これを要門といふ。これを仮門となづけたり。この要門・仮門といふは、すなはち『無量寿仏観経』一部に説きたまへる定善・散善、これなり。定善は十三観なり、散善は三福九品の諸善なり。これみな浄土方便の要門なり、これを仮門ともいふ。この要門・仮門より、もろもろの衆生をすすめこしらへて、本願一乗円融無礙真実功徳大宝海にをしへすすめ入れたまふがゆゑに、よろづの自力の善業をば、方便の門と申すなり。
（『一念多念文意』同右、六九〇頁）

と述べられ、「門」は方便の義で釈し、弘願真実に入る門であるから「要門」とし、方便の「仮門」とされる。このような宗祖の理解は、まず、善導大師が念仏ではなく定散二善を要門としたのは、釈尊には一代の機を浄土に誘引される意向があったと見ておられたこと、次に善導大師が『観経』では阿弥陀仏の弘願が説かれていると見ておられたことに注目されたからである。よって、さらにそこから、『観経』の説相に説かれている定散二善は、釈尊の説意からすれば、釈尊が自力に執らわれた衆生を弘願に導き入れる為に説かれた方便の仮門であったと見られたのである。

「**別意之弘願**」とは、釈尊が説かれた定散の「要門」の外に、「安楽能人」である阿弥陀仏が、諸仏に別なる超世無上の本願、即ち四十八願を全うじた第十八願を顕されたことを指すのである。「弘願」とは、広弘の願という意味で、万徳を広く具する意と善悪の衆生を弘く摂取する意が込められていて、「**言弘願者如大経説**」とは、『大無量寿経』に弘願が説かれていることを示す。その「別意弘願」のはたらきによって、「**一切善悪凡夫**」がすべて阿弥陀仏の浄土に往生することができるのであり、阿弥陀仏の本願の「**大願業力**」を「**増上縁**」としない者はいないのである。この「大願業力」の大願力とは超世無上の本願力を指し、大業力とは兆載永劫の真実清浄力を指す。また「増上縁」とは、縁となって引き起こす強く勝れたはたらきのことをいう。これらの文は『安楽集』に、

『大経』（上・意）にのたまはく、「十方の人天、わが国に生ぜんと欲するものはみな阿弥陀如来の大願業力をもつて増上縁となさざるはなし」と。もしかくのごとくならずは、四十八願すなはちこれ徒設ならん。後学のものに語る。すでに他力の乗ずべきあり。みづからおのが分を局り、いたづらに火宅にあることを得ざれ。（七祖註釈版、二三五頁）

と記される文や、『論註』「覈求其本釈」（七祖註釈版、一五五頁）に依られたのであろう。

ところで、「**如大経説**」とは、『観経』を釈して、阿弥陀仏が弘願を顕彰すると述べるのに、『観経』を出さずに『大経』に説くが如しというのである。では、『観経』のどの部分に弘願が顕彰されてい

るのであろうか。これについて『伝通記』（大正蔵五七、五二八中頁）では、第七華座観に「住立空中尊」が説かれる部分を挙げ、深励師（『四帖疏講義』六一頁）はこれに加えて、第九真身観の「念仏衆生摂取不捨」の文や下三品の称名念仏の文を挙げている。この中、華座観の「住立空中尊」を解釈した『定善義』では、

まさしく娑婆の化主（釈尊）は物のためのゆゑに想を西方に住めしめ、安楽の慈尊（阿弥陀仏）は情を知るがゆゑにすなはち東域（娑婆）に影臨したまふことを明かす。これすなはち二尊の許応異なることなし。ただ隠顕殊なることあるは、まさしく器朴の類万差なるによりてたがひに郢・匠たらしむることを致す。（七祖註釈版、四二三頁）

と述べられる。娑婆に出られた釈尊が衆生の為に想いを西方にとどめさせ、浄土の阿弥陀仏は韋提希の心情を知って姿を空中に現される。これは釈尊の「除苦悩法」という言葉とそれに応じて阿弥陀仏が身を現されたことが、左官と大工の二人の名人の息が合っている如くであって、二尊の思し召しが全く同じであると示されている。即ち、二尊一致して化益されることを示すのである。

このように『観経』一部全体を見れば、釈尊が定散二善を説かれ、阿弥陀仏が弘願を説かれるという二尊二教の説相だけではなく、二尊が一致して衆生を化益されることも顕されているのである。これは、次の二尊一致の密意において明かすところである。

最後に、三、仏の密意を顕す。「**又仏密意弘深**」以下は、仏の密意が弘く深いことを示す。前段では、正宗分の経意によって娑婆の化主たる釈尊が定散二善を説き、安楽の能人たる阿弥陀仏が弘願を説かれた二尊二教を述べたが、ここでは「流通分」で「汝好持是語。持是語者、即是持無量寿仏名」（聖典全書一、九九頁）と説かれることに基づいて、二尊一致を示す。即ち、この「流通分」の文について『散善義』では、

「仏告阿難汝好持是語」より以下は、まさしく弥陀の名号を付属して、遐代に流通せしめたまふことを明かす。上来定散両門の益を説くといへども、仏の本願に望むるに、意、衆生をして一向にもつぱら弥陀仏の名を称せしむるにあり。（七祖註釈版、五〇〇頁）

と述べて、釈尊の正意は、定散二善を差し置いて弘願念仏を勧められるところにあったという二尊一致の密意を明かされるのである。

「密意」とは、微妙にして解し難く、仏以外では測ることができない意という意味である。『観経』で定散二善の要門を説く釈尊の密意も、弘願を顕す仏の密意も弘深にして測ることが難しいことを顕している。

因みに『観経疏』の中で、仏の密意に関する語は、ここ以外に三箇所がある。一つ目は『序分義』で、韋提希の請いに対して仏が言葉を発せずに「光台現国」されたことについて、

問ひていはく、韋提上には「わがために広く無憂の処を説きたまへ」と請ず。仏いまなんがゆゑぞために広く説きたまはずして、すなはちために金台にあまねく現ずるはなんの意かあるや。答へていはく、これ如来の意密を彰す。

（七祖註釈版、三七六頁）

と「如来の意密」を示す一段である。

次に二つ目は、『定善義』「華座観」の「住立空中尊」において、

問ひていはく、仏徳尊高なり、輒然として軽挙すべからず。すでによく本願を捨てずして来応せる大悲者なれば、なんがゆゑぞ端坐して機に赴かざるや。答へていはく、これ如来（阿弥陀仏）別に密意ましますことを明かす。

（七祖註釈版、四二四頁）

と述べ、阿弥陀仏の「立撮即行」の密意を明かす一段である。

さらに三つ目は、『散善義』「上品上生」において、

四に「何等為三」より下「必生彼国」に至るこのかたは、まさしく三心を弁定してもつて正因となすことを明かす。すなはちその二あり。一には世尊、機に随ひて益を顕したまふこと意密にして知りがたし、仏のみづから問ひみづから徴したまふにあらずは、解を得るに由なきことを明かす。二には如来（釈尊）還りてみづから前の三心の数を答へたまふことを明かす。

（七祖註釈版、四五四～四五五頁）

と述べて、仏自らが「何等為三」と問われる仏意の弘深なることを意密とされている。

このように、『観経』経説の重要な部分に仏意の密なることが示されていて、善導大師は、『観経』には凡夫はもとより三賢十聖の聖賢でも測ることのできない弘深な仏の密意があることを繰り返し主張されているのである。その最たるものが『散善義』の「望仏本願意在衆生一向専称弥陀仏名」であることをここで顕されているのであろう。おそらく宗祖はこの善導大師の意向を察知して、『観経』に隠顕の義を見出していかれるのである。

「三賢・十聖」とは、すでに「帰三宝偈」（本書一一七頁）で述べたように、「十聖」は十地の菩薩であり、「三賢」は、十住・十行・十廻向の菩薩で、内凡ともいい、十信は初心の菩薩であって外凡ともいう。これらの菩薩が推し測ることができない仏の深い思し召しである密意を、十信にも至らない、風に吹き飛ぶ軽い毛のような凡夫である「**信外軽毛**」の身では、到底知ることなどできないのである。よって、恭しく仰いで思うならば、釈尊がこの娑婆世界においてお勧めくだされ（「**此遣**」）、阿弥陀仏は安養の浄土から空中に住立して浄土に来たれと喚びたまう（「**彼喚**」）。どうして往かずにおれようかと思うばかりである。ただ心から法につかえ、命の畢るをかぎりとなして、「**此穢身**」を捨てて、かの涅槃の妙果である「**法性之常楽**」を証すべきであるというのである。この「法性常楽」は、「序題門」冒頭の「法性深高十聖莫窮」や「悟入永生之楽果」を承けた語であろう。このように、釈尊が発遣し、阿弥陀仏が弘願によって招喚されるので、二尊一致して弘願念仏による衆生化益を説示されるのである。

以上のように、前々段では、浄土教が興る由縁を示し、前段では「正宗分」の経意によって二尊二教を述べ、ここでは「流通分」の説意によって、二尊一致の「仏密意」を明かすのである。このように、教興の所由・正宗分の二尊二教の経意・流通分の二尊一致の説意を順々に示し、「序分」「正宗分」「流通分」が揃って述べられるので、「**此即略標序題竟**」とあるように、『観経』一部の大意を述べる「序題門」となるのである。

第六章　釈名門

◆科段

▼月珠師（『玄義分講録』五四一～五四三頁）

- 牒釈――「第二次釈名者」
- 釈義
  - 標挙――「経言仏説無量寿観経一巻」
  - 正釈
    - 一、仏――「言仏者」～
    - 二、説――「言説者」～
    - 三、無量寿――「言無量寿者」～
    - 四、観――「言観者」～
    - 五、経――「言経者」～
    - 六、一巻――「言一巻者」～
  - 総結――「故言仏説無量寿経一巻
  - 結示――「此即釈其名義竟」

◆これより以下は、第二「釈名門」に入る。前段の序題門において『観経』の要義を示したから、次に一経の題号の上にその義が如何に顕れているかを示す。

第二次釈名者、『経』言「仏説無量寿観経一巻」。言「仏」者乃是西国正音。此土名覚。自覚・覚他・覚行窮満、名之為仏。言自覚者簡異凡夫。此由声聞狭劣、唯能自利、闕無利他大悲故。言覚他者簡異二乗。此由菩薩有智故能自利、有悲故能利他、常能悲智双行不著有無也。言覚行窮満者簡異菩薩。此由如来智行已窮、時劫已満、出過三位故、名為仏。言「説」者口音陳唱。故名為説。又如来対機説法多種不同。漸頓随宜、隠彰有異。或六根通説。相好亦然。応念、随縁皆蒙証益也（聖典全書一、六五八頁）

第二に次に名を釈すとは、『経』に「仏説無量寿観経一巻」とのたまへり。「仏」といふはすなはちこれ西国（印度）の正音なり。この土（中国）には「覚」と名づく。自覚・覚他・覚行窮満、これを名づけて仏となす。「自覚」といふは凡夫に簡異す。これ声聞は狭劣にして、ただよく自利のみありて、闕けて利他の大悲なきによるがゆゑなり。「覚他」といふは二乗に簡異す。これ菩薩は智あるがゆゑによく自利し、悲あるがゆゑによく利他し、つねによく悲智双行して有無に着せざるによる。「覚行窮満」といふは菩薩に簡異す。これ如来は智行すでに窮まり、時劫すでに満ちて、三位を出過せるによるがゆゑに、名づけて仏となす。「説」といふは口音に陳唱す。ゆゑに名づけて説となす。また如来、機に対して法を説きたまふこと多種不同なり。漸頓よろしきに随ひ、隠彰異なることあり。あるいは六根通じて説きたまふ。相好もまたしかなり。念に応じ、縁に随ひてみな証益を蒙る。

（七祖註釈版、三〇一～三〇二頁）

▼この一段は、科段の牒釈と正釈一の「仏」と正釈二の「説」までの部分である。

牒釈の「第二次」の次とは、先の「序題門」に次ぐという意である。次に標挙に挙げる経名であるが、『観経』の経題には、『観無量寿仏経』と『観無量寿経』と『無量寿観経』との三名が見られる。その後の註釈書にもこの三名いずれも見える為、三名とも一般に用いられていたが、『無量寿観経』が圧倒的に多いのである（末木文美士氏『観無量寿経』講談社、一八頁）。いま善導大師の所覧本も、この『無量寿観経』であったのである。因みに宗祖の『観経弥陀経集註』では『無量寿観経』であるが、「化身土文類」では「無量寿仏観経」となっている。

（一）仏

正釈一の「仏」について、中国では「西国正音」である梵語「仏」を「覚」と翻訳することを示し、その覚には「**自覚**」「**覚他**」「**覚行窮満**」の義があることを挙げる。

まず「**自覚**」とは「**凡夫**」と区別して、覚を表すものであるが、これは小乗の覚りであって、狭く劣っており、「**自利**」ばかりで「**利他大悲**」が無いのである。次に「**覚他**」とは、小乗の「**二乗**」に区別する大乗の「**菩薩**」であって、智慧ある故によく「**自利**」し、慈悲ある故によく「**利他**」するのである。よって智慧と慈悲とをならべ行って「**有無**」に執着しないから「**覚他**」と名づけるのである。最後に「**覚行窮満**」とは、菩薩と区別する「**如来**」の徳を示す。「**覚行**」とは自覚覚他の行、即ち自利利他の行であり、「**窮満**」とは自利利他の二利を窮め尽くして満足していることを顕す。如来は六度の「**智行**」も窮まり、永い永い「**時劫**」の修行も満了され、凡夫・二乗・菩薩の「**三位**」を過ぎ超えておられるから、「**自覚・覚他・覚行窮満**」の徳によって、名づけて「**仏**」と申し上げるのである。

(二) 説

正釈二の「**説**」については、古来より三段に分科して、①声塵説②対機説③六根通説と釈す。①声塵説とは、説とあるのは仏・如来が音声で「**陳唱**」されることを示す。②対機説とは、如来がさまざまな機に対して説法される為に、説法は「**多種不同**」であることを示す。漸教・頓教とその機類の宜しきに随って「隠彰」の別があるのである。③六根通説とは、如来は「六根」を通して説きたまい、さらには三十二相・八十種好の「相好」によっても教化されるのである。

なお、月珠師（『玄義分講録』五四二頁）や深励師（『四帖疏講義』六八～六九頁）は、宗祖義に基づき、「隠彰有異」とは、表では要門漸教を説き顕し、裏には弘願頓教を隠彰することを示すとする。また六根や相好による教化は「光台現国」や「住立空中尊」が示される『観経』の特徴を表すとしている。

いずれにしても、仏は人々の機類や思いに応じて説法され、人々は縁ある教法に随って、みな「証益」を蒙ることを表している。

言「無量寿」者、乃是此地漢音。言南無阿弥陀仏者、又是西国正音。又南者是帰、無者是命、阿者是無、弥者是量、陀者是寿、仏者是覚。故言帰命無量寿覚。此乃梵漢相対、其義如此。今言無量寿者是法、覚者是人。人法並彰、故名阿弥陀仏。

（聖典全書一、六五八頁）

「無量寿」といふは、すなはちこれこの地（中国）の漢音なり。「南無阿弥陀仏」といふは、またこれ西国（印度）の正音なり。また「南」はこれ帰、「無」はこれ命、「阿」はこれ無、「弥」

はこれ量、「陀」はこれ寿、「仏」はこれ覚なり。ゆゑに「帰命無量寿覚」といふ。これすなはち梵漢相対するに、その義かくのごとし。いま「無量寿」といふはこれ法、「覚」とはこれ人なり。人法並べ彰す、ゆゑに阿弥陀仏と名づく。

（七祖註釈版、三〇二頁）

（三）無量寿

▼正釈三の「無量寿」については、以下のように分科できるが、この一段は一、梵漢対釈と、二、人法相対の一、約仏号までである。

釈無量寿
- 一、梵漢対釈
  - 一、総対
  - 二、別対
-
  - 一、約仏号
    - 一、標

- 二、人法相対
  - 二、約観境
    - 二、釈
      - 一、依報
        - 一、三種依報
        - 二、総明依報
      - 二、正報
        - 一、二種荘厳
        - 二、弁通別
    - 三、結

ここではまず、梵語と漢語の対釈が出されるが、一、総対では、経題の「無量寿」とは、「西国正音」の「南無阿弥陀仏」の訳名であることを示す。『伝通記』（大正蔵五七、五二九頁上）では、経題に準ずるのであれば、「南無」と「仏」とは出すべきではないが、今、この「南無阿弥陀仏」は「一経肝心」であり「一宗要行」であることを示す為に出すとしている。また、次の「宗教門」においては、「今此『観経』即以観仏三昧為宗、亦以念仏三昧為宗」（聖典全書一、六六〇頁）とあって、『観経』には観仏三昧と念仏三昧との両宗があると述べられる。ここで、この経題を「無量寿観経」と漢

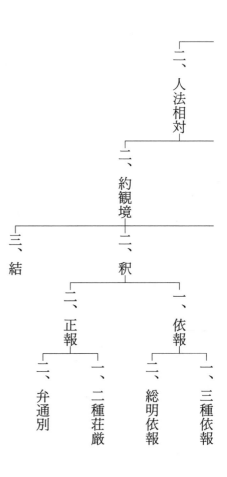

音で示す意味は、十六観法を説く「観仏三昧為宗」を表すことになり、その経題の訳名を「南無阿弥陀仏」の梵音で示す意味は、「念仏三昧為宗」を表すと見ることもできる。つまり、経題の上に両三昧を示す為に、特に六字を出されたことになる。それは、『観経』説意の実義である念仏三昧を題号の上に示す意向があるとも窺えるのである。

二、別対では、「南無阿弥陀仏」の梵語六字を「**帰命無量寿覚**」の漢語六字に対配するのであるが、これはもちろん原語の意味そのものを正しく訳したものではなく、梵漢の字数を六字に合わせて全体としての意味を表したものである。この「南無」を「帰命」とするのは、吉蔵の『法華義疏』に「南無者帰命也救我也、帰命者以命帰投十方諸仏也」（大正蔵三四、五〇九頁中）とあり、智顗の『観音義疏』には「南無者帰命之辞」（大正蔵三四、九二二頁下）とある。また、「阿弥陀」を「無量寿」とするのは、吉蔵の『無量寿経義疏』に「無量寿者若存胡本号曰阿弥陀、此土無量寿」（大正蔵三七、一一六六頁下）とあり、『智顗疏』には「無量寿者天竺称阿弥陀」（大正蔵三七、一八七頁下）とある。それらを承けたものであろう。

次に、二、人法相対では、まず一、仏号に約して相対する。この「無量寿覚」という仏号を、人と法とに分ければ、「**無量寿**」は「**法**」であって、「**覚**」とは「**人**」である。もし「無量寿」とは、単に仏の寿命が無量であるということだけであるならば、「無量寿」とは仏（「人」）に属する徳でしかない。深励師（『四帖疏講義』七〇〜七一頁）は、「諸師の如く寿無量故に無量寿と釈するときは、無量寿というがただ人のことになる」といい、「無量寿」は阿弥陀仏の一徳に過ぎないという。しかし、「無量寿」が「法」であるとすることによって、仏の上に顕れた法、阿弥陀仏の上に獲得された法となるを指す。「無量寿」を「法」と釈し「覚」を「人」として、「人法並彰」することによって「無量寿」とは「無量寿仏」という仏号のことであり、その仏号とは「阿弥陀仏の四智三身等の功徳を弥陀一仏に具へ、その仏体の徳を丸々具へる名号」であるとし、「弥陀因位の功徳がみな名号に成ずるということを釈する」一段であると述べている。

又言人法者是所観之境。即有其二。一者依報、二者正報。就依報中即有其三。一者地下荘厳、即一切宝幢光明互相映発等是。二者地上荘厳、即一切宝地・池林・宝楼・宮閣等是。三者虚空荘厳、即一切変化宝宮・華網・宝雲・化鳥・風光動発声楽等是。如前雖有三種差別、皆是弥陀浄国無漏真実之勝相。此即総結成依報荘厳也。又言依報者、従日観下至華座観已来、総明依報。就此依報中即有通有別。言別者、華座一観是其別依、唯属弥陀仏也。余上六観是其通依、即属法界之凡聖。但使得生者、共同受用。故言通也。又就此六中即有真有仮。言仮者、即日想・水想・氷想等、是其仮依。由是此界中相似可見境相故。言真依者、即従瑠璃地下至宝楼観已来、是其真依。由是彼国真実無漏可見境相故。二就正報中亦有其二。一者主荘厳、即阿弥陀仏是。二者聖衆荘厳、即現在彼衆及十方法界同生者是。又就此正報中亦有通有別。言別者即阿弥陀仏是也。即此別中亦有真有仮。言仮正報者即第八像観是也。観音・勢至等亦如是。此由衆生障重染惑処深、仏恐乍想真容、無由顕現故、使仮立真像以住心想、同彼仏以証境。故言仮正報也。言真正報者即第九真身観是也。此由前仮正、漸以息於乱想、心眼得開、粗見彼方清浄二報、種種荘厳、以除昏惑。由除障故、得見彼真実之境相也。言通正報者即観音・聖衆等已下是也。向来所言通別・真仮者、正明依正二報也。（聖典全書一、六五八～六六〇頁）

また人法といふはこれ所観の境なり。すなはちその二あり。一には依報、二には正報なり。依報のなかにつきてすなはちその三あり。一には地下の荘厳、すなはち一切の宝幢光明のたがひにあひ映発する等これなり。二には地上の荘厳、すなはち一切の宝地・池林・宝楼・宮閣等これなり。三には虚空の荘厳、すなはち一切の変化の宝宮・華網・宝雲・化鳥・風光の動発せる声楽等これなり。前のごとく三種の差別ありといへども、みなこれ弥陀浄国の無漏真実の勝相なり。これすなはち総じて依報の荘厳を結成す。また依報といふは、日観より下華座観に至るこのかたは、総じて依報を明かす。この依報のなかにつきてすなはち通あり別あり。別といふは、華座の一観はこれその別依なり、ただ弥陀仏に属す。余の上の六観はこれその通依なり、すなはち法界の凡聖に属す。ただ生ずることを得れば、ともに同じく受用す。ゆゑに通といふ。またこの六のなかにつきてすなはち真あり仮あり。仮といふはすなはち日想・水想・氷想等、これその仮依なり。これこの界中の相似可見の境相なるによるがゆゑなり。真依といふは、すなはち瑠璃地より下宝楼観に至るこのかたは、これその真依なり。これかの国の真実無漏の可見の境相なるによるがゆゑなり。二には正報のなかにつきてまたその二あり。一には主荘厳、すなはち阿弥陀仏これなり。二には聖衆荘厳、すなはち現にかしこにある衆および十方法界同生のものこれなり。またこの正報のなかにつきてまた通あり別あり。別といふはすなはち阿弥陀仏これなり。すなはちこの別のなかにまた真あり仮あり。仮正報といふはすなはち第八の像観これなり。観音・勢至等もまたかくのごとし。これ衆生障重く染惑処深きによりて、仏（釈尊）、たちまちに真容を想はんに、顕現するに由なきことを恐れたまふがゆゑに、真像を仮立してもつて心想を住めしめ、かの仏に同じてもつて境を証せしめたまふ。ゆゑに仮正報といふ。真正報といふはすなはち第九の真身観これなり。これ前の仮正によりて、やうやくもつて乱想を息めて、心眼開くることを得て、ほぼかの方の清浄二報、種々の荘厳を見て、もつて昏惑を除く。障を除くによるがゆゑに、かの真実の境相を見ることを得。通正報といふはすなはち観音聖衆等以下これなり。向よりこのかたいふところの通別・真仮は、まさしく依正二報を明かす。（七祖註釈版、三〇二〜三〇四頁）

▼この一段は、「二、人法相対」の「二、約観境」の一段であり、無量寿仏を所観の境として、「一、依報」と「二、正報」とを示す。

前段で「**人法並彰故名阿弥陀仏**」とあったのを承け、ここでいう「**人法**」とは即ち阿弥陀仏のことであるとする。その阿弥陀仏を「**所観之境**」として示すのである。深励師（『四帖疏講義』七一頁）は、前段で「無量寿」を名号のことと釈するのは念仏三昧の釈であり、ここで「無量寿」を所観の境とするのは観仏三昧の釈であると述べている。

その所観の境に二つあって、一つは「**依報**」即ち仏身の所依となっている浄土であり、二つは正しく仏身たる「**正報**」である。

・**依報**

その第一の「依報」の中でまた三つ（一、三種依報）が示される。一つは「地下荘厳」であって、すべての「宝幢光明」が互いに相い映りあうなどがこれである。二つは「地上荘厳」であって、すべての「宝地・池林・宝楼・宮閣」などがこれである。三つは「虚空荘厳」であって、空中に「変化」してあらわされたすべてのもの、即ち「宝宮・華網・宝雲・化鳥・風光」が動いて声や音楽を出すのがこれである。これらは「三種差別」があるといっても、みな阿弥陀仏の浄土の「無漏真実」の勝れた相である。

この「風光動発」とは、「水想観」において、

おのおの百億の華幢あり。無量の楽器をもつて荘厳とす。八種の清風、光明より出でてこの楽器を鼓つに、苦・空・無常・無我の音を演説す。（註釈版、九四頁）

と説かれることに基づいている。また「無漏真実」とは、法蔵菩薩の無漏清浄業によって無漏の荘厳であることを明かし、浄土の荘厳が「随順法性不背法本」（『往生論註』聖典全書一、四五八頁）の真実功徳相であることを示している。

また、この「依報」について、『観経』の経文について示す（二、総明依報）と、第一の「日観」から第七の「華座観」に至るのは、総て「依報」の荘厳を明かすのであるが、その「依報」の中に「通」と「別」とがある。「別依」というのは「華座一観」だけである。何故ならそれは、ただ阿弥

陀仏だけに限って付属しているからである。それ以外の「日想観」「水想観」「地観」「宝樹観」「宝池観」「宝楼観」の「六観」は「通依」である。それは、十方「法界」の凡夫や聖者に属していて、浄土に往生した者が共々に用いるから「通」というのである。

ここでは、華座観は「別依」として「依報」とするが、『浄土論』（聖典全書一、四三九頁）では、仏の八種功徳の中に座功徳を入れて華座を「正報」に含めている。また智顗も正報とするが、慧遠は依報としている。これについて、深励師（『四帖疏講義』七六頁）は、善導大師は慧遠と同じく、華座の体は蓮華であるから依報に収めるとしている。つまり、『浄土論』では、仏徳を飾るものはすべて仏の荘厳に分類しているが、善導大師は体を見て依報に分類したと指摘している。

またさらに、この「六観」の「通依」について、「真」と「仮」とがある。「仮」というのは、「仮依報」のことであり、「日想」「水想」及び水想観の内の「氷想」などである。これらはこの娑婆世界の中の浄土と「相似」して見られる境界だから、「仮依報」というのである。「真」とは、「真依報」のことであり、第三地想観の浄土の「瑠璃地」の観想から以下の「宝樹観」「宝池観」「宝楼観」までの浄土の依報である。これらは、浄土の「真実無漏」の相であり、観仏三昧によって見るべき「境相」である。

以上を図示すれば、次の如くである。

依報
- 「別」 ⑦華座観
- 「通」
  - 〈仮の依報〉①日想観②水想観（＋氷想観）
  - 〈真の依報〉③地観（瑠璃地）④宝樹観⑤宝池観⑥宝楼観

・正報

第二の「正報」について、「主荘厳」と「聖衆荘厳」とがある。「主荘厳」とは「阿弥陀仏」のことであり、「聖衆荘厳」とは、浄土におられる「聖衆」と「十方法界」からやがて同じく往生するべき「同生」の人々のことである。

また、この「正報」についても、「通」と「別」とがある。「別正報」とは、「阿弥陀仏」の御事であり、その中に、また「真」と「仮」とがある。「仮正報」とは、「第八像観」の形像の仏であり、同じく像観の中の「観音・勢至等」の形像である。この「像観」とは、真身観の前方便の観となるのである。「衆生」は障りが重く煩悩が深い為、直ちに如来の真実のおすがたを観想しても、その仏身が現れるわけがないことを釈尊が恐れられ、形像を仮りに立てて、そこに心想をとどめさせ、真仏と同じように境を証せしめたまうのである。娑婆世界の形像を所観の境とする故に「別」の「仮正報」というのである。「**真正報**」とは、「**第九真身観**」の仏がこれである。これは前の「仮正報」を観ずることによって、漸く「**乱想**」がやみ、「**心眼**」が開けて、ほぼかの浄土の「**清浄二報、種々荘厳**」を見たてまつり、それによって「**昏惑**」を除き障りを除くから「**真実之境相**」を見ることができるのである。この「昏惑」とは、定観の障りとなる昏迷昧惑のことであり、これが除かれ三昧の境地に入って真身観が成就するのである。「**通正報**」とは、観音勢至などの二観以下がこれであるとされている。

ここで、「聖衆荘厳」を浄土の聖衆だけではなく、未だ生まれていない「十方法界同生者」を挙げるのは、どういう意向があるのであろうか。第十二普観には、「当起自心生於西方極楽世界」（聖典全書一、九一頁）と、自らが浄土に生まれて蓮台に座する想をなせとあって、能観者自身を所観の対象とすることが説かれている。これは未だ生まれていない者も含まれることを表している。さらに言えば、「依報」の釈では定善観の範囲が明確に記されたのに対して、後ろの「通正報」では、「聖衆荘厳」は「**観音・聖衆等已下是也**」と範囲の終わりが示されていない。これに注目して、深励師（『四帖疏講義』七七頁）は、この「同生者」には、散善九品の往生人も含まれると指摘している。つまり、ここでは、十六観すべての所観の境を浄土の荘厳相として示す意向があるとする。したがって、未だ生まれていない九品の者が「同生者」となることを示すと見るのである。

以上を図示すれば、次の如くである。

正報
- 「主荘厳」（阿弥陀仏）——「別」
  - 〈仮の正報〉⑧像観
  - 〈真の正報〉⑨真身観
    ⑩観音観⑪勢至観⑫普観
- 「聖衆荘厳」（聖衆同生者）—「通」
  ⑬雑想観（散善も含むか）

言「観」者照也。常以浄信心手、以持智慧之輝、照彼弥陀正依等事。言「経」者経也。経能持緯得成疋丈、有其丈用。経能持法理事相応、定散随機義不零落。能令修趣之者、必藉教行之縁因、乗願往生証彼無為之法楽。既生彼国、更無所畏。長時起行、果極菩提。法身常住比若虚空。能招此益。故曰為経。言「一巻」者、此『観経』一部雖言両会正説、総成斯一。故名一巻。故言「仏説無量寿観経一巻」。此即釈其名義竟。
（聖典全書一、六六〇頁）

「観」といふは照なり。つねに浄信心の手をもつて、もつて智慧の輝を持ち、かの弥陀の正依等の事を照らす。「経」といふは経なり。経よく緯を持ちて疋丈を成ずることを得て、その丈用あり。経よく法を持ちて理事相応し、定散機に随ひて義零落せず。よく修趣のものをして、かならず教行の縁因によりて、願に乗じて往生してかの無為の法楽を証せしむ。すでにかの国に生じぬれば、さらに畏るるところなし。長時に行を起して、果、菩提を極む。法身常住なること、たとへば虚空のごとし。よくこの益を招く。ゆゑにいひて経となす。「一巻」といふは、この『観経』一部は両会の正説なりといふといへども、総じてこの一を成ず。ゆゑに一巻と名づく。ゆゑに「仏説無量寿観経一巻」といふ。これすなはちその名義を釈しをはりぬ。

（七祖註釈版、三〇四～三〇五頁）

▼この一段は、正釈四の「観」と正釈五の「経」と正釈六の「一巻」、そして「総結」「結示」の部分である。

(四) 観

正釈四の「観」の釈である。この「観」の解釈について、慧遠は「繋念思察説以為観」（大正蔵三七、一七三頁中）とし、「思いを一所にかけて仏身を観察する」と解釈している。智顗は「観者観也有次第三観。一心中三観」（大正蔵三七、一八七頁中）と示す。次第三観とは空諦（あらゆる存在は実体のない空である）・仮諦（実体はないが縁起による仮の存在とみなす）・中諦（空諦仮諦のいずれにも偏せず高次に統合した真理）の三諦を次第して観ずることで、一心三観とは三諦即一の観法のことで、自己の心性に仏身を観ずる法としている。また吉蔵は「胡云阿耶羅此云観。観是観見亦是観行亦是観察。観有三種。一観実相法身。二観修成法身。三観化身」（大正蔵三七、二三四頁上）と釈して、観とは「阿耶羅」（聖観音のこと）の訳であって、「観見」「観行」「観察」のこととしている。「観見」とは「観る見る」という字の義であり、「観行」とは「心に理を観じて理の如く身にこれを行う」（『織田仏教大辞典』、大蔵出版株式会社、三四二頁）ことであって智顗の釈と同じである。「観察」とは仏身を観察することでこれは慧遠の釈と同じである。

これらの諸師の「観」の解釈とは大きく相違し、ここでは「言「観」者照也」と釈す。この「照」について、漢和辞典類のなかで最も詳細な『諸橋』では、①「てらす」の中に、

（イ）明らかにする（ロ）かがやかす（ハ）比べ見る。察する（ニ）知らしめる（ホ）さとす（ヘ）うつす

（『諸橋』七、四八四頁）

と示す。また『仏教語大辞典』の「照」の項目には、

①てらす②闡明する③励ますこと④灯光のこと⑤智慧で見ること⑥真に理解する。さとり。

（『仏教語大辞典 上巻』東京書籍、七二五頁上）

とある。

深励師によれば、そもそも善導大師の「観」の釈は『大乗義章』に、

止とは、外国には舎摩他と名け、此には翻じて止と名く。心を守りて縁に住し、散動を離る。故に名けて止と為す。心を止めて乱さず。故に復定と名く。
観とは、外国に毘婆舎那と名け、此には翻じて観と名く。法に於て推求し簡択するを観と名く。観達を慧と称す。
捨とは、外国には憂畢叉と名け、此には翻じて捨と名く。行心平等にして偏習を捨離す。故に名けて捨と為す（此一門竟る）。
次に体性を弁ず。唯毘曇に依りて義釈するに二有り。
一に同時の心法に就て以て論ずれば、止とは正しく定数を用て体と為す。観とは或は観数を用て体と為し、或は復彼の慧数を用て体と為す。伺求の観は観数を体と為し、照法の観は慧数を体と為す。捨とは或は捨数を用て体と為し、或は定慧の二数を用て体と為す。捨過の捨は捨数を体と為す。

（大正蔵四四、六六五頁下）

と記される「毘婆舎那」の「観」のことであるとする。これは、奢摩他即ち止によって心の散動を止

め、それによって生じた智慧を以て諸法の性相を照見することである。よって、吉蔵が『法華義疏』で「観音者外国名阿梨耶婆樓吉氏税此翻観世音菩薩」（大正蔵三四、六二四頁中）と述べる「阿梨耶婆樓吉氏税」は梵語 Āryāvalokiteśvara（＝聖観音）とは違う原語である。深励師（『四帖疏講義』八〇頁）は、諸師はこの「阿梨耶婆樓吉氏税」の原語を以て『観経』の観を理解し、己が心中の実相を観ずる理観であるとする。これに対して、善導大師は『浄土論』の、

いかんが観察する。智慧をもつて観察し、正念にかしこを観ず。如実に毘婆舎那を修行せんと欲するがゆゑなり。（七祖註釈版、三三頁）

と記された「毘婆舎那」が『観経』の観であるとし、これは『大乗義章』で「照法之観」というように、「慧の心所を以て所観の境を照らしみる」ことであり、「向こうにあるものを火を以て見る」ように、智慧を以てありありと照らし見ることであるとしている。即ち、善導大師の釈によれば、『観経』の観は、自己の心中の実相に依正二報を観じていく理観ではなく、「娑婆は娑婆、浄土は浄土」と歴然と分けておいて、娑婆の衆生が定善観を成す時に、定中の智慧を以てありありと照らし見る事観であると釈されたと指摘している。

また、『伝通記』」（大正蔵五七、五三二頁中）では、①観矚②観知③観行の三義を出している。観矚の矚とは目を向けることで、眼で見ることであり、観知は観解のことで比量して知ることであり、

観行は観察することであり、十三観法を指す。よって、ここでの観はこの観行の義とし、経題の「観」は定善観のみを意味していて、散善の念仏三昧の意は含まれないとする。これは、『観経』の当面の意に沿った見方であろう。

しかしながら、善導大師は、「観」を「照」と釈し、その「照」とは「浄信心手」を以て「智慧之輝」を持ちて依報・正報を照すこととされるのである。その意向を窺えば、観は観仏三昧からいえば、観見という心に明らかに浄土の荘厳を照らし見ることであるが、月珠師が「今は要門観に簡異して観即信の義を顕さんと欲す」（『玄義分講録』五四三頁）とする如く、観は弘願の念仏三昧からいえば、心に明らかに本願のいわれを照らし信じる観知と見ることもできる。それは宗祖が『一念多念文意』において『浄土論』の「観仏本願力」を解釈され、「観は願力をこころにうかべみると申す、またしるといふこころなり」（註釈版、六九一頁）と示される意向に基づいて理解するのであろう。つまり、「浄信心手」を以てとは、他力の信心を決定することであって、聞信の一念に阿弥陀仏の智慧を領受し、信心の「智慧之輝」によって、やがて往生する依報・正報の事相を思いうかべて喜ぶことを示すと見るのである。

※速水師（『玄義分摘要』二一一頁）

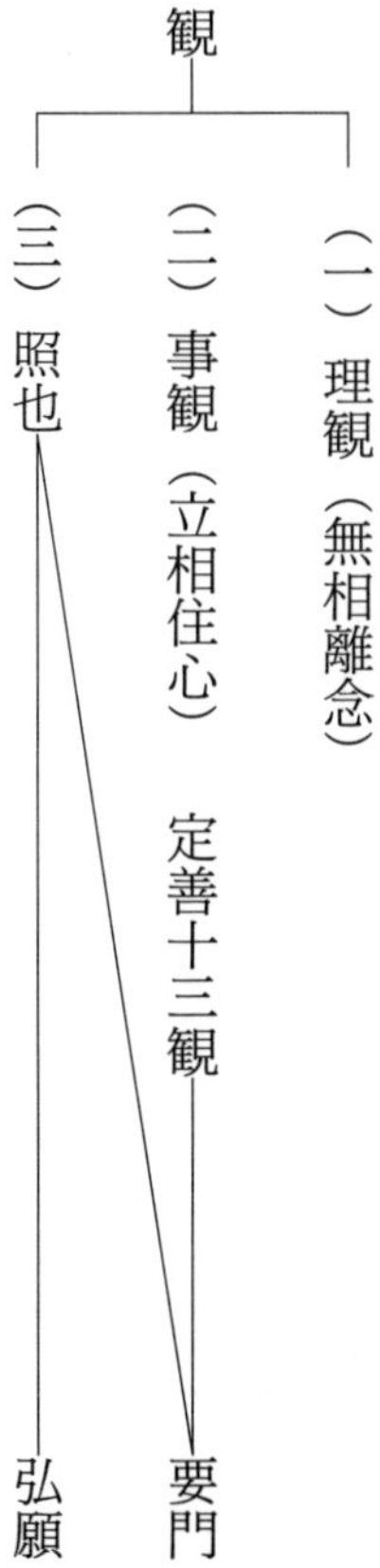

（五）経

正釈五の「経」の釈である。「経」の字解によって、布帛の譬喩を挙げて、経のはたらきを示す。「経」とは「たていと」のことで、『慧遠疏』に、

経者外国言修多羅此翻名綖（或線）。聖人言説能貫諸法如綖貫花。是故就喩名之為綖。而言経者綖能貫花経能持緯其用相似故復名経。若依俗訓経者常也。教之一法逕古歴今恒有曰常。

（大正蔵三七、一七三頁下）

と記すように、インドの「修多羅」（sūtra）の意訳である。修多羅は、直訳では線という意で、線を以て華を貫いて華を散らさないというはたらきを持つ。中国語の「経」とは機織りの経糸のことで、緯糸をたもって織物とするのであるが、これが線を以て華を貫くという意味と同様であり、さらに中

国では古来より聖賢の書を経と名づけていたから修多羅を「経」と意訳したのである。

経糸はよく緯糸をたもって、一匹一丈の織物となり、その織物には衣服や敷物等になる「丈用」がある。これと同様に、経典はそのあらわすところの法（理）と経典の言葉（事）が「理事相応」して、法義が「零落」することがない。この『観経』では、「定散」二善が、根機に随って修すべきという法義が失せることがなく持たれてある。これをよく修める者をして、必ず「教行之縁因」によって、如来の願力に乗じて「往生」させて、「無為之法楽」を証せしめるのである。そしてすでに「彼国」に往生すれば、悪道に堕する畏れもなく、「長時」に亘って、行業を修めて「菩提」を極め、「法身常住」なることとは虚空のようである。こういう利益を招くから「経」というのである。また、『慧遠疏』に示すように、経には「常也」という意味もあるから、仏の説法を永遠に失わさずに常に持つという経の徳用を示すのである。

(六) 一巻

正釈六の「一巻」の釈である。この「観経一部」は、王舎城と耆闍崛山との二つの会座「両会」での「正説」であるといっても、それをこの一つにまとめてあるから「一巻」と名づけるのである。

以上を「総結」して「仏説無量寿観経一巻」というのである。

これによって、『観経』の経題の「名義」を解釈し終わった（結示）のである。

第七章　宗教門

◆科段

▼月珠師（『玄義分講録』五四三～五四六頁）

一、牒標

二、正釈

　一、宗旨不同

　二、教大小

◆これより以下は、第三「宗教門」に入る。初めに標を出し、次に正釈において、(一)「宗旨の不同」を明かし、次に(二)「教の大小」を問答によって明かす。

なお、(一)(二)の冠の字二つによって「宗教門」と名づけ、或いはまた(一)の名によって「宗旨門」とも名づける。

▼この「宗教門」を設けるのは、『慧遠疏』の冒頭において、「五要」が示されていることに対するものと考えられる。また、直接的には『安楽集』の「宗旨不同」を承けたものといえる。

『慧遠疏』の五要とは、「一、教の大小・二蔵」「二、教の漸頓」「三、教の宗趣」「四、経名の不同」「五、説人の差別」の五つであるが、ここで関連するのは、一〜三である。そこでは、

第一須知教之大小。教別二蔵謂声聞蔵及菩薩蔵。教声聞法名声聞蔵。教菩薩法名菩薩蔵。差別義如常釈。此経乃是菩薩蔵収。

第二須知教局漸及頓。小教名局。大従小入目之為漸。大不由小謂之為頓。此経是其頓教法輪。何故得知。此経正為韋提希説。下説韋提是凡夫。為凡夫説不従小入。故知是頓。

第三須知経之宗趣。諸経所弁宗趣各異。如涅盤経涅盤為宗。如維摩経以不思議解脱為宗。

大品経等以慧為宗。華厳法華無量義等三昧為宗。大集経等陀羅尼為宗。如是非一。此経観仏三昧為宗。

（大正蔵三七、一七三頁上）

と述べて、一、『観経』は大乗の菩薩蔵に収まり、二、頓教であり、三、観仏三昧を宗趣とすると規定している。

また、この慧遠の理解を承けた『安楽集』では、

第四に次に諸経の宗旨の不同を弁ずとは、もし『涅槃経』によらば仏性を宗となす。もし『維摩経』によらば不可思議解脱を宗となす。もし「般若経」によらば空慧を宗となす。もし『大集経』によらば陀羅尼を宗となす。いまこの『観経』は観仏三昧をもつて宗となす。

（七祖註釈版、一八八頁）

と述べて、慧遠と同じく、『観経』は観仏三昧を宗とするとしている。

（一）宗旨の不同

三弁釈宗旨不同、教之大小者、如『維摩経』以不思議解脱為宗、如『大品経』以空慧為宗。此例非一。今此『観経』即以観仏三昧為宗、亦以念仏三昧為宗。

一心廻願往生浄土為体。

（聖典全書一、六六〇頁）

三に宗旨の不同、教の大小を弁釈すとは、『維摩経』のごときは不思議解脱をもつて宗となし、『大品経』のごときは空慧をもつて宗となす。この例一にあらず。いまこの『観経』はすなはち観仏三昧をもつて宗となし、また念仏三昧をもつて宗となす。一心に回願して浄土に往生するを体となす。

（七祖註釈版、三〇五頁）

〈一〉経宗と経体

中国にあって経の宗と体とを定めるのは、まず曇鸞大師の『往生論註』に「王舎城及舎衛国」で説かれた経典は、

仏（阿弥陀仏）の名号をもつて経の体となす。

（七祖註釈版、四八頁）

と述べられ、経体のみが見られる。一方、慧遠や道綽禅師は『観経』について、「観仏三昧為宗」と述べて、経の宗のみを立てている。これらは経の宗と体とを同意と見られたのであろう。

これに対して、智顗の『法華玄義』には、

宗と体とを簡ぶとは、有る人の言はく、宗は即ち是れ体、体は即ち是れ宗なりと。今用ひざる所なり。何となれば、宗致は既に是れ因果にして、因果は即ち二なり。体は因に非ず果に非ず、体

は即ち不二なればなり。体若し是れ二ならば体は即ち体に非ず。体若し不二ならば体は即ち宗に非ず。宗若し不二ならば宗は即ち宗に非ず、宗若し是れ二ならば宗は即ち体に非ず。云何んぞ而も体は即ち是れ宗、宗は即ち是れ体なりと言はん。（大正蔵三三、七九四頁中）

と述べて、宗と体とは簡び分けるべきであるとし、『法華経』は因果を宗とし、実相を体とするとし、『観経』は「心観為宗、実相為体」（『智顗疏』大正蔵三七、一八六頁下）と述べている。諸師（吉蔵・基・法蔵等）もこれに倣って、経宗と経体を分けている。

『真宗大辞典』（一、三二三頁）によれば、経宗の宗とは、宗致または宗旨と熟語して一部の主要なる旨をいうものである。また、経体の体については二説がある。

①経の文句を以て体とするもので、体を能詮（能表現）の教とする。この場合、宗は経の所詮（所表現）の理となる。

②経の文句によって詮顕された意義を以て体とするもので、体は一経所詮の理そのものとする。この場合、宗はその理を顕す為に説示された一経の主要点となり、宗体ともに経所詮の理とする。

この分類から見れば、善導大師の「**即以観仏三昧為宗、亦以念仏三昧為宗、一心廻願往生浄土為体**」という宗体論は②に属すと考えられ、祐義師（『玄義分講要』一〇五頁）は、経体とは一経の本質であり、そこに一貫する理念そのものであり、経宗とはその根本理念を説示する一経の要旨をいうのであり、最も肝要な主眼を意味すると指摘している。古来より家屋の譬喩（木材が体で梁柱が宗）で解釈されるところである。

〈二〉一経両宗

しかしながら、経宗は一経の最も主要なる点をいうものであるにもかかわらず、善導大師は、『観経』に観仏三昧と念仏三昧との両宗を立てるのである。これについて、『安楽集』を始め諸師は観仏三昧を宗とするのに対し、念仏三昧をも宗とする意図はどこにあるのか、そもそも一経に二宗を立てることは可能であるのか、二宗は二宗と見るべきなのか等、様々な議論がなされているのである。

『伝通記』（大正蔵五七、五三五頁下）では、観仏三昧を定善十三観とし、念仏三昧を散善九品とする。観仏三昧は韋提希の請いに答えて説かれたものであり、念仏三昧は、定善のみでは摂することができない散善の機の為に釈尊が自ら説かれたものであるから、『観経』は定善の機の為には「観仏三昧為宗」であり、散善の機の為には「念仏三昧為宗」であると二つの部分に分けて考える。ただし、この理解では、一経の説相に両宗が並列してあることになり、いずれが第一宗かが不明と言わざるを得ない。

『楷定記』（西山全書六、六九頁上）では、観仏三昧は釈迦教の宗であり、念仏三昧は弥陀教の宗とする。観仏三昧とは定善であって散善ではないが、西山義では、定散両門を一括して観門と名づけ、定散両門の観仏三昧は、弘願の念仏三昧の勝徳を示す為の能詮の施設とする。したがって、観仏三昧によって弘願の念仏三昧に入れば、十六観法の観仏三昧の外に念仏三昧はなく、念仏三昧の外に観仏三昧はないといい、諸行を念仏体内の善とするのである。

これらの解釈に対し、深励師（『四帖疏講義』八八頁）は、「**即以**」と「**亦以**」とに注目して釈している。「即以」は経の題号を承けたことを示すものであって、題号に『観経』と名づけることからが当分である。しかし、「亦以」は傍及の言であって「またこの義もあり」ということにつかう文字であり、『観経』の表面の説相から言えば「観仏三昧為宗」というの裏面の説意から言えば「念仏三昧為宗」の実義が見られることを示すと指摘している。このような一経両宗の言は善導大師以前には見られず、大師の古今楷定の意向が窺われる。これは当然、宗祖の顕彰隠密義に繋がるものであって、顕説当分から見れば、一経の宗は全く観仏三昧であり、さらに隠彰の実義より見る時は、一経の宗は全く念仏三昧に他ならないのである。

〈三〉両宗の出拠

『観経』の何処を押さえて、観仏三昧・念仏三昧とするかについて、『六要鈔』には、念仏三昧は兼ねて観称に亘る。観念三昧は真身観観成の位に約す、称念三昧は則ち同じき観念所詮の法、念仏衆生摂取不捨の益これなり。（聖典全書四、一二六四頁）

とあって、観仏三昧は「真身観」の文により、念仏三昧は同じ「真身観」の「念仏衆生摂取不捨」の文によって立てられたとしている。深励師（『四帖疏講義』八九頁）は、観仏三昧も念仏三昧も「流通分」によるとする。観仏三昧は「名此経」「此法之要」に示す「観無量寿仏及二大士」等の文により、念仏三昧は「若念仏者」等の文及び「汝好持是語」等の文によって立てられたとしている。

これらによって、観仏三昧は正宗分の十六観法により、念仏三昧は流通分を主として下三品によって立てられたとの見方もできるが、『観経』全体を見渡しての両宗であることは間違いない。「観仏三昧為宗」であることは、『観経』の諸処の説相に顕れているし、また「念仏三昧為宗」も諸文（華座観の「得念仏三昧」真身観の「名念仏三昧」「念仏衆生摂取不捨」下下品の「教令念仏」等等）の説意に暗示され、特に「流通分」に明らかに説示されているのである。したがって、『観経』諸文の説示の意向を見極められたが故に、念観両宗を示されたのである。

ただし、この念仏三昧は何を意味するのかが問題となる。諸経における念仏の語は、多くは心念や観仏と同義として用いられ、称名とは限らない。『観経』の「真身観」の念仏三昧も心念観仏の意であろう。したがって、中国においては、多くは念仏三昧を観仏並びに心念口称共通の意に用いていて、観仏三昧をそのまま念仏三昧と呼んだのである。道綽禅師においても、念仏三昧は一応は観称未分の念仏であった。しかしながら、『大経』第十八願の文を加減して、

若有衆生、縦令一生造悪臨命終時、十念相続称我名字、若不生者不取正覚。

(聖典全書一、六一三頁)

と述べて、口称念仏を提示されるのである。

これを承けた善導大師は、観仏三昧と念仏三昧の区別をなされる。祐義師の分類(『玄義分講要』一二四頁)によれば、善導大師の全著作中、念仏称名等の用語一一八の内、称名念仏の意として用いられるものが七十一文、心念観念の意と見えるものが十七文、観称両意に通じて解釈できるものが三十文であって、圧倒的に称名念仏の意を顕すものが多いのである。しかも、『安楽集』の本願加減の文同様に、

若我得仏、十方衆生称我名号願生我国、下至十念、若不生者不取正覚。

(『玄義分』聖典全書一、六七四頁)

若我成仏、十方衆生、願生我国、称我名字、下至十声、乗我願力、若不生者、不取正覚。

(『観念法門』聖典全書一、八九二頁)

若我成仏、十方衆生、称我名号下至十声、若不生者不取正覚。

（『往生礼讃』聖典全書一、九五八頁）

と示して、念仏三昧とは、『大経』第十八願に誓われた称名念仏であることを高調されるのである。

したがって、『観経』説相の諸文から念観両宗を立てられたものの、一経の説意からみれば、主要となるのは念仏三昧であり、それは口称念仏を主眼とする内容を持つことを明らかにされんとした善導大師の意向が窺われるのである。

〈四〉一心廻願往生浄土為体

この一心廻願の体について、これは念観両宗に通じるものか、念仏三昧のみに限るものかという議論がなされている。『伝通記』（大正蔵五七、五三六頁下）では、念観両宗に通じるものとし、観仏三昧と念仏三昧の両宗の因によって一心廻願往生浄土の果が生じるとしている。『楷定記』（西山全書六、七五頁下）では、観仏三昧と念仏三昧とを同一とする為、観門義では一心廻願は観仏三昧為宗を帰結させるものであり、往生浄土は念仏三昧為宗を帰結させるものであって、それが体であるとする。

これに対して、深励師（『四帖疏講義』九〇頁〜九一頁）は、宗に二つがあっても体は一つであるが、体を述べるこの一文には両義があると見る。先の両宗において顕説の義では観仏三昧為宗であり隠彰の実義では念仏三昧為宗であったことより、体を釈するにも二義に分かれるのであって、

顕説――観仏三昧為宗――一心（自力）――廻願（廻向願求）浄土（化土）為体
隠彰――念仏三昧為宗――一心（他力）――廻願（廻心願生）浄土（報土）為体

と図示できる如く、顕説の観仏三昧為宗の方で解釈すれば、一心とは定散諸機各別の自力の一心で定散二善を廻向願求して方便化土への往生をなす。隠彰の念仏三昧為宗の方で解釈すれば、一心とは他力廻向の利他の一心でその一心に具わる欲生の願生にて真実報土往生を遂げる義の両義をこの一文に含みつつ、一つの体を示すと述べている。

（二）教の大小

言教之大小者、問曰、此『経』二蔵之中何蔵摂。二教之中何教収。答曰、今此『観経』菩薩蔵収。頓教摂。

（聖典全書一、六六〇～六六一頁）


教の大小といふは、問ひていはく、この『経』は二蔵のなかにはいづれの蔵の摂なる。二教のなかにはいづれの教の収なる。答へていはく、いまこの『観経』は菩薩蔵の収なり。頓教の摂なり。

（七祖註釈版、三〇五頁）

教の大小の問題も、『慧遠疏』の五要の内の「一、教の大小・二蔵」「二、教の漸頓」を承けたものであろう。すでに「帰三宝偈」に「我依菩薩蔵　頓教一乗海」と述べられているが、「今此『観経』は「菩薩蔵」に収まり「頓教」に摂まると規定するのである。「二蔵」とは声聞蔵・菩薩蔵のことであり、これによって釈尊一代教を判定するのである。蔵とは包含・包蔵の意味であり、小乗の教えは声聞蔵に収め、大乗の教えは菩薩蔵に収める故に「蔵」と名づける。声聞蔵の中には声聞・縁覚の二乗が含まれ、四諦・十二因縁・八聖道によって無余涅槃に至る教えである。菩薩蔵とは、六度万行によりて自利利他の実践を行い仏果に至る教えである。したがって、二蔵の名は大乗小乗の異名に他ならない。

「二教」とは頓教・漸教のことであり、「頓は速やかなさま、漸は次第にの意で、仏が悟りを開いた直後、すぐに説いた教えが頓教で、浅い教えから深い教えへ次第順序を追って説いた教えが漸教」（『岩波仏教辞典』六一九頁）である。

しかしながら、他にも種々の解釈があって、頓・漸とは、仏の説時によるのではなく、衆生の頓に悟ることを説くのが頓教であって、衆生が漸証することを説くのが漸教とする解釈もある。また智顗や慧遠は、小乗から導かれて大乗に入るべき鈍機の教えを漸教とし、最初から大乗に入ることができる直往の菩薩への教えを頓教としたのである。

善導大師の解釈も、一応はこれによるのではあるが、その内容に関しては異なるところが見られるのである。というのは、『般舟讃』において、

『瓔珞経』中説漸教　　万劫修功証不退
『観経』・『弥陀経』等説　即是頓教菩提蔵
一日七日専称仏　　　　命断須臾生安楽
一入弥陀涅槃国　　　　即得不退証無生
（聖典全書一、九六七頁）

と示すように、『菩薩瓔珞本業経』（大正蔵二四、一〇一〇頁中）には、菩薩の階位が説かれているが、これによれば、万劫に修行して不退に至るものは、たとえ直往の菩薩に説かれた大乗の教であったとしても漸教に他ならない。これに対して、『観経』や『弥陀経』に説かれる如く、愚悪の凡夫が一日七日の念仏によって須臾に往生し不退の位に至るのは頓教であるとされるのである。

したがって、仏の教化の直説と誘引の別によって頓・漸を分かつのでもなく、また衆生のさとりへの直往と迂回によって頓・漸を分かつのでもなく、凡夫得証の遅速によって頓・漸を分けられたと窺うことができる。

智顗や慧遠は、聖浄二門の別を立てない為に、最初から直に大乗を説かれた教であるならば、すべて菩薩蔵・頓教であるとしたのに対し、善導大師は『般舟讃』に、

門門不同名漸教　万劫苦行証無生
畢命為期専念仏　須臾命断仏迎将
（聖典全書一、九六九頁）

と述べて、たとえ大乗教であったとしても万劫修行の聖道教はすべて漸教であり、愚悪の凡夫が「須臾命断」に弥陀仏国に往生して、不退に至って無生を証す浄土教こそが、頓教であるとされるのである。

よって、「**今此『観経』菩薩蔵収。頓教摂**」とは、『観経』は一代仏教の中の大乗教菩薩蔵であり、さらに頓教中の頓教なることを明らかに述べるのである。

以上を図示すれば、次の如くである。

一代仏教
- 声聞蔵―漸教（小乗から大乗へ）
- 菩薩蔵―頓教（直ちに大乗へ）
  - 漸教（聖道頓教）
  - 頓教（浄土頓教）

第八章　説人門

◆科段

一、標

二、釈

一、正釈

二、問答

◆これより以下は、第四説人門に入る。初めに標を出し、次の釈において、正釈と問答を示す。

四弁説人差別者、凡諸経起説不過五種。一者仏説、二者聖弟子説、三者天仙説、四者鬼神説、五者変化説。今此『観経』是仏自説。

問曰、仏在何処説、為何人説。答曰、仏在王宮、為韋提等説。

（聖典全書一、六六一頁）

四に説人の差別を弁ずとは、おほよそ諸経の起説五種を過ぎず。一には仏の説、二には聖弟子の説、三には天仙の説、四には鬼神の説、五には変化の説なり。いまこの『観経』はこれ仏の自説なり。

問ひていはく、仏いづれの処にかましまして説き、何人のためにか説きたまへる。答へていはく、仏王宮にましまして、韋提等のために説きたまへり。（七祖註釈版、三〇五～三〇六頁）

▼この「説人門」を設けるのは、仏自らが説かれる経の地位を明らかにし、その価値を高める為である。

（一）正釈

「**説人**」とは、能説の人のことであり、「**起説**」とは説を起こすことであるから、これも能説の人を指す。そして諸経の能説の人に「**五種**」の差別があることを示すのである。この「五種」について

は、もともと『大智度論』に、

仏法有五種人説。一者仏自口説。二者仏弟子説。三者仙人説。四者諸天説。五者化人説。（大正蔵二五、六六頁中）

と説かれるのを承けたもので、慧遠・智顗・吉蔵・道綽禅師もこの五説を述べる。ただし、微妙に相違している。

大論―仏自口説・仏弟子説・仙人説・諸天説・化人説
慧遠―仏自説・聖弟子説・神仙説・諸天鬼神説・変化説
吉蔵―仏説・弟子説・諸天説・化人説・神仙説
智顗―仏説・弟子説・諸仙説・諸天説・化人説
道綽―仏自説・聖弟子説・諸天説・神仙説・変化説
善導―仏説・聖弟子説・天仙説・鬼神説・変化説

ここでいう「**仏説**」は、仏自口説、即ち仏の金口の説法という意である。「**聖弟子説**」とは、単なる仏弟子ではなく、仏に代わって法を説く聖者の仏弟子という意である。舎利弗や目連（声聞）、普賢・文殊（菩薩）、維摩・勝鬘（在家者）等が相当する。「**天仙説**」とは、諸天の天人や仙人を合した意である。『法華経』「陀羅尼品」にて陀羅尼を説く毘沙門天等の諸天人や仏法の会座に集まる神仙の仙人を指す。「**鬼神説**」の鬼神とは仏法守護の善神のことである。深励師（『四帖疏講義』九三頁）は、『大智度論』では鬼神は天人の眷属である故に説人に挙げないが、慧遠は諸天の下に置き、善導大師は『法華経』「陀羅尼品」にて羅刹女が陀羅尼を説くことから天仙と別枠に開いて鬼神を挙げると指摘している。「**変化説**」とは仏・菩薩が衆生救済の為に、様々に変化して説法することを指す。

「**今此観経是仏自説**」とは、この『観経』の経説は、仏の自説であって、他の四説ではないことを明らかにするのである。月珠師（『玄義分講録』五四六頁）は、他の四説にも通じる聖道門の諸教と相違して、浄土の教法は必ず仏の自説であることを挙げ、それは、願海難測の為故、密意弘深の為故、極難信法の為故、唯信仏語の為故の四つの理由によるとしている。これは要するに、愚悪の凡夫救済の如き勝れた法は、仏によってしか説くことはできないことを示すのであろう。善導大師は、他師が経題に「仏説」とある釈名において簡単に解釈されているものを、わざわざ一門を設けて述べられるのである。ここに、凡夫救済を説く『観経』は、「仏自説」に他ならないことを強調する意向が見られるのである。また、後段の第六「和会門」において、

仰ぎ願はくは一切の往生せんと欲する知識等、よくみづから思量せよ。むしろ今世の錯りを傷りて仏語を信ぜよ。菩薩の論を執して、もつて指南となすべからず。（七祖註釈版、三二四頁）

と示す如く、仏語を信ぜず菩薩の論である『摂大乗論』を根拠として別時意説を主張する摂論家に対

する論破の伏線の意向もあるに相違ない。

（二）問答

「問曰」以下は、『観経』の一経二会（「王宮会」「耆闍会」）の説相に対する疑問を解釈したものである。『観経』は、王宮において韋提希の為に仏が自説された後、その説法の様子をすべて聞いていた聖弟子の阿難尊者が、耆闍崛山に還った時に、耆闍崛山の大衆（声聞衆・菩薩衆）に同じ内容を説法するのである。したがって、ここで「**仏在王宮為韋提希等説**」と示すのは、耆闍会の阿難の説法に簡んで仏の自説であることを改めて明確にするのである。これはまた、王宮で韋提希等（五百侍女・未来世衆生）に、定散二善を説いたことを示して、次の「定散門」に繋げる意向でもある。

第九章　定散門

◆科段

一、標

二、釈

　一、三双六義

　二、四番問答

　　一、第一問答

　　二、第二問答

　　三、第三問答

　　四、第四問答

三、対破諸師解

◆これより以下は、第五「定散門」に入る。初めに標を出す。次に釈では、先ず（一）三双六義を出して定散について料簡する材料を提示し、続いて（二）四番問答によってその材料を詳しく検討し、最後に（三）諸師の定散理解を出してその誤謬を破するのである。

（一）三双六義

五料簡定散両門即有其六。一明能請者、即是韋提。二明所請者、即是世尊。三明能説者、即是如来。四明所説、即是定散二善十六観門。五明能為、即是如来。六明所為、即韋提等是也。

（聖典全書一、六六一頁）

五に定散両門を料簡するにすなはちその六あり。一には能請のひとを明かす、すなはちこれ韋提なり。二には所請のひとを明かす、すなはちこれ世尊なり。三には能説のひとを明かす、すなはちこれ如来なり。四には所説を明かす、すなはちこれ定散二善十六観門なり。五には能為を明かす、すなはちこれ如来なり。六には所為を明かす、すなはち韋提等これなり。

（七祖註釈版、三〇六頁）

▼この一段は、標列と三双六義を示す一段である。

最初の標列とは、「**五料簡定散両門**」であるが、これは『玄義分』冒頭の「第五料簡定散二善通別有異」と相違している。この「定散二善」と「定散両門」との相違について、西山義では、「定散二善」は行門自力の定散であり、「定散両門」は他力観門の定散であって、この第五「定散門」では、二善と二門の二色を料簡するという。しかしながら、月珠師（『玄義分講録』五四六頁）や深励師（『四帖疏講義』九四頁）は共に、冒頭とここは具略の相違に過ぎず、定散両門定散通別の義を示して、諸師の誤謬を正すとする。

「**即其有六**」以下には、まず六義を示してあるが、この六義は、月珠師が「まず義門を條録して定散料簡の基礎となす」（『玄義分講録』五四六頁）と述べるように、定散二善についての検討材料の六義を提示して、以下の問答料簡や対破諸師の基礎とするのである。

この六義とは、**能請**（説法を請うたのは誰か）、**所請**（説法を請われたのは誰か）、**能説**（説かれたのは誰か）、**所説**（説かれた教法は何か）、**能為**（誰が人々を救う為に説かれたか）、所為（救われる者は誰か）という能所の三双（三重）となる故に、三双六義というのである。

第一双―一、能請（韋提）＝唯請定善　⟷　定散共請（諸師）
　　　　二、所請（世尊）
第二双―三、能説（如来）
　　　　四、所説（定散二善）＝定善十三観散善三観　⟷　十六観皆定善（慧遠）

第三双―五、能為（釈尊）　聖賢（諸師）

六、所為（韋提等）＝凡夫　⟷

右図に示したように、この三双六義は、諸師の『観経』理解と善導大師との相違を示す為に、設けられたものである。

第一双の能請は、諸師の釈では定散二善とも韋提の請いと見る為、能所を分かつ必要がないが、散善仏自開をいう善導大師は能所を分ける必要がある。

第二双の所説は、諸師の釈では十六観とも定善観とする。これに対して善導大師は、能説は釈迦一仏であるが、所説を定善十三観と散善三観に分かつ為、能所説を分ける必要がある。即ち十六観をすべて定善とする見方を廃し、韋提希の請によって定善が説かれ、釈尊の自開によって散善が説かれたとする為に、十六観を定散二善に分けるのである。

第三双の所為は、諸師は『観経』を大権の聖者（聖賢）である韋提希の為に説くとするが、善導大師は心想羸劣の凡夫たる韋提希が「我が為に」と欣うに対して、能為の仏は韋提希一人を相手にせず、未来世の一切凡夫に及ぼさんとする。この能為の仏の思し召しと所為の思惑とが違うところを顕す故に能為・所為を分かつ必要がある。

このように、善導大師は、諸師の理解を破す為に、まず諸師に異なる善導大師の思し召しを三双六義と開いてみせて、次の問答以下で、これを詳しく料簡せんとするのである。

（二）四番問答

問曰、定散二善因誰致請。答曰、定善一門韋提致請、散善一門是仏自説。問曰、未審、定散二善出在何文。今既教備不虚、何機得受。答曰、解有二義。一者謗法与無信、八難及非人、此等不受也。斯乃朽林・碩石不可有生潤之期。此等衆生必無受化之義。除斯已外、一心信楽求願往生、上尽一形下収十念。乗仏願力莫不皆往。此即答上何機得受義竟。二出在何文者即有通有別。言通者即有三義不同。何者一従「韋提白仏唯願為我広説無憂悩処」者、即是韋提標心自為通請所求。二従「唯願仏日教我観於清浄業処」者、即是韋提自為通請去行。三従「世尊光台現国」、即是酬前通請「為我広説」之言。雖有三義不同、答前通竟。言別者則有二義。一従「韋提白仏我今楽生極楽世界弥陀仏所」者、即是韋提自為別選所求。二従「唯願教我思惟教我正受」者、即是韋提自為請修別行。雖有二義不同、答上別竟。従此已下、次答定散両門之義。

問曰、云何名定善、云何名散善。答曰、従日観下至十三観已来名為定善、三福九品名為散善。

問曰、定善之中有何差別、出在何文。答曰、出何文者、『経』言「教我思惟教我正受」、即是其文。言差別者即有二義。一謂思惟、二謂正受。言思惟者即是観前方便。思想彼国依正二報総別相也。即地観文中説言「如此想者名為粗見極楽国土。」即合上「教我思惟」一句。言正受者、想心都息、縁慮並亡、三昧相応名為正受。即地観文中説言「若得三昧、見彼国地了了分明」。即合上「教我正受」一句。定散雖有二義不同、総答上問竟。（聖典全書一、六六一〜六六二頁）

問ひていはく、定散二善はたれの致請による。答へていはく、定善の一門は韋提の致請にして、散善の一門はこれ仏の自説なり。

問ひていはく、いぶかし、定散二善は出でていづれの文にかある。いますでに教備はりて虚しからず、いづれの機か受くることを得る。答へていはく、解するに二義あり。一には謗法と無信と、八難および非人、これらは受けず。これすなはち朽林・碩石、生潤の期あるべからず。これらの衆生はかならず受化の義なし。これを除きて以外は、一心に信楽して往生を求願すれば、上一形を尽し下十念を収む。仏の願力に乗じてみな往かざるはなし。これすなはち上のいづれの機か受くることを得るの義を答へをはりぬ。二には出でていづれの文にかあるとはすなはち通あり別あり。「通」といふはすなはち三義の不同あり。なんとなれば、一には「韋提白仏唯願為我広説無憂悩処」よりは、すなはちこれ韋提、心を標してみづからために通じて所求を請ふ。二には「唯願仏日教我観於清浄業処」よりは、すなはちこれ韋提みづからために通じて去行を請ふ。三には「世尊光台現国」よりは、すなはちこれ前の通請の「為我広説」の言に酬ゆ。三義の不同ありといへども、前の通を答へをはりぬ。「別」といふはすなはち二義あり。一には「韋提白仏我今楽生極楽世界弥陀仏所」よりは、すなはちこれ韋提みづからために別して所求を選ぶ。二には「唯願教我思惟教我正受」よりは、すなはちこれ韋提みづからために別行を修せんと請ふ。二義の不同ありといへども、上の別を答へをはりぬ。これより以下は、次に定散両門の義を答ふ。問ひていはく、いかなるをか定善と名づけ、いかなるをか散善と名づくる。答へていはく、日観より下十三観に至るこのかたを名づけて定善となし、三福・九品を名づけて散善となす。問ひていはく、定善のなかになんの差別かある、出でていづれの文にかある。答へていはく、いづれの文にか出づるといふは、『経』（観経）に「教我思惟教我正受」とのたまへり、すなはちこれその文なり。差別といふはすなはち二義あり。一にはいはく思惟、二にはいはく正受なり。「思惟」といふはすなはちこれ観の前方便なり。かの国の依正二報総別の相を思想す。すなはち地観の文（観経）のなかに説きて、「かくのごとく想ふものを名づけてほぼ極楽国土を見るとなす」とのたまへり。すなはち上の「教我思惟」の一句に合す。「正受」といふは、想心すべて息み、縁慮並び亡じて、三昧相応するを名づけて正受となす。すなはち地観の文のなかに説きて、「もし三昧を得れば、かの国地を見ること了々分明なり」とのたまへり。すなはち上の「教我正受」の一句に合す。定散に二義の不同ありといへども、総じて上の問を答へをはりぬ。

（七祖註釈版、三〇六～三〇八頁）

▼これより以下は、前段の三双六義の検討材料を具体的に四つの問答で料簡するが、その四問答を概観すれば、以下のようである。

第一問答

問い―定善散善の二善は誰の請いによるか。

答え―定善＝韋提希の請い

散善＝仏の自説

第二問答（質問の①②に対し、答えは②①の順になっている）

問い―①定散二善はいずれの文に出るか

②どういう根機がその利益を受けるか

答え―②謗法・無信・八難・非人等を除く全ての衆生は本願他力の称名念仏にて往生

①いずれの文に出るかについて通別がある。

通―三文の不同がある

一、韋提希通じて所求を請う（通請所求）

二、韋提希通じて去行を請う（通請去行）

三、韋提希の通請への酬答　（酬前通請）

別―二文あり

一、韋提希別して所求を選ぶ（別選所求）

二、韋提希別して別行を請う（請求別行）

第三問答

問い―何を定善と名づけ、何を散善と名づけるか

答え―定善＝第一日想観から第十三雑想観まで
散善＝三福九品

第四問答（質問の①②に対し、答えは②①の順になっている）
問い―①定善の中にどういう区別があるのか
②それはいずれの文に出るのか
答え―②序分の「教我思惟・教我正受」の文
地観の「如此想者名為粗見極楽国土・若得三昧見彼国地了了分明」
①定善の区別
思惟＝観の前方便→「祖見極楽国土」
正受＝観想の心が息み能観の心と所観の境が三昧相応→「見彼国地了了分明」

〈一〉第一問答

この四番の問答について、月珠師（『玄義分講録』五四六頁）は第一問答に三双六義の内容が摂まるとし、第二問答以下はそれを広顕したものとする。

というのは、第一問答では、定善は韋提希の致請であり、散善は（凡夫の為の）仏の自説であることを示す。したがって、第一双の能請（韋提希）・所請（世尊）と、第三双の能為（釈尊）・所為（韋提希等）が明かされる。そしてそれは、当然のことながら、定散二善の『観経』の内容を言ったことであるから、第二双の能説（如来）所説（定散二善）が自ずから顕れることになるのである。

第二問答以下はこれを広顕したもので、大別して「何機得受」と「出在何文」とに分かれる。「何機得受」とは第二問答の②であって、第三双の能為・所為を明かす。「出在何文」とは、第二問答①と第三問答・第四問答であって、第一双の能請・所請、第二双の能説・所説を広顕しているとする。

したがって、四番問答を総じているのが第一問答である。ここに示される「**定善一門韋提致請散善一門是仏自説**」は、後の段に示す諸師の理解、即ち、

諸師は思惟の一句をもつて、もつて三福・九品に合して、もつて散善となし、正受の一句、もつて通じて十六観に合して、もつて定善となす。（七祖註釈版、三〇八頁）

に対するものであり、善導大師の「古今楷定」の重要な主張の一つである。『観経』における釈尊の正意は、凡夫救済を示す称名念仏が説かれる散善の一段にあるのであって、韋提希の請いによって説かれた定善観法にその主眼があるのではないことを明かすのである。

〈二〉第二問答

そこで、第二問答の②では、『観経』の根機を明かし、「謗法与無信八難及非人」を除く者とされている。「謗法」とは『往生論註』八番問答に、

問ひていはく、なんらの相かこれ正法を誹謗する。答へていはく、もし仏なく、仏の法なし、菩薩なく、菩薩の法なしといはん。かくのごとき等の見、もしは心にみづから解し、もしは他に従ひて受け、その心決定するをみな正法を誹謗すと名づく。（七祖註釈版、九五頁）

と述べられる者で、仏教を積極的に否定する仏法に縁なき者である。「無信」とは、『涅槃経』に、

閻浮提内の衆生に二つ有り。一つには有信、二つには無信なり。有信の人は則ち可治と名づく。何を以ての故に。定んで涅槃無瘡疣を得るが故に。是の故に我、「閻浮提の諸の衆生を治し已る。」と説く。無信の人は一闡提と名づく。一闡提とは不可治と名づく。

（大正蔵一二、三九一頁下）

と説かれ、「無信之人名一闡提」と示される者である。仏法を信じる善根が全く欠けていて、やはり仏法に縁なき者である。この二つの機は自ら仏法の縁を無くしている者である。

「八難」とは、仏や正法を見聞することが困難な八種（地獄・餓鬼・畜生・長寿天・北倶盧洲・聾盲瘖唖・世智弁聡・仏前仏後）の境界のことであり、「非人」とは仏法にさわりをなす人間以外の悪

鬼神のことであり、仏法が行われないという意味で仏法の縁なき者である。これらの四類は、「朽林・碩石」のように「生潤之期」があることがなく、仏法の非器であって定散二善の法を受けないので「不受」といい、「受化之義」なしとするのである。

これについて深励師（『四帖疏講義』一〇一頁）は、「所被の機」と「受化の機」とを区別している。「所被の機」はひろく、一切衆生は一人として所被の機でない者はないとし、「受化の機」とは、正しく今日にこの『観経』の法の化益を受ける機とする。したがって、謗法無信等の四類の機は、今日に仏法を信じることがない機である故に「定散でも弘願でも受機にあらず。ゆえに非器という」と解説している。

そして次に、「不受」を除くすべての衆生は、「一心信楽」して往生を求願すれば、「上一形下収十念」に至るまで「仏願力」に乗じて往生しない者はないと第十八願の内容が明かされるのである。したがって、問い自体は「何機得受」と定散二善の法を受ける機を問うのに対し、答えでは第十八願の弘願の機を挙げることになっている。

これについて、『伝通記』（大正蔵五七、五四〇頁上）や『楷定記』（西山全書六、九四頁）では、『観経』の本意が称名念仏である故に、本意に約して弘願の機を挙げたものとしているが、深励師（『四帖疏講義』一〇二頁）や月珠師（『玄義分講録』五四八頁）は、韋提希はただ定善を請うだけであるのに、仏が散善を説いたのは、未来世一切衆生の定散の機を残らず弘願の機に引き入れる為であり、この仏の密意を明かそうという善導大師の意向が窺われると述べている。したがって、三双六義を料簡するのは、ただ定散二善のことをいうのが所詮ではなく、「定散要門も弘願に入れる為というが善導の主意なり」（『四帖疏講義』一〇二頁）と述べ、古今楷定の意がそこにあると指摘している。

第二問答の①については、第一問答で述べた韋提の定善致請と仏の散善自開の文証が問われているのであるが、韋提希が定善を致請したことを述べれば、仏の散善自開はおのずから顕れるので、ここではただ韋提希の定善致請の文だけを出している。なお、定善致請の問いに答えて仏が説かれる定善の箇所と仏が自開される散善の箇所は、次の第三問答で示されるのである。

ここでは韋提希の致請を通別に分けて解釈する。韋提希致請の通とは、一般的な諸仏の浄土を通請することであり、初めに通じて浄土を説きたまへと請い（通請所求）、次に諸仏の浄土に往生する行は定善観であろうと思う故に定善観を教えたまへと請い（通請去行）、釈尊はこの請いに酬答して十方浄土を光台現国される（酬前通請）のである。

一従「韋提白仏唯願為我広説無憂悩処」者――――（通請所求）
二従「唯願仏日教我観於清浄業処」者――――（通請去行）
三従「世尊光台現国」――――――――――（酬前通請）

次に、韋提希致請の別とは、特別な阿弥陀仏の西方浄土のことであり、釈尊の酬答によって現れた十方浄土の中から、阿弥陀仏の浄土を別して選んで求め(別選所求)、その阿弥陀仏の浄土に往生する為には定善観でなければ不可と思って定善観法を請う（請求別行）のである。

一従「韋提白仏我今楽生極楽世界弥陀仏所」者――――（別選所求）

二従「唯願教我思惟教我正受」者――――――――――（請求別行）

このように、通別を並べて挙げて、韋提希の致請は定善観法のみであることを示しているのである。なお、これらの五文を挙げるのは、後段に諸師の理解を対破する為の準備と見るべきであろう。通請の一文二文によって三文の光台現国があり、その中より四文にある如く弥陀の浄土を別選所求し、その浄土への往生行として請求したものは、五文の「教我思惟教我正受」の二句に摂まるのであるから、韋提希の所求のところには、定善致請のみがあって、全く散善の文がないことを示すのである。

〈三〉第三問答

第三問答では、所説の経文のどの部分が韋提致請に対して説かれた定善であり、どの部分が仏自開の散善であるかを示す。「日観」から第「十三観」の雑想観に至る部分を「定善」とし、序分に説く世福・戒福・行福の「三福」の有無で「九品」に分ける九品段を「散善」とするのである。これは、十六観すべてを定善観と見る諸師の見方に対するものである。

〈四〉第四問答

第四問答では、①定善の中にどういう区別があるのか②それはいずれの文に出るのかという二つの問いがなされる。その答えでは、まず②「**出在何文**」について、「序分」の「**教我思惟・教我正受**」の文を示し、これによって①定善の中に「思惟」と「正受」の区別があることを明かす。

「思惟」とは正観に入る前の準備段階である「**観前方便**」であって、浄土の「**依正二報**」の総相（全体）や別相（部分部分）のあらましを心に思いうかべるという観法である。『観経』「地観」の文に「**如此想者名為粗見極楽国土**」と記されているのが思惟の内容に合致するのである。なお、十三観を依正二報とし、それに通別を分けて四種荘厳と分類するのは、すでに第二「釈名門」（本書一六四～一六九頁）で述べた通りである。

「正受」とは、思惟のような観想の心のはたらきがすべてが息み、能観の心と所観の境の区別が無くなった「**三昧相応**」の正観のことをいう。同じく「**地観**」の文に「**若得三昧見彼国地了了分明**」と記されているのが正受の内容に合致しているのである。

このように「教我思惟」「教我正受」はともに、定善観法を請うたものであって、第一問答で総じて示したように、韋提希の致請には散善が含まれないことを明かすのである。

(三) 諸師の定散理解を破す

又向来解者与諸師不同。諸師将思惟一句、用合三福九品、以為散善、正受一句、用通合十六観、以為定善。如斯解者将謂不然。何者如『華厳経』説「思惟正受者但是三昧之異名」、与此地観文同。以斯文証、豈得通於散善。又向来韋提、上請但言「教我観於清浄業処」、次下又請言「教我思惟正受」。雖有二請、唯是定善。又散善之文都無請処。但是仏自開。次下散善縁中説云「亦令未来世一切凡夫」已下即是其文。

(聖典全書一、六六三頁)

また向よりこのかたの解は諸師と不同なり。諸師は思惟の一句をもつて、もつて三福・九品に合して、もつて散善となし、正受の一句、もつて通じて十六観に合して、もつて定善となす。かくのごとき解はまさに謂ふにしからず。なんとなれば、『華厳経』(意)に、「思惟正受とはただこれ三昧の異名なり」と説きたまふがごときは、この地観の文と同じ。この文をもつて証す、あに散善に通ずることを得んや。また向よりこのかた、韋提上には請ひて、ただ「教我観於清浄業処」といひ、次下にはまた請ひて「教我思惟正受」といへり。二請ありといへども、ただこれ定善なり。また散善の文はすべて請へる処なし。ただこれ仏の自開なり。次下の散善縁のなかに説きて、「亦令未来世一切凡夫」といへる以下はすなはちこれその文なり。

（七祖註釈版、三〇八～三〇九頁）

▼この一段は、慧遠等の諸師の定散の理解を出して、その誤謬を破す。なお、ここで始めて「諸師」の語が出ている。

まず、上来より述べてきた定散の解釈は、「諸師不同」であると述べて、諸師の理解との相違を示している。

諸師＝定散二善は倶に韋提希の請い　　善導大師＝定善は韋提希の請い・散善は仏自開

諸師＝十六観法はすべて定善　　善導大師＝前十三観は定善・後三観は散善

『慧遠疏』では、

思惟正受に両門の分別あり。一に定散の分別。下の三浄業は、散心思量なり。名づけて思惟という。十六正観を説くを正受とす。第二に、彼の十六観中について、義に随って分別あり。初めの

二想観は、名づけて思惟という。地観已後の十四種の観は定に依って修起するを説いて正受となす。（大正蔵三七、一七八頁上）

とあって、思惟・正受の解釈に二義を挙げる。この内、一つは、経文で次に説かれる三福散善が思惟であり、定善十六観が正受であると解釈している。もう一つは、日想観・水想観を思惟とし、地観以後を正受とする解釈である。

しかしながら、三福以下を解釈する箇所では、

第四段中、文に別して二あり。一に三種浄業、散善往生を修習する教。二に仏告阿難より下はその十六正観、定善往生を修習する教。（大正蔵三七、一七八頁中）

と述べているから、韋提希の「教我思惟」の請いに応じて釈尊は三福散善（三種浄業）を説かれ、「教我正受」の請いに応じて定善十六観法が説かれたとする。よって、右図の如く、定散二善のいずれも倶に韋提希の請いによって説かれたとするのである。そもそも諸師は、善導大師では「序分」とする「三福」の一段を「正宗分」と見ている為、このような理解となるのであろう。また慧遠や智顗の疏では、定善十六観の内、前十三観は自らの往生相を観じる定善観法であり、後の三観の九品段は他人の往生相を観じる他生観の定善観法であるとして、右図の如く、十六観法はすべて定善観法と見ているのである。

これに対して善導大師は、「三福」の部分は、後に「正宗分」の「九品段」で散善行を顕示する伏線として釈尊が予め説かれた「散善顕行縁」とする。また、次に続く経文で仏力によって定善の観法が可能であると示されるのは、後の「正宗分」で「定善十三観」を明かす為に予め説かれた「定善示観縁」とする。したがって、この「序分」の二縁を広く説かれたのが「正宗分」の定散二善であると示すのである。

そして、韋提希の「**教我観於清浄業処**」という請い（通請去行）と、「**教我思惟教我正受**」という請い（請求別行）の「二請」とも、「**唯是定善**」を求めたものであって、「**散善之文**」はすべて韋提希が請うたものではなく、「**但是仏自開**」であることを明かして、諸師の解釈を破すのである。また、諸師は十六観をすべて定善とするのであるが、前十三観と後三観とはその内容に大きな相違がある。前十三観は浄土の依正二報に対する観法であるが、後三観は往生行の内容が説かれているのであって、これを他生観とするのは誤りであるとして、諸師の見方を正すのである。

なお、ここで「如『華厳経』説」として『華厳経』の文を証拠として示しているが、当該の文そのものは『華厳経』には見られない。

深励師（『四帖疏講義』一〇八～一〇九頁）は『楷定記』を参考にしながら、『六十華厳』の該当する箇所をいくつか挙げている。その一つを挙げると、「離世間品」（大正蔵九、六五八頁下）において、臥行に「寂静臥」から「捨方便臥」に至る十種を説く中、第二の「禅定臥」では「正念思惟観諸法故」と説かれている。これを解釈した『華厳経探玄記』(大正蔵三五、四三四頁下)では、この十種の臥行の中、「初の二は定の加行なり。一は誼を息め二は定に趣く。次の一に定を得る」とあって、第三の「諸三昧臥」以下が正しく定観が成ずるとしてある。したがって、第二禅定臥の「正念思惟」までは、「定の加行の間」であって、「加行」とは、定観の準備段階を指すから、「思惟」は三昧(定観)の異名であって観の前方便となると指摘している。

また、祐義師(『玄義分講要』一六八頁)は、同じく『六十華厳経』「十行品」に、

菩薩於三昧中、思惟分別一切音声生住滅相…菩薩成就寂静身口意行、不復退転、安住諸禅三昧、正受悟一切法智慧成就。(大正蔵九、四六八頁下)

とある「思惟」と「正受」を挙げて、「思惟は観前の加行、正受は観成の極位」の意味合いが見られると指摘している。

いずれにしても、善導大師は、このような『華厳経』の意を用いて、「思惟」「正受」はともに定善であって、韋提希の請いはすべて定善に過ぎず、韋提希の請いに含まれなかった散善こそが仏の自開であると述べるのである。

これは、『序分義』の「三福」の解釈において、

これ一切衆生の機に二種あり。一には定、二には散なり。もし定行によれば、すなはち生を摂するに尽きず。ここをもつて如来方便して三福を顕開して、もつて散動の根機に応じたまふことを明かす。

（七祖註釈版、三八一頁）

と述べる如く、一切衆生の機に定善の機と散善の機があり、仏は、定行のできない散動の根機の為に、散善三福を顕開されることを明かすのである。

ところで、宗祖は「化身土巻」の「観経隠彰釈十三文例」において、

「教我思惟」といふは、すなはち方便なり。「教我正受」といふは、すなはち金剛の真心なり。

（註釈版、三八二頁）

と述べられる。宗祖は、善導大師の「思惟」「正受」についての見方、即ち思惟とは浄土の荘厳を思想・憶念する方便（加行）観であり、正受とは所縁の境と定心が一つに相応する三昧の状態とする見方を転用されるのである。これについて實圓師（『顕浄土方便化身土文類講讃』永田文昌堂、二九二頁）は、「自らのはからいによって本願を思想しているような自力の三心の状態を思惟といい、はからいを離れて、本願招喚の勅命を仰せの通りに聞き受け、本願と相応している無疑無慮の信心を正受といわれた」とされ、「教我思惟」「教我正受」を隠彰義から見れば、「諸機各別の自力の三心は方便であることを知らせ、金剛の真心であるような如来利他の一心に通入することを教えたまへと請う

た」ことを示していると指摘されるのである。

最後に「亦令未来世一切凡夫」とは、「序分」の「散善顕行縁」において仏が三福散善を説く最初の部分である。この「亦」とは、韋提希だけに限らず、未来世の一切凡夫・散動の根機の為に説くことを意味している。したがって、この文は、韋提希が請わなくても、仏自らが未来の一切の凡夫を救わんが為に散善を自開されることを証明するものである。これを以て、三双六義に開いて解釈してきた「定散門」の結びとするのである。

第十章　和会門

◆科段

▼速水師（『玄義分摘要』二一八～二一九頁）

一、標

二、釈

　一、列項目

　二、正釈

　　一、諸師の九品観（慧遠を代表とする）
　　二、道理を以て破す
　　三、九品の文を以て返対す
　　四、出文顕証（『観経』十文を以て顕証）
　　　――（二〜四）（一）を破す　九品唯凡主張
　　　――（一〜四）諸師解を破し
　　五、別時意会通 ―― 『摂大乗論』の別時意を会通
　　六、二乗種不生和会 ―― 『浄土論』の二乗種不生を和会

◆これより以下は第六「和会門」に入る。先ずこの一段は、以下の「和会門」六段について、その項目を示す。

・標、列項目

六和会経論相違、広施問答釈去疑情者、就此門中即有其六。一先就諸法師解九

品之義。二即以道理来破之。三重挙九品返対破之。四出文来、証定為凡夫不為聖人。五会通別時之意。六会通二乗種不生之義。（聖典全書一、六六三頁）

六に経論の相違を和会するに、広く問答を施して疑情を釈去すとは、この門のなかにつきてすなはちその六あり。一には先づもろもろの法師につきて九品の義を解す。二にはすなはち道理をもつて来してこれを破す。三にはかさねて九品を挙げて返対してこれを破す。四には文を出し来して、さだめて凡夫のためにして聖人のためにせずといふことを証す。五には別時の意を会通す。六には二乗種不生の義を会通す。（七祖註釈版、三〇九頁）

「和会経論」の「和会」とは、辞書には「経論の略義を調和するなり」（『織田仏教大辞典』一八五四頁）とあり、『伝通記』（大正蔵五七、五四二頁中）では「料簡経論相違門」とされる。深励師は「和は和合、会は会通、実は相違に非ずといえども相違に似たる故に、一所につき合て会すれば会せらるるなり。それを和会する一門なり」（『四帖疏講義』一一〇頁）と述べている。したがって、この和会門は、『観経』の教説と一見すれば相違するかの如く見える経論との和合・会通をなして、当時の仏教界の謬った理解をたださんとするのであって、正しく古今楷定の中心をなすともいえる一段なのである。

「釈去疑情」とは、疑問について解釈をして疑いを取り去ることであり、月珠師（『玄義分講録』五四九頁）はこの和会門の第五段がその中心であるが、前後の門にも通じているとする。

「就此門中即有其六」以下は、和会門で解釈される六段の項目を指し示すのであるが、この六段に示される和会経論をどう理解するかについて、諸説がある。『楷定記』（西山全書六、一〇六頁）には次の三説を立てて、

①前四段―諸経（『仁王経』等）と『観経』との和会

後二段―諸論と『観経』との和会

②前五段は未だ「釈去疑情」を尽くさず最後の一段のみ和会

③前四段―他を破し自を立てるのみで和会にあらず

後二段―（五）は『摂大乗論』と『観経』との和会

（六）は『浄土論』と『観経』との和会

と示している。即ち①説は六段すべて和会と見るのに対し、②説は第六段のみを和会と見て、③説は第五段・第六段を和会と見ているのである。真宗の先哲は、①説か③説を取るが、ことに③説が多いようである。

これらに依れば、この六段の中、前四段は諸師の説を破して『観経』の九品は凡夫であることを示

される。そして第五段では、『観経』と『摂大乗論』との相違を和会し、摂論家の謬解を破斥して、往生の因行たる南無阿弥陀仏は願行具足なることを示される。さらに第六段では、『観経』と『浄土論』の相違を和会し、浄土が報土であることを示されるのである。

したがって、和会とは直接には第五・第六の二段を指すのではあるが、総じていえば、六段全体にわたるといってよく、淳誠師（『玄義分』真宗聖典講讃全集三、五七頁）は「六門合してただ凡夫入報という事の一に帰するのである」と述べている。

（一）諸師の九品観

初言諸師解者先挙上輩三人。言上上者、是四地至七地已来菩薩。何故得知。由到彼即得無生忍故。上中者、是初地至四地已来菩薩。何故得知。由到彼経一小劫得無生忍故。上下者、是種性以上至初地已来菩薩。何故得知。由到彼経三小劫始入初地故。此三品人皆是大乗聖人生位。

次挙中輩三人者、諸師云、中上是三果人。何以得知。由到彼即得羅漢故。中中者是内凡。何以得知。由到彼得須陀洹故。中下者是世善凡夫、厭苦求生。何以得知。由到彼経一小劫得羅漢果故。此之三品唯是小乗聖人等也。下輩三人者是大乗始学凡夫。随過軽重分為三品。共同一位求願往生者、未必然也。可知。

（聖典全書一、六六三～六六四頁）

初めに諸師の解といふは、先づ上輩の三人を挙ぐ。上が上といふは、これ四地より七地に至るこのかたの菩薩なり。なんがゆゑぞ知ることを得る。かしこに到りてすなはち無生忍を得るによるがゆゑなり。上が中とは、これ初地より四地に至るこのかたの菩薩なり。なんがゆゑぞ知ることを得る。かしこに到りて一小劫を経て無生忍を得るによるがゆゑなり。上が下とは、これ種性以上より初地に至るこのかたの菩薩なり。なんがゆゑぞ知ることを得る。かしこに到りて三小劫を経てはじめて初地に入るによるがゆゑなり。この三品の人はみなこれ大乗の聖人の生ずる位なり。次に中輩の三人を挙げば、諸師のいはく、中が上とはこれ三果の人なり。なにをもつてか知ることを得る。かしこに到りてすなはち羅漢を得るによるがゆゑなり。中が中とはこれ内凡なり。なにをもつてか知ることを得る。かしこに到りて須陀洹を得るによるがゆゑなり。中が下とはこれ世善の凡夫にして、苦を厭ひて生ずることを求む。なにをもつてか知ることを得る。かしこに到りて一小劫を経て羅漢果を得るによるがゆゑなり。この三品はただこれ小乗の聖人等なり。下輩の三人はこれ大乗始学の凡夫なり。過の軽重に随ひて分ちて三品となす。ともに同じく一位にして往生を求願すとは、いまだかならずしもしからず、知るべし。

（七祖註釈版、三〇九～三一〇頁）

◆これより以下、第四段に至るまでは、慧遠に代表される諸師の九品観を取り上げ、それを破斥する。まず第一段では慧遠の所説を示し、第二段では道理を以てその説を破し、第三段では『観経』九品の文を挙げて返対破し、第四段では問答を設けて九品は凡夫であることを『観経』の経文十文によって文証して、慧遠の説を破斥するのである。

▼この一段は、その第一段で、九品に関する慧遠の所説を上輩・中輩・下輩の三段に分けて挙げている。

〈一〉上輩

「初言諸師解者」とあるように「諸師」といいながらも、ここでは慧遠の説が中心となって挙げられていることについて、月珠師は、「一に最初の註家なるが故に、二に判位最高なるが故に、釈義精巧なるが故に」（『玄義分講録』五五〇頁）と三義を挙げている。善譲師（『観経玄義分聴記』）も同様であって、要するに「最初の註釈家であること」「九品の位が高いこと」「釈義が巧妙であること」の三つの理由から慧遠に諸師を摂めているのであろう。もっとも善導大師の疏文には、慧遠と全く同文の文章や同系統の解釈の仕方も見られ、慧遠に拠られた点が多いことから、慧遠の説を挙げていると思われる。（本書「序論」一三頁参照）

「先挙上輩三人」以下は上品についての慧遠の解釈であって、「此三品人皆大乗聖人生位」とまとめられている。ただし、この『玄義分』に示されている慧遠の解釈と慧遠の『大経義疏』や『慧遠疏』には少し表現の相違が見られる。

	『玄義分』	『大経義疏』	『観経義疏』
上上品	四地・五地・六地	四地以上	四地以上
上中品	初地・二地・三地	初地・二地・三地	初地・二地・三地信忍菩薩
上下品	種性（十住十行十回向）	種性以上	種性解行

ところで、この上輩三人の慧遠の解釈は、『仁王経』の説示に基づいたもののようである。『仁王経』には、

仏、大王に告げたまはく、諸の菩薩摩訶薩は、五忍の法に依りて以て修行をなす、謂ゆる伏忍と信忍と順忍と無生忍と、皆な上中下あり、寂滅忍に於て而も上下あり、名づけて菩薩の般若波羅蜜多を修行すとなす。（大正蔵八、八三六頁中）

と「伏忍」「信忍」「順忍」「無生忍」「寂滅忍」の「五忍」を示し、これ以下にそれぞれの内容が説かれている。その内容について深励師（『四帖疏講義』一一二頁）は、

（一）伏忍―十住・十行・十回向の三賢の位。諸法空と観じて煩悩を伏する位
（二）信忍―初地・二地・三地。不生不滅の理を観じて諸法無生の理を決定して信ず
（三）順忍―四地・五地・六地。無生の理をただ信じるのみならず無生の理に随順す
（四）無生忍―七地・八地・九地。諸法無生の理に安住して動ぜず
（五）寂滅忍―十地以上。畢竟寂滅の涅槃を証する位

と解釈し分類している。

慧遠はこの五忍の説を『観経』に当てはめて、「上上品」の菩薩が浄土にて無生法忍を悟るならば、娑婆では七地までの四地・五地・六地の順忍となり、「上中品」はその次の初地・二地・三地の信忍となり、「上下品」は三賢の位の伏忍とするのである。なお「**四地至七地已来**」とは、七地已前の四地・五地・六地を指し、「**初地至四地已来**」とは、四地已前の初地・二地・三地のことを指す。

この上三品それぞれの「**何故得知**」以下は、慧遠の解釈の根拠を挙げるわけで、「上上品」は「**由到彼即得無生法忍**」と浄土に到って無生法忍を得るから順忍であり、「上中品」は「**由到彼経一小劫得無生法忍**」と無生法忍を得るに一小劫を経るから順忍より劣る信忍であり、「上下品」は「**由到彼経三小劫**」と無生法忍を得るに三小劫を経るから信忍より劣る伏忍なのである。

〈二〉中輩

「**次挙中輩三人者**」以下は中品についての慧遠の解釈であって、「**此之三品唯是小乗聖人等也**」とまとめられている。これについても、慧遠の註釈疏との相違がある。

	『玄義分』	『大経義疏』	『慧遠疏』
中上品	三果人	見道以上	小乗人中前三果人
中中品	内凡人	内凡の人	見道以前内外凡精 持浄戒求出離者
中下品	世善の凡夫	外凡持戒	見道以前世俗凡夫 修余世福

※三果人――小乗の四果＝須陀洹果（預流果）・斯陀含果（一来果）・阿那含果（不還果）阿羅漢果（無学果）の前三果

見道――行位三道（＝見道・修道・無学道）の一つ。無始已来初めて真無漏智を発して諦理を観じ、一切の見惑を断ずる位。小乗においては預流果に入る。大乗では初地に入る。

内凡外凡―未だ真証を得ざる凡夫を内外に分け、似解を得る位を内凡とし、未だ似解を得ざるを外凡とする。小乗では、四善根（煖・頂・忍・世第一法）の位を内凡とし、五停心・別相念処・総相念処の修行位を外凡とする。大乗では、十信の位を外凡とし、十住・十行・十回向の三賢位を内凡とする。

深励師（『四帖疏講義』一一三頁）はここでの内外凡とは、苦集滅道の四諦の理を知らぬを外凡といい、四諦の理を観ずる者を内凡というとしている。

「中上是三果人」とは、慧遠は「中上品」の人は、小乗におけるさとりの境地の四果の内、前三果の人を指すとする。その人は、浄土に往生して最後の阿羅漢果を得るから、娑婆では前三果の人とするのが慧遠の解釈である。次に「中中品」の人は内凡の人であるとしているが、『慧遠疏』（大正蔵三

七、一八二頁下）では、「中中品」は内外凡に通じるとある。これは「中下品」は世善の凡夫で内外凡に入らないので、「中中品」に外凡を摂めているにすぎず、『大経義疏』（大正蔵三七、一〇七頁中）では「中中品」は内凡の人に限っている。浄土で預流果を得るのであるから、娑婆では四善根の内凡になるというのが慧遠の意向であろう。善導大師はそれを見越して「**中中者是内凡何以得知由到彼得須陀洹故**」と記されているのである。「中下品」の人は、小乗の根機ではあるけれども、小乗の行はせずに、世間の善根を修する凡夫である。平生から「**厭苦求生**」の志を以て仏法に入り、出離を求めながら世善を修する人であり、往生後一小劫を経て阿羅漢果を得るから、「**小乗聖人**」の中に入るのである。

〈三〉下輩

「**下輩三人者**」以下は下品についての慧遠の解釈であり、「**大乗始学凡夫**」とまとめられている。慧遠は、下三品について『大経義疏』では、「大乗人中作罪軽重」（大正蔵三七、一〇七頁下）と釈し、『慧遠疏』では「於彼大乗始学人中、随罪軽重分為三品」（大正蔵三七、一八二頁下）とする。善導大師はそれを受けて罪の軽重によって三種に分けるけれども共に同じく大乗の十信位で往生を願うものであるとしている。

このように慧遠は、『観経』の九品について、他の経典等の内容と照らし合わせながら、或いは大乗の菩薩、或いは小乗の聖人、或いは世善の凡夫、大乗始学の凡夫と解釈されるのである。これに対して、善導大師は、「**未必然也**」と述べて、以下に慧遠に代表される諸師の謬解を指摘されるのである。

(二) 道理を以て破す

◆これより以下は、前項に挙げた諸師の九品観に対して、道理を以て破斥される一段で、「道理破」と称されている。道理破とは、経文を引用して経証に基づき論理的に破斥するのであるが、速水師(『玄義分摘要』三一頁)はその論破の論理を大別して二つとしている。

①諸師の判位の通り、上三品及び中上品の人が大乗・小乗のさとりを開けるものであるならば、韋提希の如き凡夫の請いをかりて浄土往生を願ずる必要はない。

②諸仏の大悲は苦者の為にするもので、大悲の発動は凡夫の為に起こる意味からも、判位は凡夫とされねばならない。

以上の論理に基づいて、「一、上上品・上中品」「二、上下品」「三、中上品」との三つに分けて論難されるのである。

〈一〉上上品・上中品

第二即以道理来破者、上言「初地至七地已来菩薩」者、如『華厳経』説、「初地已上七地已来、即是法性生身・変易生身。斯等曾無分段之苦。論其功用、已経二大阿僧祇劫、双修福・智、人法両空、並是不可思議。神通自在転変無方。身居報土常聞報仏説法、悲化十方須臾遍満。」更憂何事乃藉韋提為其請仏求生安楽国也。以斯文証、諸師所説豈非錯也。答上二竟。

（聖典全書一、六六四頁）

第二にすなはち道理をもつて来し破すとは、上に「初地より七地に至るこのかたの菩薩」といはば、『華厳経』（意）に説きたまふがごとく、「初地以上七地以来は、すなはちこれ法性生身・変易生身なり。これらはかつて分段の苦なし。その功用を論ずれば、すでに二大阿僧祇劫を経て、ならべて福・智を修し、人法ながら空ず、ならびにこれ不可思議なり。神通自在にして転変無方なり。身は報土に居してつねに報仏の説法を聞き、十方を悲化して須臾に遍満す」と。さらに何事を憂へてかすなはち韋提のそれがために仏に請ずるによりて安楽国に生ずることを求めんや。この文をもつて証するに、諸師の所説あに錯りにあらずや。上の二を答へをはりぬ。

（二）道理を以て破す

（七祖註釈版、三一一頁）

▼この一段は、「上上品」「上中品」を釈する諸師の説を示し、『華厳経』の引用に基づいて論難するのである。

もし、前段に示した諸師の理解の如く「上上品」「上中品」の菩薩が、「**初地**」から「**七地**」に至るまでの位ならば、『華厳経』の説によると、そのような菩薩は「**法性生身**」の菩薩であり、「**変易生身**」の菩薩であることとなる。

深励師（『四帖疏講義』一一四頁）の釈によれば、「法性生身」の菩薩とは、『大智度論』に、

釈して曰く、菩薩に二種有り、一には生身の菩薩、二には法身の菩薩なり。一は結使を断じ、二は結使を断ぜず。法身の菩薩は、結使を断じて、六神通を得、生身の菩薩は、結使を断ぜず。或は欲を離れて五神通を得。（大正蔵二五、三四二頁上）

とある「法身菩薩」のことであって、三界の煩悩を断じ尽くし、分段生死（六道輪廻の生死）の苦を離れ、法性平等の理を覚って不生不死の身を得ていて、法性の理から生じた身を示す菩薩である。この法性生身のことをまた「変易生身」というのであって、変易とは、『勝鬘宝窟経』に、

分段生死と言うは、謂く、色形区別し寿期短長なるなり。変易と言うは復、色形の区別、寿期の短長なし。但、心神念念相伝えて前変後易するを以てなり……神化自在に能く変易するが故に、変易と名く。此の変易性は是れ死法なるを変易死と名く。此の一義は聖にはあり、凡にはなし。三に真実の法身を証得して隠顕自在なるを名けて変易と為す。（大正蔵三七、四八頁下）

と説かれるように、変易生身とは分段生死を離れ、無漏を因として生じた身にて、「隠顕自在」に身体を変化させることをいうのである。

この変易身を受ける菩薩の階位については、さまざまな説が見られるが、深励師（『四帖疏講義』一一五頁）は善導大師が変易身を受ける菩薩を初地以上としたのは、『十住毘婆沙論』を根拠とされたのではないかと見ている。そこには、

「是の心に一切の煩悩を雑えず」とは、見諦・思惟・所断の二百九十四の煩悩、心と和合せざるが故に。（大正蔵二六、二五頁上）

とあって、見惑・思惑のあらゆる煩悩を断絶した者が初地の菩薩とされるが、分段生死の原因である見惑・思惑の二惑を断ち切っている為に変易身を受けるに違いないとして、これを根拠として変易身を受ける菩薩を初地以上とされたと見ている。

したがって、このような方は「**分段之苦**」は無く、そのはたらきをいえば、すでに「**二大阿僧祇**

劫」を経て、福徳・智慧（六度万行）を修めて「人法両空」をさとっておられ、「神通自在」にいろいろな形を変えて変易身を現すことができる。しかも、その本体は「報土」にあって常に「報仏説法」を聞き、「悲化十方」して「須臾遍満」することができるのである。

「更憂何事」以下は、道理に基づいた論破である。即ち、「はたして、このように法性生身・変易生身の菩薩は、常に報土にあって報仏の説法を聞くことができるにもかかわらず、さらに何事を憂いて韋提希が請うた内容によって浄土に往生しようとするというのか」。それは全く道理に合わないとするのである。

なお、ここで『華厳経』が経証として出されているが、現今の『華厳経』には適切な該当箇所は見つからず、古来より「如華厳経説」は『華厳経』「十地品」全体の意味合いから説き明かす一段であるとされている。

〈二〉上下品

上下者、上言「従種性至初地已来」者、未必然也。如『経』説、「此等菩薩名為不退。身居生死、不為生死所染。如鵝鴨在水、水不能湿。」如『大品経』説。「此位中菩薩、由得二種真善知識守護故不退。何者一是十方諸仏、二是十方諸大菩薩、常以三業外加於諸善法無有退失。故名不退位也。此等菩薩亦能八相成道教化衆生。論其功行、已経一大阿僧祇劫、双修福・智等。」既有斯勝徳。更憂何事乃藉韋提請求生也。以斯文証。故知、諸師所判還成錯也。此責上輩竟。

（聖典全書一、六六四～六六五頁）

上が下とは、上に「種性より初地に至るこのかた」といふは、いまだかならずしもしからず。経に説きたまふがごとく、「これらの菩薩を名づけて不退となす。身は生死に居して、生死のために染せられず。鵝鴨の水にあるに、水湿すことあたはざるがごとし」と。『大品経』に説きたまふがごとし。「この位のなかの菩薩は、二種の真の善知識の守護を得るによるがゆゑに不退なり。なんとなれば、一にはこれ十方の諸仏、二にはこれ十方の諸大菩薩、つねに三業をもつてほかに加してもろもろの善法において退失あることなし。ゆゑに不退の位と名づく。これらの菩薩もまたよく八相成道して衆生を教化す。その功行を論ずれば、すでに一大阿僧祇劫を経て、ならべて福・智等を修す」と。すでにこの勝徳あり。さらに何事を憂へてかすなはち韋提の請によりて生ずることを求めんや。この文をもつて証す。ゆゑに知りぬ、諸師の所判還りて錯りとなる。これ上輩を責めをはりぬ。

（七祖註釈版、三一一～三一二頁）

▼この一段は、「上下品」を釈する諸師の説である「**従種性至初地已来**」、即ち三賢の菩薩（十住・十行・十回向）に対して、『大品経』等の引用に基づいて論難するのである。

まず「**如経説等**」とあって、鵝鴨（あひる）の譬喩が示されるが、これは『大智度論』に、

唯大菩薩のみは之に処するも、則ち染累なし。鵝は水に入るも、水に湿ほはしめざるが如し。是の如く、菩薩は一切世間の法に能く著せざる所なり。（大正蔵二五、三三七頁中）

と示されるもので、菩薩は身を生死の迷いの中に居きながら、迷いの為に汚されないことを、鵝鴨の水に入れども羽は濡れぬことに喩えて、不退転の菩薩の徳を表すのである。なお、この菩薩は『大智度論』では一生補処の高位の菩薩であるが、『安楽集』（聖典全書一、五九四頁）に同様の譬喩が引用されており、単に不退に住する菩薩と低くされているので、善導大師はそれに従われたのであろう。

また、この「如経説」がどの経典かについては、『仁王経』や『大品経』かともいわれ、三賢位の菩薩が不退転の徳を有することを示すのである。しかしながら、三賢位の菩薩が不退転というは、初地不退転の教説に反するように思える。

そこで、次に『大品経』を引いて、もし諸師の如く三賢位の菩薩ならば、「**十方諸仏**」と「**十方諸大菩薩**」が常に身口意の三業を以て加護されることを示し、この「**二種真善知識加護**」によって三賢

位の菩薩が初地の菩薩と同様に不退転の徳を有すとするのである。さらにその三賢位の菩薩が、迷いの世界に出でて「八相成道」して衆生を教化する。その菩薩の修行の功を論ずれば、「一大阿僧祇劫」に六度万行（福徳・智徳）を並べ修めているのである。

なお、八相示現は本来、高位の菩薩の勝徳であるが、これについて『伝通記』（大正蔵五七、五四六頁上）では、『華厳経』の三賢菩薩が有漏身中に八相作仏する文や、『起信論』（大正蔵三二、五八〇頁中）の信成就発心の文などを引用し、三賢の菩薩の慈悲心によるが故に仏の加備を被って八相を現ずと註釈している。

「既有斯勝徳」以下は、「このような勝徳をもった三賢位の菩薩が、さらに何を憂いて韋提希の請うた内容によって、往生を求めようとするというのか」と道理に基づいて論破するのである。

〈三〉中上品

次責中輩三人者、諸師云、「中上是三果者。」然此等之人三塗永絶、四趣不生。現在雖造罪業、必定不招来報。如仏説、言此四果人与我同坐解脱床。既有斯功力。更復何憂乃藉韋提請求生路。然諸仏大悲於苦者、心偏愍念常没衆生。是以勧帰浄土。亦如溺水之人、急須偏救、岸上之者、何用済為。以斯文証。故知、

諸師所判、義同前錯也。以下可知。

（聖典全書一、六六五頁）

次に中輩の三人を責めば、諸師のいはく、「中が上とはこれ三果のひとなり」と。しかるにこれらの人は三塗永く絶え、四趣生ぜず。現在に罪業を造るといへども、必定して来報を招かず。仏説きて、「この四果の人は、われと同じく解脱の床に坐す」とのたまふがごとし。すでにこの功力あり。さらにまたなにを憂へてかすなはち韋提の請によりて生路を求めんや。しかるに諸仏の大悲は苦あるひとにおいてす、心ひとへに常没の衆生を愍念したまふ。ここをもつて勧めて浄土に帰せしむ。また水に溺れたる人のごときは、すみやかにすべからくひとへに救ふべし、岸上のひと、なんぞ済ふを用ゐるをなさん。この文をもつて証す。ゆゑに知りぬ、諸師の所判の義、前の錯りに同じ。以下知るべし。

（七祖註釈版、三一二頁）

▼この一段は、「中上品」を釈する諸師の説である「中上是三果者」を論破するのであるが、「中輩三人」については、「中上品」を出して破するのみである。

もし諸師の如く、「中上品」の人が小乗の前三果、即ち預流果・一来果・不還果の人ならば、すでに預流果において、見惑を断じている。ただ貪・瞋・痴等の修惑を存しているので造罪はするが、その果報は人天の生因であって、三塗及び三塗に修羅を加えた四趣には趣かないのである。それ故に「三塗永絶四趣不生」と述べ「不招来報」というのである。

「如仏説言」以下は、これを証明する経典を挙げるのであるが、『伝通記』（大正蔵五七、五四七頁上）ではこの経典が『増一阿含経』において仏が富楼那尊者を讃嘆する経文とされているが、該当する適切な経文が見当たらない。これについて祐義師（『玄義分講要』二〇七頁）は『解深密経』の、

若し廻向菩提の声聞種性の補特伽羅は、我亦異門を以て説いて菩薩と為す。何を以ての故に、彼既に煩悩障を解脱し已って、若し諸仏等の覚悟を蒙むる時は、所知障に於て其の心亦当に解脱を得可ければなり。（大正蔵一六、六九五頁中）

と説かれる一段の意に拠るのではないかと指摘されている。

この経文に拠れば、仏のさとりとは煩悩障を断じて解脱の身を得、所知障を断じて法身を得るのであるが、小乗の四果においても既に煩悩障は断じている。したがって、小乗四果の者は、仏と同じく「坐解脱床」というのである。

「既有斯功力」以下は、「このような三果の人が、さらに何を憂いて韋提希の請うた内容によって、往生を求めようとするのか」と道理に基づいて論破するのである。

次に「然諸仏大悲於苦者」以下は、この道理破の冒頭に挙げた②の論理、即ち大悲の発動は凡夫の

為に起こるに基づいている。諸師のいう小乗三果の人は、「**常没衆生**」ではなく、『観経』所説の対象の機ではないのである。深励師（『四帖疏講義』一一七頁）は、『涅槃経』（大正蔵一二、四八一頁上）の七子の喩えを挙げ、七種没溺の衆生の中の第一こそが常没の衆生であり、この『観経』において「**勧帰浄土**」せしめられる衆生であるとする。

したがって、『観経』所説の対象は「**岸上之者**」たる内凡外凡の人ではなく、「**溺水之人**」たる五逆十悪の凡夫人に他ならず、それこそが大悲発動の起因なのである。

「**以斯文証**」以下は、これらの文を経証として、諸師の『観経』九品観が錯誤していることを明かにするのである。

なお、「**以下可知**」とは、上来、上輩三品と「中上品」のみについて破し、これより以下の「中中品」「中下品」と下輩三品については省略する意である。これは、以下の五品についても上と同様に諸師の錯誤を破斥せよという意であろう。月珠師（『玄義分講録』一九頁）は、諸師の上四品を聖者とする判断を破して、常没の凡夫としたのであるから、それより位の低い五品は、当然凡夫である筈と省略されたと指摘する。

(三) 九品の文を以て返対す

◆これより以下は、「和会門」第三門の「返対破」である。『観経』九品全体の経文の当相によって、諸師のさまざまな誤りを破す。

〈一〉上上品

第三重挙九品返対破者、諸師云、「上品上生人、是四地至七地已来菩薩」者、何故『観経』云、「三種衆生当得往生。何者為三。一者但能持戒修慈。二者不能持戒修慈、但能読誦大乗。三者不能持戒読経、唯能念仏法僧等。此之三人各以己業専精励意、一日一夜乃至七日七夜相続不断、各廻所作之業求願往生。命欲終時、阿弥陀仏及与化仏・菩薩・大衆放光授手、如弾指頃即生彼国。」以此文証、正是仏去世後大乗極善上品凡夫、日数雖少、作業時猛、何得判同上聖也。然四地七地已来菩薩、論其功用不可思議。豈藉一日七日之善、華台授手迎接往生也。此即返対上上竟。

(聖典全書一、六六五～六六六頁)

第三にかさねて九品を挙げて返対して破すとは、諸師のいふ、「上品上生の人は、これ四地より七地に至るこのかたの菩薩なり」とならば、なんがゆゑぞ、『観経』（意）にのたまはく、「三種の衆生まさに往生を得べし。何者をか三となす。一にはただよく戒を持ち慈を修す。二には戒を持ち慈を修することあたはざれども、ただよく大乗を読誦す。三には戒を持ち経を読むことあたはざれども、ただよく仏法僧等を念ず。この三人おのおのおのが業をもつて専精に意を励まして、一日一夜、乃至七日七夜相続して断ぜず、おのおの所作の業を回して往生を求願す。命終らんと欲する時、阿弥陀仏および化仏・菩薩大衆と光を放ち手を授けて、弾指のあひだのごとくにすなはちかの国に生ず」と。この文をもつて証するに、まさしくこれ仏世を去りたまひて後の大乗極善の上品の凡夫、日数少なしといへども、業をなす時は猛し、なんぞ判じて上聖に同ずることを得んや。しかるに四地より七地以来の菩薩は、その功用を論ずるに不可思議なり。あに一日七日の善によりて、華台に授手迎接せられて往生せんや。これすなはち上が上を返対しをはりぬ。

（七祖註釈版、三一二～三一三頁）

▼この一段は「上上品」の経文を挙げて、以て諸師の義を返対破する。

冒頭の「**重挙九品返対破**」について、『伝通記』（大正蔵五七、五四八頁中）には、

①「重挙九品」＝重ねて諸師の九品の文を挙げる。

「返対破」＝諸師の釈を以て経文に返対してこれを破す。

②「重」＝前段の道理破に重ねる。

「挙九品」＝経の九品の文を挙げる。

「返対破」＝経文の九品を以て諸師の九品に返対して破す。

の二義を出しているが、先哲は②説を穏当としている。

これに従えば、この「返対破」の一段は、前段の「道理破」に重ねて諸師の義を破する一段であって、諸師が『観経』の九品を以て義を立てることに対し、同じく九品の経文を挙げて、その文意に基づいて諸師の立てる義を破す（返対破）のである。したがって「重」とは「道理破」に重ねて破す意であり、経文を引くことは「挙九品」で、諸師の釈をもう一度出すことが「返対」であり、「以此文証」が「正破」ということになる。

なお、「道理破」では、一「上上品・上中品」、二「上下品」、三「中上品」の三段のみであったが、「返対破」では、以下九品の一々について破すのである。

まず「**諸師云**」で「上上品」の諸師の義を出し、「**何故観経**」で『観経』九品の文を挙げ、「**以此文**

(三) 九品の文を以て返対す

証」以下で破するのである。なお、この形式は以下の八品にも共通である。
諸師の義＝上品上生の人は四地・五地・六地の菩薩（四地至七地已来菩薩）
観経経文＝三種衆生
一、但能持戒修慈（「一者慈心不殺具諸戒行」）
二、不能持戒修慈但能読誦大乗（「二者読誦大乗方等経典」）
三、不能持戒読経唯能念仏法僧等（「修行六念」）
正　破＝豈籍一日七日之善華台授手迎接往生（行の日数・臨終来迎）
大乗極善上品凡夫
「上上品」の人について、諸師は四地・五地・六地の菩薩とするが、これに対して善導大師は、『観経』「上上品」（聖典全書一、九二頁）経文の三種衆生、即ち、一、戒と慈悲を修する衆生、二、戒・慈悲は修することができないが大乗の経典を読誦する衆生、三、戒・慈悲・読誦を持することはできないが、三宝等を念ずる（経文では、六念＝三宝・念戒・念施・念天）衆生を挙げる。そして、これら三種衆生が自己の行業を相続して断ぜず、自らの修めた行業を因として往生を願えば、臨終来迎に預かって往生を得ると説示される経文を挙げて、「上上品」の人とは、「仏去世後」の「大乗極善凡夫」とされるのである。

そのうえで、諸師の云う如くの四地・五地・六地の菩薩ならば、その修行の功用は計り知れないものであるのに、どうしてわずか一日七日の善根により、来迎を待って往生することがあろうかと破するのである。

これについて『楷定記』（西山全書六、二九五〜二九六頁）では、

①地上の聖人を「上上品」とするならば、三種の衆生とはいわずに、菩薩摩訶薩というべきであって、菩薩を衆生ということは諸経にない。

②経文には所修の行が戒施等と示されるが、地上の菩薩ならば福智双修（六度万行）というべきである。

③経文に一日七日と示されるが、地上の菩薩ならば、三阿僧祇劫である筈であり、時節の遠近がある。

④経文には臨終来迎の相が明かされるが、地上の菩薩ならば、自在に浄土に到る人であるから、臨終来迎の相はない筈である。

の四義を挙げ、善導大師はこのうちの③④の義を出して、諸師の義を破すとしている。

〈二〉上中品

(三) 九品の文を以て返対す

次対上中者、諸師云、「是初地四地已来菩薩」者、何故『観経』云、「不必受持大乗。」云何名「不必」。或読不読、故名「不必」。但言善解未論其行。又言、「深信因果不謗大乗、以此善根廻願往生。命欲終時、阿弥陀仏及与化仏・菩薩・大衆一時授手即生彼国。」以此文証、亦是仏去世後大乗凡夫、行業稍弱致使終時迎候有異。然初地四地已来菩薩、論其功用、如『華厳経』説。乃是不可思議。豈藉韋提致請、方得往生也。返対上中竟。（聖典全書一、六六六頁）

次に上が中を対せば、諸師のいふ、「これ初地より四地以来の菩薩なり」とならば、なんがゆゑぞ、『観経』（意）にのたまはく、「必ずしも大乗を受持せず」と。いかんが「不必」と名づくる。あるいは読み読まず、ゆゑに不必と名づく。ただ善解といひていまだその行を論ぜず。またのたまはく（観経・意）、「深く因果を信じ大乗を謗らず、この善根をもつて回して往生を願ず。命終らんと欲する時、阿弥陀仏および化仏・菩薩大衆と一時に手を授けてすなはちかの国に生ず」と。この文をもつて証するに、またこれ仏世を去りたまひて後の大乗の凡夫、行業やや弱くして終時の迎候に異なることあらしむることを致す。しかるに初地より四地以来の菩薩は、その功用を論ずるに、『華厳経』に説きたまふがごとし。すなはちこれ不可思議なり。あに韋提の請を致すによりて、まさに往生を得んや。上が中を返対しをはりぬ。（七祖註釈版、三一三～三一四頁）

▼この一段は「上中品」の経文を挙げて、以て諸師の義を返対破する。

諸師の義＝上品中生の人は初地・二地・三地の菩薩（**「初地四地已来菩薩」**）

観経経文＝**不必受持大乗**（「不必受持読誦方等経典」）

　　善解（「善解義趣」）

　　深信因果不謗大乗（「深信因果不謗大乗」）

正　破＝**豈籍韋提致請方得往生**

　　大乗凡夫

「上中品」の人について、諸師は初地・二地・三地の菩薩とするが、これに対して『観経』「上中品」（聖典全書一、九三頁）の経文には、「**不必受持大乗**」とあって大乗経典の読・不読が説かれ、次に「善解義趣」とのみ説いて、行を論じていない。さらに「**深信因果不謗大乗**」と示して臨終来迎が説かれている。もし、地上の菩薩ならば、大乗経典の不読はあり得ないから「不必」の文字はない筈であり、「善解」のみではなく行も説かれる筈であり、しかも「深信因果不謗大乗」は菩薩ならば当然のことであるからわざわざ説かれる筈がない。したがって善導大師は、このような『観経』の経文から見れば、「上中品」の人は、「**大乗凡夫**」であって、「上上品」よりはやや行業の弱きものであり、それ故に臨終来迎の相が「上上品」と異って説かれると述べられる。
なお「如華厳経説」とは、前段の「道理破」で示された『華厳経』の内容（初地以上の菩薩は変易生身の菩薩）を指すのである。

〈三〉上下品

次対上下者、諸師云、「是種性以上至初地已来菩薩」者、何故『観経』云、「亦信因果。」云何「亦信」。或信不信、故名為亦。又言、「不謗大乗、但発無上道心。」唯此一句、以為正業。更無余善。「廻斯一行求願往生。命欲終時、阿弥陀仏及与化仏・菩薩・大衆一時授手即得往生。」以斯文証、唯是仏去世後一切発大乗心衆生、行業不強致使去時迎候有異。若論此位中菩薩力勢、十方浄土随意往生。豈藉韋提為其請仏、勧生西方極楽国也。返対上下竟。

（聖典全書一、六六六〜六六七頁）

次に上が下を対せば、諸師のいふ、「これ種性以上初地に至るこのかたの菩薩なり」とならば、なんがゆゑぞ、『観経』にのたまはく、「亦因果を信ず」と。いかんが「亦信」なる。あるいは信じ信ぜず、ゆゑに名づけて亦となす。またのたまはく（同）、「大乗を謗らず、ただ無上道心を発す」と。ただこの一句、もつて正業となす。さらに余善なし。「この一行を回して往生を求願す。命終らんと欲する時、阿弥陀仏および化仏・菩薩大衆と一時に手を授けてすなはち往生を得」（同・意）と。この文をもつて証するに、ただこれ仏世を去りたまひて後の一切の大乗心を発せる衆生、行業強からずして去時の迎候に異なることあらしむることを致す。もしこの位のなかの菩薩の力勢を論ぜば、十方浄土に意に随ひて往生す。あに韋提それがために仏に請じて、勧めて西方極楽国に生ぜしむるによらんや。上が下を返対しをはりぬ。

（七祖註釈版、三一四〜三一五頁）

▼この一段は「上下品」の経文を挙げて、以て諸師の義を返対破する。

諸師の義＝上品下生の人は三賢位の菩薩（「種性以上至初地已来菩薩」）

観経経文＝亦信因果（「亦信因果」）

不謗大乗但発無上道心（「不謗大乗但発無上道心」）

正　破＝豈籍韋提為其請仏勧生西方極楽国

一切発大乗心衆生

「上下品」の人について、諸師は十住・十行・十回向の三賢位の菩薩とするが、これに対して『観経』「上下品」（聖典全書一、九三〜九四頁）の経文には、「亦信因果不謗大乗但発無上道心」と説かれている。この「亦信」とは「或信不信故名為亦」というように、不信を予想して「亦」を用いた言葉であるが、三賢の菩薩に因果不信はあり得ないし、「謗大乗」も三賢の菩薩にあり得ない。

しかも、「亦信因果」も「不謗大乗」も消極的な徳を示すに過ぎないので、往生の行としては「無上道心」の一行のみであって、「斯一行」のみを回して往生を求願することは、決して六度万行を修する三賢の菩薩ではあり得ない。

したがって、善導大師は、「上下品」の人とは、三賢位の菩薩ではなく、「一切発大乗心衆生」であって、その行業が強くないから往生するときの来迎の相が異なるとする。また、この三賢位の菩薩のはたらきをいうならば、「十方浄土」へ意に随って往生することができるのであるから、そのような人々の為に韋提希が仏に請うて往生を勧める筈がないと述べられる。

因みに、この三賢位の菩薩が十方浄土に意に随って往生するという事の出拠について、『伝通記』は『大智度論』（大正蔵二五、三四〇頁上）を挙げて、

十方浄土随意往生とは、智論に法滅の時の菩薩の生処を釈すに即ち三処あり。一に十方浄土、二に天上（欲・色界の天。但し無想を除く）、三に人中なり。人中に亦三家あり。一に王家、二に

婆羅門家、三に居士家なり。三の居士家は、財豊の居士家に生まれて貧窮の者を救う。智深の婆羅門家に生まれて頑愚の者を化す。自在の王家に生まれて難化の人を度す。言うところの浄土は、報化に通ず。但し、報土に即ち他力他摂の浄土に生じて自力自摂の報土に生ぜず。問う、若し他力に依って報土に生ぜば、随意の生にあらず。答う、他力を藉りると雖も種姓已前の凡夫に望めば、なおこれ自在なり。故に随意と云うなり。（大正蔵五七、五四九頁上）

と指摘しているが、深励師はそれを否定して『華厳経』（大正蔵九、四四六頁上）に拠るとし、伝通記に智論及び随願往生経を引く、これここに合わぬなり。これはみな仏の他力で往生することなり。また随願往生経は凡夫でも行をなして願ずれば随って往生するなり。今ここはそれとは合わぬなり。ここは何に拠ると云うに六十華厳経八の十住菩薩の第八童真住の菩薩が一切の仏刹を観ずるなり。我ゆくべき浄土を観ずるなり……華厳の文に直ちに十住の菩薩が随意に十方浄土に往詣するとあるを説くなり。（『四帖疏講義』一二〇頁）

と述べている。

なお、先の「上中品」に「深信因果」とあり、この「上下品」には「亦信因果」とあるが、これについて、後の『散善義』「上下品」の解釈には、

一には所信の因果不定なることを明かす。あるいは信じ信ぜず。ゆゑに名づけて「亦」となす。

あるいはまた前の〔上品中生の〕深信に同じかるべし。また信ずといへども深からず。

（七祖註釈版、四七八頁）

と示されている。つまり、「亦」の三釈を示して、

①あるいは信じあるいは信ぜず。

②前の「上中品」での「深信因果」と同じく、「上下品」でも「亦信因果」を出す。

③「上中品」では深く信ずるが、今の「上下品」では、同じ信でも「亦」違って浅く信じる。

とするのである。これは、深励師が指摘するように、経文の当面では、②の意であろうが、この『玄義分』では①の意に取って、不信を予想して、亦の字を不定の信の言に見ているのであろう。

〈四〉上三品の結文

即此三品去時有異。云何異。上上去時、仏与無数化仏一時授手。上中去時、仏与千化仏一時授手。上下去時、仏与五百化仏一時授手。直是業有強弱、致使有斯差別耳。

（聖典全書一、六六七頁）

すなはちこの三品は去時に異なることあり。いかんが異なる。上が上の去時は、仏、無数の化仏と一時に手を授く。上が中の去時は、仏、千の化仏と一時に手を授く。上が下の去時は、仏、五

百の化仏と一時に手を授く。ただこれ業に強弱ありて、この差別あらしむることを致すのみ。
（七祖註釈版、三一五頁）

▼この一段は、上輩三品を破した結文として、臨終来迎の相の勝劣を示す。

大乗に遇える凡夫は、その行業に差別がある故に、来迎の相にも差別あることを示すのである。「授手」とは、仏・菩薩が来迎の際に、み手を授けて浄土に迎えとることをいう。「上上品」の「無数化仏」と、「上中品」の「千化仏」と、「上下品」の「五百化仏」と来迎相の勝劣が示されているが、このような来迎の相があるということ自体が、上三品の人は菩薩ではなく、凡夫であることを示すものとされるのである。

〈五〉中上品

次対中輩三人者、諸師云、「中上是小乗三果者」、何故『観経』云、「若有衆生、受持五戒・八戒、修行諸戒不造五逆、無衆過患、命欲終時、阿弥陀仏与比丘聖衆放光説法、来現其前。此人見已即得往生。」以此文証、亦是仏去世後持小乗戒

凡夫。何小聖也。

次に中輩の三人を対せば、諸師のいふ、「中が上とはこれ小乗の三果のひとなり」とならば、なんがゆゑぞ、『観経』（意）にのたまはく、「もし衆生ありて、五戒・八戒を受持し、もろもろの戒を修行して五逆を造らず、もろもろの過患なからんに、命終らんと欲する時、阿弥陀仏、比丘聖衆と光を放ち法を説きて、来りてその前に現じたまふ。この人見をはりてすなはち往生を得」と。この文をもつて証するに、またこれ仏世を去りたまひて後の小乗戒を持てる凡夫なり。なんぞ小聖ならんや。

（聖典全書一、六六七頁）

（七祖註釈版、三一五頁）

▼これより中輩に入り、まずこの一段において、「中上品」の経文を挙げて、以て諸師の義を返対破する。

諸師の義＝中上品の人は、小乗の預流果・一来果・不還果（「小乗三果」）

観経経文＝**受持五戒八戒修行諸戒**（「受持五戒持八戒斎修行諸戒」）

不造五逆無衆過患（「不造五逆無衆過患」）

正　破＝**何小聖也**

持小乗戒凡夫

「中上品」の人について、諸師は小乗の前三果、即ち預流果・一来果・不還果の聖者とするが、これに対して、『観経』の経文には、「**受持五戒八戒修行諸戒**」（聖典全書一、九四頁）と説かれている。五戒とは在家の五戒であり、八戒とは八戒斎のことであって、在家が出家の戒に準えて一日一夜に行う戒である。修行諸戒とは、その五戒・八戒の上に行うさまざまな戒である。小乗の前三果の人は、すでに預流果において見惑を断じているので、無漏戒を説く筈であって、前三果の人に在家戒を説くことなどはあり得ない。また、預流果に入る前の四善根位において、すでに五逆を造らぬ位にあるから、前三果の人に対して「**不造五逆**」と説かれることはあり得ないのである。

したがって善導大師は、「中上品」の人は、小乗の聖者ではなく、小乗の戒を持つ凡夫であるとされる。

なお「**比丘聖衆**」とは、声聞の比丘僧の聖衆であるが、深励師（『四帖疏講義』一二〇頁）は中三品は小乗の機である故、来迎の相に菩薩が伴わないと述べている。

〈六〉中中品

中中者、諸師云、「見道已前内凡」者、何故『観経』云、「受持一日一夜戒、廻

願往生。命欲終時、見仏即得往生。」以此文証、豈得言是内凡人也。但是仏去世後無善凡夫、命延日夜、逢遇小縁授其小戒、廻願往生。以仏願力即得生也。若論小聖、去亦無妨。但此『観経』仏為凡説、不干聖也。

（聖典全書一、六六七〜六六八頁）

中が中といふは、諸師のいふ、「見道以前の内凡なり」とならば、なんがゆゑぞ、『観経』（意）にのたまはく、「一日一夜の戒を受持して、回して往生を願ず。命終らんと欲する時、仏を見たてまつりてすなはち往生を得」と。この文をもつて証するに、あにこれ内凡の人といふことを得んや。ただこれ仏世を去りたまひて後の無善の凡夫、命延ぶること日夜、小縁のその小戒を授くるに逢遇ひて、回して往生を願ず。仏の願力をもつてすなはち生ずることを得。もし小聖を論ぜば、去ることまた妨げなし。ただこの『観経』は、仏、凡のために説きたまへり、聖のためにせず。

（七祖註釈版、三一五〜三一六頁）

▼この一段は「中中品」の経文を挙げて、以て諸師の義を返対破する。

諸師の義＝内凡の人・四善根位（煖・頂・忍・世第一法）（「見道已前内凡」）

観経経文＝受持一日一夜戒（「一日一夜受持八戒斎・沙弥戒・具足戒」）

正　破＝豈得言是内凡人也

無善凡夫

「中中品」の人について、諸師は内凡である四善根位（煖・頂・忍・世第一法）の人とするが、これに対して『観経』「中中品」（聖典全書一、九五頁）の経文には、一日一夜に八戒斎・沙弥戒・具足戒を受持すると説かれている。ここではこの三つの戒をまとめて、「受持一日一夜戒」とするが、これは戒の内容よりも「一日一夜」という短時間に注目しているように見える。つまり、善導大師は、「中中品」の人とは、諸師の如き「内凡人」ではなく、このような短時間の持戒しかできないものとされる。しかも「命延日夜逢遇小縁授其小戒回願往生」とあるように、臨終近くになって小乗の縁に遇い、わずか一日一夜の戒行を因として浄土往生する「無善凡夫」に過ぎないとされるのである。

「若論小聖去亦無妨」とは、小乗の聖者は浄土往生できないのかという論難に対するものであって、月珠師（『玄義分講録』一九頁）は、この「小乗の聖者の往生に妨げなし」という義は、諸師が上品とする大乗の聖者や諸師が下品とする大乗始学の凡夫にも通じているとする。そして、これを中輩のところで顕すのは、下の和会門第六段「二乗種不生」に対応すると述べている。

なお、「以仏願力」について、深励師は、西山でこの仏願力を弘願と釈するのは不可であって、「この仏願力は当流で云えば十九の願力也」（『四帖疏講義』一二二頁）と解釈している。

〈七〉中下品

中下者、諸師云、「小乗内凡已前世俗凡夫、唯修世福求出離」者、何故『観経』云、「若有衆生、孝養父母、行世仁慈、命欲終時、遇善知識、為説彼仏国土楽事、四十八願等。此人聞已即生彼国。」以此文証、但是不遇仏法之人、雖行孝養、亦未有心希求出離。直是臨終遇善勧令往生。此人因勧廻心即得往生。又此人在世自然行孝、亦不為出離故行孝道也。（聖典全書一、六六八頁）

中が下といふは、諸師のいふ、「小乗の内凡以前の世俗の凡夫、ただ世福を修して出離を求む」とならば、なんがゆゑぞ、『観経』（意）にのたまはく、「もし衆生ありて、父母に孝養し、世の仁慈を行ぜんに、命終らんと欲する時、善知識の、ために かの仏の国土の楽事、四十八願等を説くに遇ふ。この人聞きをはりてすなはちかの国に生ず」と。この文をもつて証するに、ただこれ仏法に遇はざる人、孝養を行ずといへども、またいまだ心に出離を希求することあらず。ただこれ臨終に善の勧めて往生せしむるに遇ふ。この人勧めによりて回心してすなはち往生を得。またこの人世にありて自然に孝を行ず、また出離のためのゆゑに孝道を行ぜず。

（七祖註釈版、三一六頁）

▼この一段は「中下品」の経文を挙げて、以て諸師の義を返対破する。

諸師の義＝在家の小乗仏教者（「小乗内凡已前世俗凡夫」）
観経経文＝孝養父母行世仁慈（「孝養父母行世仁慈」）
正　破＝不為出離故行孝道
　　　在世自然行孝・不遇仏法之人

「中下品」の人について、『慧遠疏』（大正蔵三七、一八二頁下・一八四頁下）の分類では、「中中品」は「見道已前内外二凡」と内外二凡に通じていて、「中下品」は「見道已前世俗凡夫」とある。「中中品」が内外二凡であるならば、本来、「中下品」は「外凡已前世俗凡夫」というべきである。しかるに同じく見道已前とするからは、「中中品」と「中下品」の区別が曖昧であって、特に外凡の位置が不明瞭といわざるを得ない。それ故、「中下品」の人は、已に仏法に入って小乗の根機ではあるけれども、出離を求めながら世善を修し、往生後一小劫を経て阿羅漢果を得る小乗の聖人であるというのが慧遠の意向であろう。これに対して、『観経』「中下品」の経文には、ただ「孝養父母行世仁慈」（聖典全書一、九五頁）とあるに過ぎない。よって善導大師は、「中下品」の人とは、諸師の如き小乗の聖人とすべきではなく、孝養父母等の世善を行ずるものの、出離を求めているわけではなく、臨終まで未だ「不遇仏法之人」とされるのである。臨終において、善知識によって「四十八願等」を聞いたことによって往生が可能になったのである。

なお、ここでの「回心」とは、深励師（『四帖疏講義』一二二頁）のいう如く、自力心を翻す回心ではなく、善知識の勧めによって世間の事から仏法に心を翻すことを指している。

〈八〉下上品

次対下輩三人者、諸師云、「此等之人乃是大乗始学凡夫。随過軽重分為三品。未有道位。難弁階降」者、将謂不然。何者此三品人無有仏法・世俗二種善根。唯知作悪。何以得知。如下上文説。「但不作五逆謗法、自余諸悪悉皆具造、無有慚愧乃至一念。命欲終時、遇善知識、為説大乗、教令称仏一声。爾時阿弥陀仏、即遣化仏・菩薩来迎此人、即得往生。」但如此悪人触目皆是。若遇善縁、即得往生。若不遇善、定入三塗未可出也。

（聖典全書一、六六八〜六六九頁）

次に下輩の三人を対せば、諸師のいふ、「これらの人はすなはちこれ大乗始学の凡夫なり。過の軽重に随ひて分ちて三品となす。いまだ道位にあらず。階降を弁ちがたし」とは、まさに謂ふにしからず。なんとなれば、この三品の人、仏法・世俗の二種の善根あることなし。ただ悪を作ることを知るのみ。なにをもつてか知ることを得る。下が上の文に説くがごとし。「ただ五逆と謗法とを作らず、自余の諸悪はことごとくみなつぶさに造りて、慚愧すなはち一念に至るまでもあることなし。命終らんと欲する時、善知識の、ために大乗を説き、教へて仏を称せしむるに遇ひて一声す。その時阿弥陀仏、すなはち化仏・菩薩を遣はしてこの人を来迎し、すなはち往生を得しめたまふ」（観経・意）と。ただかくのごとき悪人目に触るるにみなこれなり。もし善縁に遇へば、すなはち往生を得。もし善に遇はざれば、さだめて三塗に入りていまだ出づべからず。

（七祖註釈版、三一六～三一七頁）

▼これより下輩の三品に入り、まず「下上品」の経文を挙げて、以て諸師の義を返対破する。

諸師の義＝大乗を始めて学ぶ十信位の凡夫（「大乗始学凡夫随過軽重分為三品」）

観経経文＝**但不作五逆謗法**（「作衆悪業雖誹謗方等経典」）

自余諸悪悉皆具造無有慚愧乃至一念（「多造衆悪無有慚愧」）

正　破＝将謂不然

此三品人無有仏法世俗二種善根唯知作悪

「下三品」の人について、諸師は大乗始学の凡夫即ち十信の位とし、十信は菩薩の道位ではないので行によって階降を区別し難く、罪過の軽重によって三品に分かれるとする。しかしながら、十信位は善根を行おうとする人である。これに対して、『観経』の「中下品」では世俗の善根が説かれ、すでに上輩中輩の六品において出世の善根と世俗の善根は説き尽くされている。よって、この下輩三品の者は、「**仏法・世俗二種善根**」のいずれもなく、作悪のみ知って外に知ることは何一つない「**唯知作悪**」の者なのである。

「下上品」の者は、五逆と謗法以外の悪は悉く造って、しかもわずか一念も慚愧のない者である。幸いに臨終に善知識に遇って一声の称名をなしたから、浄土往生はできたのではあるが、もし善知識に遇えなければ、当然三途に入るべき者であって、未だに三途から出ることができなかった筈である。したがって、このような十悪をなす「下上品」の者は、到底十信の凡夫とはいえないのである。

〈九〉下中品

下中者、「此人先受仏戒。受已不持即便毀破。又偸常住僧物・現前僧物、不浄説

法、乃至無有一念慚愧之心。命欲終時、地獄猛火一時倶至、現在其前。当見火時、即遇善知識、為説彼仏国土功徳、勧令往生。此人聞已即便見仏、随化往生。」初不遇善獄火来迎、後逢善故化仏来迎。斯乃皆是弥陀願力故也。

（聖典全書一、六六九頁）

下が中とは、「この人先に仏の戒を受く。受けをはりて持たずしてすなはち毀破す。また常住僧物・現前僧物を偸み、不浄説法して、乃至、一念慚愧の心あることなし。命終らんと欲する時、地獄の猛火一時にともに至りて、現じてその前にあり。火を見る時に当りて、すなはち善知識の、ためにかの仏国土の功徳を説きて、勧めて往生せしむるに遇ふ。この人聞きをはりてすなはち仏を見たてまつり、化に随ひて往生す」（観経・意）と。初め善に遇はざれば獄火来迎し、後に善に逢ふがゆゑに化仏来迎す。これすなはちみなこれ弥陀願力のゆゑなり。

（七祖註釈版、三一七〜三一八頁）

▼この一段は、「下中品」の経文を挙げて、以て諸師の義を返対破する。

諸師の義＝大乗を始めて学ぶ十信位の凡夫（「大乗始学凡夫随過軽重分為三品」）

観経経文＝受仏戒受已不持即便毀戒（「毀犯五戒八戒及具足戒」）
偸常住僧物現前僧物（「偸僧祇物盗現前僧物」）
不浄説法乃至無有一念慚愧之心（「不浄説法無有慚愧」）

正　破＝将謂不然

此三品人無有仏法世俗二種善根唯知作悪

「下中品」の者は、一度は受戒したが、すぐにこれを破り、さらに寺院に常に備えておく物（常住僧物）や僧侶に分配すべき物（現前僧物）を盗み、名聞利養の為に仏法を説く（不浄説法）などをなして、わずか一念も慚愧のない者である。このような者は臨終に地獄の猛火が来臨するが、その火を見るにあたって、漸く善知識が浄土往生を勧められることに遇うのである。

したがって、このような破戒を行う「下中品」の者は、十信の凡夫とはいえないのである。

因みに「**僧物**」について、道宣の『四分律删繁補闕行事鈔』には、「盗僧物犯重。然僧（物）有四種」（大正蔵四〇、五五頁下）とあって、

一者常住＝衆僧が共用する厨庫寺舎や華果樹林田園僕畜等
二者十方常住＝十方から来る旅僧に供すべき常食
三者現前＝寺院に現存する住僧に分配すべき供物

四者十方現前＝寺院の住僧・旅僧の区別なく供養する供物

の四種が示されている。善導大師はこれを纏めて、「**常住僧物現前僧物**」とされたのであろう。

また、「**不浄説法**」については、『優婆塞戒経』に、

善男子よ、能く説法する者に復た二種有り。一には清浄、二には不清浄なり。不清浄なる者に復た五事有り。一には利の為めの故に説く、二には報の為めに説く。三には他に勝れんが為めに説く、四には世報の為めに説く。五には疑ひて説く。清浄に説く者に復た五事有り。一には先に食を施して然る後為めに説く。二には三宝増長せんが為めの故に説く。三には自利の煩悩を断ずるが故に説く。四には邪正を分別せんが為めの故に説く。五には聴く者をして最勝を得せしめんが為めの故に説く。（大正蔵二四、一〇四三頁下）

とあって、清浄説法と不清浄説法にそれぞれ五事を示して、並べて説かれている。

ところで、『観経』「下中品」の経文では「説阿弥陀仏十力威徳広説彼仏光明神力亦讃戒定慧解脱解脱知見」（聖典全書一、九六～九七頁）と説かれているのを、ここでは「**彼仏国土功徳**」を説くとされている。さらに『散善義』「下中品」の釈では、この部分を、

四には善人、ために弥陀の功徳を説くことを明かす。五には罪人すでに弥陀の名号を聞きて、すなはち罪を除くこと多劫なることを明かす。（七祖註釈版、四九二頁）

と述べてあることから、善導大師は『観経』「下中品」の経文を「阿弥陀仏の依正二報の功徳」と捉え、それはそのまま「名号の功徳」と捉えていることが窺える。これは、『平等覚経』の第十七願文に、

我作仏時、令我名聞八方上下無数仏国。諸仏各於弟子衆中、歎我功徳・国土之善。諸天・人民・蠕動之類聞我名字、皆悉踊躍、来生我国。不爾者我不作仏。（聖典全書一、二一〇頁）

とあって、名号の功徳を「我功徳・国土之善」の依正二報荘厳功徳と説かれていることに基づくのであろう。

なお、ここでの「弥陀願力」について、深励師（『四帖疏講義』一二二四頁）は先の「中中品」の「仏願力」同様に、第十八弘願力を顕すものではなく、第十九願力によって「化仏来迎」を顕すと指摘している。

〈十〉下下品

下下者、「此等衆生作不善業五逆・十悪、具諸不善。此人以悪業故、定堕地獄多劫無窮。命欲終時、遇善知識教称阿弥陀仏、勧令往生。此人依教称仏、乗念即生。」此人若不遇善、必定下沈。由終遇善七宝来迎。（聖典全書一、六六九頁）

下が下とは、「これらの衆生不善業たる五逆・十悪を作り、もろもろの不善を具す。この人悪業

をもつてのゆゑに、さだめて地獄に堕して多劫窮まりなからん。命終らんと欲する時、善知識の、教へて阿弥陀仏を称せしめ、勧めて往生せしむるに遇ふ。この人教によりて仏を称し、念に乗じてすなはち生ず」(同・意)と。この人もし善に遇はずは、必定して下沈すべし。終りに善に遇ふによりて七宝来迎す。

(七祖註釈版、三一八頁)

▼この一段は、「下下品」の経文を挙げて、以て諸師の義を返対破する。

諸師の義＝大乗を始めて学ぶ十信位の凡夫(「大乗始学凡夫随過軽重分為三品」)

観経経文＝作不善業五逆十悪具諸不善(「作不善業五逆十悪具諸不善」)

正　　破＝将謂不然

此三品人無有仏法世俗二種善根唯知作悪

「下下品」の者は、謗法罪以外の罪は、五逆を始め、十悪並びにいろいろな悪を尽く犯しており、臨終に善知識の教に遇って漸く往生することができるのであるから、もし善知識に遇わねば、必ず地獄に堕して多劫の間窮まりない苦しみを受けるべき者である。

したがって、このような五逆十悪の「下下品」の者を、十信位の凡夫ということはできないのである。

諸師が下輩三品の人を、大乗始学の凡夫とするのに対し、善導大師は『観経』の経文の一々によってそれを破し、下輩三品の者は破戒・五逆十悪の凡夫であって、善根をなし得ない「唯知作悪」の凡夫に過ぎないことを検証するのである。

〈十一〉九品段全体の結文

又看此『観経』定善及三輩上下文意、総是仏去世後五濁凡夫。但以遇縁有異、致令九品差別。何者上品三人是遇大凡夫、中品三人是遇小凡夫、下品三人是遇悪凡夫。以悪業故。臨終藉善、乗仏願力乃得往生。到彼華開方始発心。何得言是始学大乗人也。若作此見、自失誤他為害茲甚。今以一一出文顕証、欲使今時善悪凡夫同沾九品。生信無疑、乗仏願力悉得生也。（聖典全書一、六六九頁）

またこの『観経』の定善および三輩上下の文の意を看るに、総じてこれ仏世を去りたまひて後の五濁の凡夫なり。ただ縁に遇ふに異なることあるをもつて、九品をして差別せしむることを致す。なんとなれば、上品の三人はこれ大に遇へる凡夫、中品の三人はこれ小に遇へる凡夫、下品の三人はこれ悪に遇へる凡夫なり。悪業をもつてのゆゑなり。終りに臨みて善によりて、仏の願力に乗じてすなはち往生を得。かしこに到りて華開けてまさにはじめて発心す。なんぞこれ始学大乗の人といふことを得んや。もしこの見をなさば、みづから失し他を誤りて害をなすことこれはなはだし。いまもつて一々に文を出し顕証して、いまの時の善悪の凡夫をして同じく九品に沾はしめんと欲す。信を生じて疑なければ、仏の願力に乗じてことごとく生ずることを得。

（七祖註釈版、三一八～三一九頁）

▼この一段は、下輩三品の結びの内容をも持つが、全体としては、上来の「**重挙九品返対破**」（**聖典全書一、六六五頁**）の結びの文である。

ここで「**定善及三輩上下文意**」と「定善」が入るのは何故かというと、『観経』「序分」（聖典全書一、七九頁）においては、韋提希は釈尊の仏力によって見仏するが、「濁悪不善」「五苦所逼」（聖典全書一、八一頁）の仏滅後の衆生はどのようにして見仏することができるのかという韋提希の問いに応じて、「正宗分」の「定散二善」が説かれるのである。したがって、定善も散善もみな「仏滅後」の「**五濁凡夫**」の為に説かれたに他ならないのである。よって、『観経』三輩上下の九品段は、全部凡夫とみるべきとするのである。

ただ、その凡夫には、或いは大乗の行福に遇い、或いは小乗の戒福に遇い、或いは世福に遇い、或いは悪に遇うという差別があるが、いずれも共に凡夫なのである。下輩三品の者は、一生仏法に無縁であったが、臨終に漸く仏縁に遇い、仏願力によって浄土に往生し、浄土において初めて発心するのである。そのような者が娑婆において大乗始学の十信位の人である筈がないのである。因みに『楷定記』（西山全書六、三〇三頁）には、下輩三品についての諸師の説を破すに、

①一生造悪である故に臨終まで悪のみの者であり、十信位の人ではない。
②十信の人は自身の善根があるから、仏願力によってのみ往生する者は十信位ではない。
③十信の人は娑婆で菩提心を発す筈であるから、浄土で発心する者は十信位ではない。

と三義を示している。

「**自失誤他為害**」とは、諸師のように、九品全部が凡夫であるという義を知らなかったならば、自ら利益を失い他を誤らせて害をなすことになるのである。善導大師が、このように一々の経文によって顕証されるのは、「**今時善悪凡夫**」をして九品の経説による利益に沾わせたいからなのである。

(四) 出文顕証

◆これより以下は、和会門第四門の「出文顕証」である。ここまでに『観経』九品に対する諸師の解

釈が誤りであることを、道理を以て破し、また九品段の文によって一つひとつ返対破したが、今さらに『観経』全体の立場から、十文を出して立証するのである。

第四出文顕証者、問曰、上来返対之義、云何得知。「世尊定為凡夫不為聖人」者未審、直以人情準義、為当亦有聖教来証。答曰、衆生垢重智慧浅近。聖意弘深。豈寧自輒。今者一一悉取仏説、以為明証。就此証中即有其十句。

（聖典全書一、六七〇頁）

第四に文を出して顕証すとは、問ひていはく、上来返対の義、いかんが知ることを得る。「世尊さだめて凡夫のためにして聖人のためにせず」といふは、いぶかし、ただ人情をもつて準へ義するや、はたまた聖教ありて来し証するや。答へていはく、衆生は垢重くして智慧浅近なり。聖意は弘深なり。あにいづくんぞみづからほしいままにせんや。いま一々にことごとく仏説を取りて、もつて明証となさん。この証のなかにつきてすなはちその十句あり。（七祖註釈版、三一九頁）

▼この一段は最初の問答を示す。

「上来返対之義云何得知」という問いは、ここまで善導大師の九品段の解釈によって諸師を返対破したが、そのような解釈を他に証明する文があるのかという問いである。また、「為凡夫不為聖人」とは、先の「和会門」標列において、「四出文来証定為凡夫不為聖人」と出したものを受けた言葉で、『観経』が「凡夫の為の教」であって「聖人の為の教」ではないことを示す。そして、「以人情準義」「聖教来証」は、そのように「為凡の教」とするのは聖教に拠らずして自らの考えを義にあてがっているのか、それとも、仏の教説にあって、それを以て来て証拠とするのかと問うのである。

この問いに対し、まず「以人情準義」について答えて、末代の「衆生」は、垢障が重く智慧が浅く、それに対して仏の「聖意」は「弘深」であるから、凡夫が自らたやすく推し測ることのできるものではないとする。次に「聖教来証」に答えて、今は一々悉く仏説を挙げて明かな証拠とするとして、以下の十文を示すのである。

何者第一如『観経』云。「仏告韋提、我今為汝広説衆譬。亦令未来世一切凡夫欲修浄業者、得生西方極楽国土」者、是其一証也。

二言「如来今者為未来世一切衆生為煩悩賊之所害者説清浄業」者、是其二証也。

三言「如来今者教韋提希及未来世一切衆生観於西方極楽世界」者、是其三証也。

四言「韋提白仏、我今因仏力故見彼国土。若仏滅後諸衆生等、濁悪不善五苦所逼、云何当見彼仏国土」者、是其四証也。
五如日観初云。「仏告韋提、汝及衆生専念」已下、乃至「一切衆生自非生盲有目之徒見日」已来者、是其五証也。
六如地観中説言。「仏告阿難、汝持仏語、為未来世一切衆生欲脱苦者、説是観地法」者、是其六証也。
七如華座観中説言。「韋提白仏、我因仏力得見阿弥陀仏及二菩薩、未来衆生云何得見」者、是其七証也。
八次下、答請中説言、「仏告韋提、汝及衆生欲観彼仏者、当起想念」者、是其八証也。
九如像観中説言。「仏告韋提、諸仏如来入一切衆生心想中。是故汝等心想仏時」者、是其九証也。
十如九品之中一一説言「為諸衆生」者、是其十証也。
以上来雖有十句不同、証明如来説此十六観法、但為常没衆生、不于大小聖也。以斯文証、豈是謬哉。

(聖典全書一、六七〇～六七一頁)

なんとなれば、第一には『観経』にのたまふがごとし。「仏、韋提に告げたまはく、〈われいまなんぢがために広くもろもろの譬へを説かん。また未来世の一切凡夫の浄業を修せんと欲するものをして、西方極楽国土に生ずることを得しめん〉」とはこれその一の証なり。

二には「如来いま未来世の一切衆生の煩悩の賊のために害せらるるもののために清浄の業を説く」とのたまふは、これその二の証なり。

三には「如来いま韋提希および未来世の一切衆生を教へて西方極楽世界を観ぜしめん」とのたまふは、これその三の証なり。

四には「韋提、仏にまうさく、〈われいま仏力によるがゆゑにかの国土を見る。もし仏滅後のもろもろの衆生等は、濁悪不善にして五苦に逼められん、いかんがまさにかの仏の国土を見たてまつるべき〉」とのたまふは、これその四の証なり。

五には日観の初めにのたまふがごとし。「仏、韋提に告げたまはく、〈なんぢおよび衆生、念をもつぱらにせよ〉」といふより以下、すなはち「一切衆生生盲にあらざるよりは有目の徒日を見よ」といふに至るこのかたは、これその五の証なり。

六には地観のなかに説きてのたまふがごとし。「仏、阿難に告げたまはく、〈なんぢ、仏語を持ち、未来世の一切衆生の苦を脱れんと欲するもののために、この観地の法を説け〉」といふは、これその六の証なり。

七には華座観のなかに説きてのたまふがごとし。「韋提、仏にまうさく、〈われ仏力によりて阿弥陀仏および二菩薩（観音・勢至）を見たてまつることを得たり、未来の衆生はいかんが見たてまつることを得ん〉」といふは、これその七の証なり。

八には次下に、請に答ふるなかに説きてのたまはく、「仏、韋提に告げたまはく、〈なんぢおよび衆生、かの仏を観ぜんと欲するもの、まさに想念を起すべし〉」といふは、これその八の証なり。

九には像観のなかに説きてのたまふがごとし。「仏、韋提に告げたまはく、〈諸仏如来は一切衆生の心想のうちに入りたまふ。このゆゑになんぢら心に仏（阿弥陀仏）を想ふ時〉」といふは、これその九の証なり。

十には九品のなかに一々に説きて、「もろもろの衆生のためにす」といふがごときは、これその十の証なり。

上来十句の不同ありといへども、如来（釈尊）この十六観の法を説きたまふは、ただ常没の衆生のためにして、大小の聖のためにせずといふことを証明す。この文をもつて証するに、あにこれ謬りならんや。

（七祖註釈版、三一九～三二一頁）

▼この一段は、「聖教来証」として『観経』十文の文証を出し、『観経』が「為凡の教」であることを立証する。

一、「序分」「散善顕行縁」の文
↓『観経』は単に韋提希の為のみではなく、未来世の一切凡夫の為に説かれたものであるから、九品の衆生はその教えを受ける凡夫であることを示す。

二、「序分」「定善示観縁」の文
↓煩悩の賊の為に害せられている未来世の凡夫の為に説かれたことを示す。

三、「序分」「定善示観縁」の文
↓韋提希のみならず、未来世の一切衆生の為に説かれたことを示す。

四、「序分」「定善示観縁」の文
↓韋提希の言葉によって、未来世の濁悪不善の衆生の為に説かれたことを示す。仏の言葉ではなく韋提希の言葉ではあるが、この「序分」最後の請いによって、「正宗分」が起こるのであるから、『観経』が未来世の凡夫の為に説かれたことを示す証文となる。

五、「正宗分」「日想観」の文
↓「汝及衆生」とあるから、未来世の衆生の為に説かれたことを示す。

六、「正宗分」「地観」の文
↓阿難に勧持し流通することを述べるから、未来世の衆生の為に説かれたことを示す。

七、「正宗分」「華座観」の文
↓華座観において、仏力によって見仏した韋提希が、未来世の衆生が正報を観ずる法を聞くことによって、第九真身観以下が説かれるのであるから、未来世の衆生の為に説かれたことを示す文証とする。

八、「正宗分」「華座観」の文

↓経文にはない「汝及衆生」を付加するのは、『定善義』（七祖註釈版、四二五頁）の解釈にあるように、文が簡略で兼ねて未来の衆生の為という文字はないがその心は必ずあるから、それを補っているのであり、未来世の衆生の為に説かれたことは明らかである。

九、「正宗分」「像観」の文
↓阿難・韋提希に告げてはいるものの、仏の方から一切衆生の心想に入るというのであるから、未来世の一切衆生の為に説かれたことを示す。

十、「正宗分」「九品段」の文
↓九品段の経文には、上品上生・中品上生・中品中生に「若有衆生」、下品三輩に「或有衆生」とあるのを承けて、九品段一々に「為諸衆生」とあることが衆生の為に説かれてあることを示す。経文にはない「為」の字を入れるのは、「序分」の「定善示観縁」や「正宗分」の「地観」の文から取って入れるのである。

結文

↓これらの十文のいずれもが、如来がこの十六観法を説かれたのは、未来世の常没の衆生の為であって、決して大乗小乗の聖者の為ではないことを証明する。

これらの十文は、まず『観経』「序分」の四文を証明として出し、未来世の衆生、しかも煩悩の賊に害せられる濁悪不善の凡夫の為に説かれることを示し、さらに「正宗分」定善観の五文を出して、重ねてそのような衆生の為に定善観が説かれたことを示し、最後に九品段の文の一々に衆生とあることから散善が常没の凡夫の為に説かれていることを示して、『観経』全体から見てもこの経典が、「**但為常没衆生不干大小聖也**」と述べる如く、聖者の為ではなく凡夫の為に説かれていることを証明するのである。

◆以上を以て、「和会門」（一）～（四）段が終わり、（一）に出した諸師の九品観を（二）道理破し（三）返対破し、さらに（四）出文を以て顕証し、（一）諸師九品観を完全に論破し尽くしたのである。

（五）別時意会通

第五会通別時意者即有其二。（聖典全書一、六七一頁）

第五に別時意を会通すといふはすなはちその二あり。（七祖註釈版、三二一頁）

◆これより以下は「和会門」第五段の「会通別時意」である。『摂大乗論』の「別時意」についての理解を明らかにし、摂論家等の『観経』十念念仏往生に対する誤った理解を楷定し、本願念仏の義を明らかにするのである。以下、三段落によって示す。

◆科段

一、成仏別時意の解釈

　問答

二、往生別時意の解釈

問答一
問答二
問答三
問答四
三、結成上来摂大乗論

【別時意説について】

まず「**別時意**」とは、『摂大乗論』（無著著）に示される仏の「四意」（四意趣）の内の一つ、「別時意」のことであり、「別時意趣」ともいわれる。

中国における『摂大乗論』の伝訳については、
（一）北魏　仏陀扇多の訳　本論二巻
（二）陳　真諦訳　本論三巻　天親釈摂大乗論十五巻
（三）隋　達摩笈多訳　天親釈論十巻
（四）唐　玄奘訳　本論三巻　世親釈論十巻　無性釈論十巻

の四つの翻訳が見られる。

この中、(二)の真諦訳『摂大乗論』三巻と真諦訳『摂大乗論釈』十五巻とは合本されて十八巻本となっている。この真諦訳『摂大乗論』『摂大乗論釈』は、北周の武帝の仏教弾圧を逃れて南朝に行っていた曇遷(五四二〜六〇七)が長安に移入したものである。陳の時代の翻訳ではあるが、真諦が梁の時代に中国に来ていた故か、『貞元録』には「梁摂論」と言われており、この真諦訳が後世に広く用いられ、これによって摂論宗の一宗が開かれるに至ったのである。(本書「序論」一九頁参照)

この真諦訳『摂大乗論』(大正蔵三一、一二一頁中)には、仏世尊の説法の中に、以下のような「四意」があると説かれている。

一、平等意――譬如有説。昔是時中我名毘婆尸久已成仏。
二、別時意――譬如有説。若人誦持多宝仏名。決定於無上菩提不更退堕。
　　復有説言。由唯発願於安楽仏土得往彼受生。
三、別義意――譬如有説。事如是等恒伽所有沙数諸仏。於大乗法義得生覚了。
四、衆生楽欲意―譬如如来先為一人讃歎布施後還毀呰。如施戒及余修亦爾。是名四種意。

一、「平等意」とは、過去世において毘婆尸仏であった釈尊と現世の釈尊は同じではないが、諸仏所証の法は平等であるから、違うように見えても平等の意趣を以て説かれていると見るのである。

二、「別時意」については、

①もし人が多宝仏の名を称すれば無上菩提を得ることが決定して退堕することがないと説かれること

と

②ただ発願するのみにて安楽浄土に往生すると説かれること

の二つが示される。いずれも即時に可能なことではなく、時間を経て別時に可能となることであるが、それを直ちに可能であるかのように説くことを別時意趣とするのである。

三、「別義意」とは、言葉の表現とその意義とは同じではない。恒河沙の仏に事えた後に大乗法を覚了できると説くのは、大乗の法理を得ることを容易く考えてはならないと法の尊高を示す為に説くことである。

四、「衆生楽欲意」とは、まず布施を讃嘆して勧めるのは衆生の慳貪の心を除くが如く、衆生の意楽に随って説くことである。

ここでは、この真諦訳『摂大乗論』に出る「別時意」についての理解を明かにするのであるが、善導大師は真諦訳によっている為、「別時意趣」とはせずに「別時意」としている。よって、ここで「**即有其二**」というのは、この真諦訳『摂大乗論』の「別時意」の①と②を指す。

ところで、この「別時意」について、『摂大乗論』の他の三訳を見てみると、最も古い訳である

（一）の仏陀扇多訳には、「時節意趣」とされ、

二者時節意趣。所謂若称多宝如来名者。即定於阿耨多羅三藐三菩提。如無量寿経説。若有衆生願取無量寿世界即生爾。（大正蔵三一、一〇三頁中）

と記されているが、その中に「如無量寿経説」とあるのが問題である。この部分は真諦訳には見られない。また（三）の達磨笈多訳にも、

二別時意。如言誦持多宝如来名。決定得阿耨多羅三藐三菩提。又如経説唯発願得生極楽世界。（大正蔵三一、二九二頁上）

と記されていて、「又如経説」とはあるものの、「無量寿経」の部分は無い。ただ、「又」の字があり、真諦訳の「復」と同じく、「誦持多宝如来名」と「唯発願得生極楽世界」とがはっきり区別されている。もう一つの（四）の玄奘訳でも、

二別時意趣。謂如説言。若誦多宝如来名者。便於無上正等菩提已得決定。又如説言。由唯発願便得往生極楽世界。（大正蔵三一、一四一頁上）

となっていて、真諦訳・達磨笈多訳と相違はない。

この仏陀扇多訳の「如無量寿経説」が何を指すのかについては、迦才の『浄土論』に、

問曰。云何論説則是別時。余経中説則非別時也

答曰。彼論但拠空発願。不論修行者。余経中説。兼論修行。若仏経中。説衆生発願則得往生者。並是別時意説。不得往生也。如小弥陀経云。若有人。已発願。今発願。当発願。於彼国土。若已生。若今生。若当生也。如此等経。総是別時意説。不得即生也。（大正蔵四七、九一頁上）

と述べて、『阿弥陀経』の已今当の発願による往生がこれに当たるとしている。これについて『伝通記』（大正蔵五七、五五五頁中）では、『阿弥陀経』の経説を別時意と取るのは誤りであって、中国に伝訳されなかった別の経典を指すのではないかと指摘している。なお、これについて最近の研究書（小谷信千代『真宗の往生論』五一頁）では、迦才の指摘を諒とするものも見られる。

この仏陀扇多は北魏時代の五〇八年に中国に入り、五二〇～五三八年に亘って翻訳に携わるが、その翻訳仲間に菩提流支がいたことから、この「無量寿経」とは、菩提流支訳『無量寿経優婆提舎願生偈』（『無量寿経論』・『浄土論』）の「無量寿経」（『無量寿経』か『阿弥陀経』か浄土三部経全体か）を指すか、もしくは『浄土論』（『無量寿経論』）そのものを指すのではないかとも考えられる。（以上は内藤昭文和上の指南による）

しかしながら、他の三本の訳にないことから、『楷定記』（西山全書六、三二二頁）では、梵本の『摂大乗論』には無かったものを、訳者が経名を加入したのであろうとしている。

いずれにしても、仏陀扇多の訳は『摂大乗論』のみであったが、曇遷が移入した真諦訳『摂大乗論』は、論を詳しく解釈した世親の『摂大乗論釈』が伴っていた為、広く流布することになる。それにつれて、西方浄土往生の教えは、別時意趣の説であるという理解が現れてくるのである。柴田泰山氏（『善導教学の研究』山喜房佛書林、四七七頁）は、この曇遷が別時意説を最初に提唱したのではないかと指摘されている。

真諦訳『摂大乗論』を註釈した『摂大乗論釈』には、「別時意」について、次のような解釈がなされている。

論曰　二には別時の意。

釈曰　若し衆生有り懶惰の障に由りて、勤めて修行することを楽はざれば、如来は方便を以て説く。此の道理に由りて如来の正法の中に於て、能く勤めて修行せしむる方便の説とは。

論曰　譬へば、若し人多宝仏の名を誦持すれば、決定して無上菩提に於て更に退堕せずと説くこと有るが如し。

釈曰　是れ善根に懶惰なるものは、多宝仏の名を誦持するを以て、上品に進む功徳と為すも、仏意は上品の功徳を顕はさんが為に、浅行の中に於て懶惰を捨てて勤めて道を修せしめんと欲するなり。唯仏名を誦するのみに由つて、即ち退堕せず決定して無上菩提を得とにはあらず。譬へば一金銭に由りて、営み覓めて千の金銭を得るは、一日に千を得るに非ず、別時に千を得るが如し。

如来の意も亦爾なり。此の一金銭は千金銭の因と為る。仏名を誦持するも亦爾なり。菩提の因を退堕せざらんが為なり。

論曰　復説いて言へる有り、唯発願するのみに由りて、安楽の仏土に於て往きて彼に生を受くることを得と。

釈曰　前の如く応に知るべし是を別時の意と名く。（大正蔵三一、一九四頁上）

これは先に挙げた『摂大乗論』「別時意趣」の①有説「若人誦持多宝仏名決定於無上菩提不更退堕」と②復有説「言由唯発願於安楽仏土得往彼受生」を釈した部分であるが、「懶惰」な衆生に「修行」を勤めさせる為の方便として、二つの「有説」があるとする。

その一つは「多宝仏名」を誦持することによって「浅行中」において「懶惰」を捨てさせて「退堕」することなく「無上菩提」を得ることができると説く。それは恰も一金銭を積み重ねて千金銭になるかの如くであって、別時に千金銭を得るのではあるが、今この一金銭によって千金銭になるのであるから、「誦持多宝仏名」は菩提の因となって、退堕しないというのである。

いま一つは、「唯発願」のみによって「安楽仏土」に往生することも、退堕しない為の方便の説というのである。

つまり、一、二とも即時に獲得可能なものではなく、別時に無上菩提を得たり別時に往生を得たりするが、いずれも衆生を退堕させない為の方便の説であると釈するのである。

この中、二の「唯願往生」が、西方浄土往生に当たるという理解が起こり、真諦訳の『摂大乗論』『摂大乗論釈』を学ぶ摂論学派の人々（と考えられる）が、浄土教の経説、具体的には『観経』下下品の十念念仏往生は、釈尊の別時意方便の教えであると提唱されることとなったのである。

後に懐感が『群疑論』に、

摂論此に至てより百有余年、諸徳咸く此の論文を見て西方の浄業を修せず。

（大正蔵四七、三九頁上）


と述べているように、このような『摂大乗論』の理解によって、浄土教の教えに大きな影響がもたらされたのであった。

なお、このような別時意説の展開について、柴田氏は、当初は往生と成仏とを区別する為の所説であった別時意説が次第に変化して、「玄奘・道世に往生別時意説を見ることができ、『観経』所説の十念往生について報土への別時意説は見られるが、両者とも化土の往生は否定していない」（『前掲書』四八七頁）とし、「下品の凡夫は化土・事浄土への往生は可能であるが、報土への往生はあくまで別時意である」という内容を持つ別時意説となっていったと指摘されている。

〈一〉成仏別時意の解釈

・『摂大乗論』の「成仏別時意」

一　『論』云、「如人念多宝仏、即於無上菩提得不退堕」者、凡言菩提乃是仏果之名、亦是正報。道理成仏之法、要須万行円備方乃剋成。豈将念仏一行。即望成者、無有是処。雖言未証、万行之中是其一行。何以得知。如『華厳経』説。「功徳雲比丘語善財言、我於仏法三昧海中、唯知一行。所謂念仏三昧。」以此文証、豈非一行也。雖是一行、於生死中乃至成仏永不退没。故名不堕。

（聖典全書一、六七一頁）

一には『論』（摂大乗論・意）にいはく、「人、多宝仏を念ずれば、すなはち無上菩提において退堕せざることを得るがごとし」とは、おほよそ「菩提」といふはすなはちこれ仏果の名なり、またこれ正報なり。道理として成仏の法は、かならずすべからく万行円かに備へてまさにすなはち剋成すべし。あに念仏の一行をもつてせんや。すなはち成ずることを望まば、この処あることなからん。いまだ証せずといふといへども、万行のなかにこれその一行なり。なにをもつてか知ることを得る。『華厳経』（意）に説きたまふがごとし。「功徳雲比丘、善財に語りていはく、〈われ仏法三昧海のなかにおいて、ただ一行を知れり。いはゆる念仏三昧なり〉」と。この文をもつて証するに、あに一行にあらずや。これ一行なりといへども、生死のなかにおいてすなはち成仏に至るまで永く退没せず。ゆゑに「不堕」と名づく。

（七祖註釈版、三二二頁）

▼この一段は『摂大乗論』の①「成仏別時意説」をまず挙げて、その見解が正しいことを述べられる。

まず「**論云**」は、真諦訳『摂大乗論』を指し、「**如人念多宝仏**」以下は、『論』の「別時意趣」の①「若人誦持多宝仏名決定於無上菩提不更退堕」を指した文である。その意は「多宝仏の名を称えるならば、無上菩提を覚ることにおいて退堕しない」というのであるが、それは即時に無上菩提を得ることではなく、別時に得ることを説いているのである。

そもそも「**菩提**」とは「**仏果**」の名であって「**正報**」（仏身を得る）を意味しているが、仏に成る法は、「**道理**」としては必ず「**万行円備**」してはじめて仏果を成就するのである。したがって、「**念仏一行**」のみでは成仏は不可能なのである。故に「一行成仏」と説くのは、「別時意趣」の説といってよい。

しかしながら、すぐには覚りを開かぬとはいうものの、この念仏の行はあくまでも成仏を目的とする「**万行**」の中の「**一行**」である。したがって、将来の成仏の果に対する因となるのである。

そのことは、『華厳経』「入法界品」に、

悉見一切世界海中諸如来海。得不可見不可入念仏三昧門。

（大正蔵九、六九〇頁上）

と説かれる如く、五十三人の善知識の第二番目である「**功徳雲比丘**」が「**善財**」に対して「**仏法三昧海中**」にただ一つ「**念仏三昧**」一行のみを提示していることによっても、窺うことができるのである。

つまり、数多い仏道修行の中の一行ではあるが、成仏するまで「**退没**」せず、そのことを『摂大乗論』では、「不更退墮」と説くのである。したがって、「不墮」というのは、すぐに成仏するということではなく、成仏まで一行が消え失せないことであるから、別時意説というのは尤もなことである。

・問答

問曰、若爾者『法華経』云、「一称南無仏、皆已成仏道。」亦応成仏竟也。此之二文有何差別。

答曰、『論』中称仏、唯欲自成仏果。『経』中称仏、為簡異九十五種外道。然外道之中都無称仏之人。但使称仏一口、即在仏道中摂。故言已竟。

（聖典全書一、六七一～六七二頁）

問ひていはく、もししからば、『法華経』にのたまはく、「一たび〈南無仏〉と称すれば、みなすでに仏道を成ず」と。また成仏しをはるべし。この二文なんの差別かある。答へていはく、『論』（摂大乗論）のなかの称仏は、ただみづから仏果を成ぜんと欲す。『経』（法華経）のなかの称仏は、九十五種の外道に簡異せんがためなり。しかるに外道のなかにはすべて称仏の人なし。ただ仏を称すること一口すれば、すなはち仏道のなかにありて摂す。ゆゑに「已竟」といふと。（七祖註釈版、三二二頁）

▼この一段は、『法華経』の文と『摂大乗論』の文との会通を述べる。

このように、多宝仏の名号を称えることが成仏別時意説というのならば、一つの疑問が起こる。それは『法華経』に、

若し人散乱心に　塔廟の中に入つて
一たび南無仏と称せし　皆已に仏道を成じき　（大正蔵九、九頁上）

とあって、念仏一行の因によって直ちに成仏すると説かれていることである。この経文と『摂大乗論』の論文との「**此之二文**」をどのように理解するかという問題である。

これについては、『摂大乗論』の念仏とは、懈怠のものに自らの「**仏果**」獲得を成し遂げようとい

う心を起こさせる為に述べているのである。

これに対して、『法華経』で「一称南無仏」によって「仏道」を成ずというのは、必ずしも仏果を得ることを指しているのではない。この「仏道」とは、九十五種の外道に対する「仏道」であって、ここで「仏道を成ず」というのは、外道の者が仏道に入るという意味でしかない。外道の人は称名念仏を行わないが、一口でも称名念仏を実践することは已に仏道に入るということになる。つまり、「外道之中」から「仏道中」に入るというのが「已成仏道」の意なのである。それ故に『法華経』には「已」という字を用いて「竟」という意味を顕していると述べている。

善導大師は、『法事讃』に、

九十五種みな世を汚す。ただ仏の一道のみ独り清閑なり。　（七祖註釈版、五七五頁）

と述べるように、仏道と外道とを相対させているが、この『法華経』の「仏道」もそのように解釈するのである。

以上のように、ここまでは「成仏別時意」について示すが、この「和会門」第五「別時意会通」の最も中心となるのは次の「往生別時意」についての解釈である。では何故に、「成仏別時意」について明かす必要があるのかについて、深励師は三義を挙げている（『四帖疏講義』一三三頁）。

一つには、『摂大乗論』に「成仏別時意」が出ているので、「往生別時意」の相を詳しく知る為、初めに「成仏別時意」の文までを引くのである。

二つには、「成仏別時意」の釈下に早くも既に多宝仏の念仏が出ているので、このような余仏の念仏であっても成仏の道の遠因となるのであるから、況んや阿弥陀仏の念仏が勝れていることを明かす伏線となる。

三つには、下に「正報難期」「依報易求」と述べる如く、成仏は得難く往生は遂げ易いということを知らしめて、難を捨てて易に入ることを勧める為、初めに「成仏別時意」を明かすのである。多宝仏の念仏では成仏し難いが、次に示す阿弥陀仏の念仏は（願行具足である故に）往生し易いと対比されるのであろうと指摘している。

〈二〉往生別時意の解釈

・『摂大乗論』の「往生別時意」

二『論』中説云、「如人唯由発願生安楽土」者、久来、通論之家不会論意、錯引下品下生十声称仏、与此相似、未即得生。如一金銭得成千者、多日乃得、非一日即得成千。十声称仏亦復如是。但与遠生作因。是故未即得生。噵仏直為当来凡夫欲令捨悪称仏、誑言噵生、実未得生、名作別時意者、何故『阿弥陀経』云、

「仏告舎利弗、若有善男子・善女人聞説阿弥陀仏、即応執持名号。一日乃至七日一心願生、命欲終時、阿弥陀仏与諸聖衆迎接往生。」次下、「十方各如恒河沙等諸仏、各出広長舌相遍覆三千大千世界、説誠実言。汝等衆生皆、応信是一切諸仏所護念経。」言護念者、即是上文一日乃至七日称仏之名也。今既有斯聖教以為明証。未審、今時一切行者不知何意、凡小之論乃加信受、諸仏誠言返将妄語。苦哉、奈劇能出如此不忍之言。雖然、仰願一切欲往生知識等、善自思量。寧傷今世錯信仏語。不可執菩薩論、以為指南。若依此執者、即是自失悞他也。

（聖典全書一、六七二～六七三頁）

二には『論』（摂大乗論・意）のなかに説きていはく、「人ありてただ発願するによりて安楽土に生ずるがごとし」とは、久しきよりこのかた、通論の家、論の意を会せずして、錯りて下品下生の十声の称仏を引きて、これと相似せしめて、いまだすなはち生ずることを得ずといふ。一金銭の千を成ずることを得るは、多日にしてすなはち得。一日にすなはち千を成ずることを得るにはあらざるがごとし。十声の称仏もまたかくのごとし。ただ遠生のために因となる。このゆゑにいまだすなはち生ずることを得ず。仏ただ当来の凡夫のために悪を捨て仏を称せしめんと欲して、誑言して生ずとのたまふ、実にはいまだ生ずることを得ず、名づけて別時意となすといはば、なんがゆゑぞ、『阿弥陀経』(意)にのたまはく、「仏、舎利弗に告げたまはく、〈もし善男子・善女人ありて阿弥陀仏を説くを聞かば、すなはち名号を執持すべし。一日乃至七日一心に生ぜんと願ずれば、命終らんと欲する時、阿弥陀仏、もろもろの聖衆と迎接して、往生せしめたまふ〉」と。次下に(同・意)、「十方におのおの恒河沙等のごとき諸仏、おのおの広長の舌相を出してあまねく三千大千世界に覆ひて、誠実の言を説きたまふ。〈なんぢら衆生みな、この一切諸仏の護念したまふところの経を信ずべし〉」と。「護念」といふは、すなはちこれ上の文の一日乃至七日仏の名を称するなり。いますでにこの聖教ありてもつて明証となす。いぶかし、今時の一切の行者、知らずなんの意ぞ、凡小の論にすなはち信受を加へ、諸仏の誠言を返りてまさに妄語せんとする。苦しきかな、なんぞ劇しくよくかくのごとき不忍の言を出す。しかりといへども、仰ぎ願はくは一切の往生せんと欲する知識等、よくみづから思量せよ。むしろ今世の錯りを傷りて仏語を信ぜよ。菩薩の論を執して、もつて指南となすべからず。もしこの執によらば、すなはちこれみづから失し他を誤らん。

(七祖註釈版、三二二～三二四頁)

▼この一段では、『摂大乗論』の「往生別時意」について、摂論家は『摂大乗論』の意を誤って理解していることを提示し、さらに『阿弥陀経』の経説に基づいて誤りを指摘する。

次に、真諦訳『摂大乗論釈』の別時意説の第二義、即ち「往生別時意」の義を引用する。それは「如人唯由発願生安楽土」であって、人がただ発願のみで安楽浄土に往生するようなことは往生別時意であるという義である。摂論家の人々は、この『摂大乗論』の本意を理解せずに誤解して、『観経』の「下品下生十声称仏」について、『摂大乗論』の「発願のみで安楽浄土に往生する」ことと十声称仏とが「相似」するとして、十声称仏では往生不可能であると主張している。

これは、先の「成仏別時意」と「往生別時意」とを混同しているのである。つまり、「成仏別時意」を説明する為に用いられている「一金銭は直ちに千金銭ならず」の譬喩を間違って混同し、十声称仏を批判することに用いているのである。即ち、十声称仏を一金銭のようなものとし、一日で一金銭から千金銭の獲得はできないように、遠い将来で往生が可能になるのであって、直ちに往生することは不可能である。仏は当来の悪凡夫に対して、「捨悪称仏」せしめんが為に、故意に偽って往生できると述べているとし、実際には往生はできないのであって、これを「名作別時意」というのである。

これに対して、善導大師は、『阿弥陀経』の経説を引用して、念仏による即得往生ということは、『観経』の「下下品」だけではなく、『阿弥陀経』にも説かれていることを明かすのである。そもそも『阿弥陀経』は諸仏証誠の経であるが、それは『阿弥陀経』のみならず、「浄土三部経」の経説全体が間違いないことを諸仏が証誠するものである。したがって、『観経』の「下下品」の即得往生が

「証言」ではないことを、同じく経説である『阿弥陀経』によって証明するのである。

善導大師がここで『阿弥陀経』を引用して別時意を否定する証明をされるのは、先に述べた仏陀扇多訳の「如無量寿経説」が何を指すのかについて『阿弥陀経』の已今当の発願による往生がこれに当たると迦才が述べていることと関連しているかも知れない。つまり、『阿弥陀経』の経説を唯願無行の別時意とする説を、同じ『阿弥陀経』によって論駁せんとされているようにも思えるのである。

まず『阿弥陀経』の引用一には、「執持名号」すること「一日乃至七日」であっても、時の多少をいわずに「一心願生」すれば、「命欲終時」に「阿弥陀仏与諸聖衆」に迎えられて、「往生」を遂げるのであると説かれている。

次の引用二には、十方におられる「恒河沙等諸仏」が、遍く「三千大千世界」を覆う「広長舌相」を示し、「誠実」の言葉を説いて「汝等衆生」はこのすべての「諸仏」が「護念」される経を信ぜよと述べられるのである。この諸仏の護念は、先の「一日乃至七日」に仏のみ名を称えることについて言われたものであり、このように仏名を称するからこそ護念を受け、往生するのである。即ち、諸仏の護念証誠は、念仏による往生に間違いなしということを示しているのである。

したがって、この『阿弥陀経』の経説が、念仏による即得往生の「明証」となることは言うまでもない。それなのに「今時一切行者」は、どうして愚かな凡夫が論じることを信じて、仏の誠の言葉を

「妄語」としようとするのか。まったく苦々しいことである。何故に聞くに忍びない「不忍之言」を出すのかと批判されるのである。

しかしながら、そうはいうものの、どうかお願いしたいことは、すべての往生を願う友たちは、「善自思量」して、むしろ今の世の錯誤した教えを傷り損って「仏語」を信じるべきである。決して「菩薩論」に執らわれて「指南」としてはならない。もし「此執」に依るならば、自らの往生の益を失い、他人を誤らしめることになると述べられるのである。

善導大師は、『阿弥陀経』の引用一において、経文にはない「仏告」を付加することによって、経文が仏の直説であることをあらためて強調し、摂論学派の人々が菩薩の論に執着して仏の誠言を疎かにしていることを非難されるのであろう。

・四番の問答

問曰、云何起行、而言不得往生。

答曰、若欲往生者、要須行願具足。方可得生。今此『論』中、但言発願、不論有行。

問曰、何故不論。

答曰、乃至一念曾未措心。是故不論。

問曰、願行之義有何差別。

答曰、如経中説。但有其行、行即孤亦無所至。但有其願、願即虚亦無所至。要須願行相扶所為皆剋。是故今此『論』中、直言発願、不論有行。是故未即得生、与遠生作因者、其義実也。

問曰、願意云何乃言不生。

答曰、聞他説、言西方快楽不可思議、即作願言、我亦願生。導此語已更不相続。故名願也。今此『観経』中十声称仏、即有十願・十行具足。云何具足。言南無者即是帰命、亦是発願廻向之義。言阿弥陀仏者即是其行。以斯義故必得往生。

（聖典全書一、六七三頁）


問ひていはく、いかんが行を起せるを、しかも往生を得ずといふ。

答へていはく、もし往生せんと欲せば、かならずすべからく行願具足すべし。まさに生ずることを得べし。いまこの『論』（摂大乗論）のなかには、ただ「発願」といひて、行ありと論ぜず。

問ひていはく、なんがゆゑぞ論ぜざる。

答へていはく、すなはち一念に至るまでかつていまだ心を措かず。このゆゑに論ぜず。

問ひていはく、願行の義になんの差別かある。

答へていはく、経のなかに説きたまふがごとし。ただその行のみあるは、行すなはち孤にしてまた至るところなし。ただその願のみあるは、願すなはち虚しくしてまた至るところなし。かならずすべからく願行あひ扶けて所為みな剋すべしと。このゆゑにいまこの『論』(同)のなかには、ただ「発願」といひて、行ありと論ぜず。このゆゑにいまだすなはち生ずることを得ず。遠生のために因となるといふは、その義実なり。

問ひていはく、願の意いかんぞ、すなはち生ぜずといふ。

答へていはく、他の説きて、「西方は快楽不可思議なり」といふを聞きて、すなはち願をなしていはく、「われもまた願はくは生ぜん」と。この語をいひをはりてさらに相続せず。ゆゑに願と名づく。いまこの『観経』のなかの十声の称仏は、すなはち十願十行ありて具足す。いかんが具足する。「南無」といふはすなはちこれ帰命なり、またこれ発願回向の義なり。「阿弥陀仏」といふはすなはちこれその行なり。この義をもつてのゆゑにかならず往生を得。

(七祖註釈版、三二四～三二五頁)

▼上来は『摂大乗論』を挙げて摂論家の誤りを破してきたが、この一段では、四番の問答を設けて、

『摂大乗論』と『観経』「下下品」の十念往生との相違を示して、会通するのである。

まず、第一問答では、往生を得ずということについて問答する。まず「云何起行」と起行を問うのであるが、この起行とは『観経』「下下品」の十声の称名のことである。「下下品」の十念念仏は行であるにもかかわらず、『摂大乗論』では往生を得ないというのかと問うのである。

これは一見すると、不思議な問いに思える。何故ならば、『摂大乗論』の第二義では、発願のみでは別時意であって往生できないと述べているが、行を修めているのに往生ができないとは言っていない。にもかかわらず、どうして行を修めているのに往生ができないというのかと問うのである。これは、こういう問いを起こすことによって、往生するには行ばかりでも駄目であることを示すのである。つまりは、願行具足しなければ往生できないということを指し示す為に他ならない。後に述べる「十願十行具足」の伏線になっているのであろう。

又、『摂大乗論』では、「発願のみでは往生できない」とは説いているものの、行のあるなしについては何ら論じていないことを明らかにする為でもある。それによって、『摂大乗論』でいう内容は、十念往生のことを指していないことを示すのである。

したがって、問答の答えでは、往生しようと思うならば、必ず「行願具足」すべしと答え、さらに、今この『摂大乗論』では、ただ「発願」のみを言っているのであって、行ありと論じていないと答えているのである。「不論有行」と行のことを論じていないのであるから、『観経』の十念往生行と『摂大乗論』の別時意説とは関係ないとするのである。

次に第二問答では、何故に『摂大乗論』では行について言及していないのかと問うのであるが、これは『摂大乗論』の第二義で示す「ただ発願のみ」とは、どのような機であるかを示すのである。そして答えでは、「至一念」まで行に心を措かない機であることを明かし、少しでも行に心を措く機であったならば、念仏する筈であるから、「ただ発願のみ」の機は、十念念仏の行者ではないことを明かにするのである。

次に第三問答では、ではその願と行とにはどのような区別があるのかを問うのである。これについて、深励師（『四帖疏講義』一三八頁下）は「十波羅蜜」を例に出し「十波羅蜜」（六度＋方便・願・力・智）の「願波羅蜜」は、願であるけれども十波羅蜜という行でもある。また『華厳経』の「十行品」も願のことであって、『華厳経探玄記』でも「心に願を起すを行と称し」（大正蔵三五、一八四頁下）と記されている。したがって、願のことを行ということもあるからどのような区別があるかを明かにする問答であると指摘している。

そして答えでは、ただ行だけがあるならば「行即孤」であって至るべき所がなく、ただ願だけあるならばその「**願即虚**」しくして至るべき所がない。かならず願行の両者は「**相扶**」けて果を剋成することを明かすのである。

したがって、「**今此**『**論**』**中**」において、ただ発願だけをいって行のあることは論じていないので、すぐには往生できずに、遠い未来の往生の為の因となるというのは間違いのないことであって「**其義実也**」といえるのである。

なお、この答えの根拠として「**如経中説**」する経については、『大智度論』の、

独り行じて功徳成すこと能はざるが故に、要らず願力を須ゆ。譬へば牛力は能く車を挽くと雖も、要らず御者を須つて、能く至る所あるが如し。浄世界の願も亦復た是の如し。福徳は牛の如く、願は御者の如し。（大正蔵二五、一〇八頁中）

の文等が挙げられる。これによれば、行は牛車の牛力の如くであり、願は御者の如くであって、行のみでは行き先に到着できず、願のみでは進むことができないとされ、願行相扶けて目的地に至るとされる。「如経中説」とは、これらの文意や『涅槃経』の経意との関連が考えられるものの、ぴったりと相応する経説は見られない。したがって、諸経の意を取ってのことと言わざるを得ない。

また深励師は、『摂大乗論』の如く、「唯願」ならば「別時意」となるのは当然ではあるが、「成仏でも往生でも理として唯行別時意と云ことはなき筈のこと也」（『四帖疏講義』一三九頁下）と述べて

いる。何故ならば「成仏別時意なれば成仏の行を修するとき必ず仏になりたひという願ある筈也。又往生の方では往生別時意の唯行というからは、その行を発すときに往生したいと云願はある筈也。爾れば理として唯行とは無き筈也。故に摂論に唯願と云けれども唯行と云ことなし」（同右、一三九頁下）と指摘している。確かに人間が行を行う時は、必ず願を持つ筈であって、牛力の如くただ進む力だけではないのである。しかし、願だけを持ちながら、行をしないということは、充分にあり得るのであって、それが次の問答となるのである。

次に第四問答では、どういう願であるならば往生できないかを問うのである。これは「ただ発願のみ」の機の願の内容を問うのである。その答えでは、「ただ発願のみ」というのは、他人が西方浄土は「**快楽不可思議**」であるというのを聞いて、「**我亦願生**」というのであるが、その時だけの言葉であって、言い終わってさらに相続しないから願のみと名づけるのである。またそれは、西方浄土が快楽不思議であることを聞いて往生しようとする「為楽願生」の機であって、『往生論註』において、

もし人、無上菩提心を発さずして、ただかの国土の楽を受くること間なきを聞きて、楽のためのゆゑに生ずることを願ずるは、またまさに往生を得ざるべし　（七祖註釈版、一四四頁）

と説かれる内容に合致している。それらは、みな「唯願無行」の機なのである。

これに対して、今この「『**観経**』中十声称仏」は、「**十願十行**」ありて願行具足しているからこそ往

生できると示すのである。なお、この「十声称仏」は経文の「称南無阿弥陀仏」を略したものであるが、経文の十念を十声にして称名の意を明確にされたものであろう。その十声称仏に、願行が具足しているとするのである。

ここまでの四番問答において明確に示すのは、まず『摂大乗論』の「往生別時意」は、「ただ発願のみ」について説くのであって、行に関して論じているのではなく、「ただ発願のみ」で行を相続することがないものは往生はできないことを説くのである。その「唯願無行」のものが往生できると説くのが、仏の方便説の「往生別時意」であるということを明らかにするのである。

その上で、『観経』下下品の十声の称名は、「唯願無行」ではなく「願行具足」する故に必ず往生することを明かにするのである。したがって、『摂大乗論』の「唯願無行」とは、『観経』下下品の十声念仏を指したものではないことを明らかにし、『摂大乗論』の「往生別時意説」と『観経』下下品の十念往生は矛盾しないことを述べて、経と論とを会通するのである。これによって、摂論学派の人々は『摂大乗論』・『観経』の両方を誤って理解していることを指摘するのである。

ところで、深励師（『四帖疏講義』一四〇頁）は「有十願十行具足」について、古来より三種の訓点ありと指摘する。まず第一は「十願ありて十行具足す」であり、第二は「十願十行具足することあり」であり、第三は「十願十行ありて具足す」である。このうち、第一は摂論家に対応した読み方であるが、後の南無阿弥陀仏の解釈に併せて、衆生に十願あって仏に十行ありとするような理解が生じる問題を挙げている。第二は「有」の字が不定にとられて「十願十行具足せぬこともあり」(同右、一四一頁)との解釈が生じる問題を挙げている。したがって、第三が穏当で、「下下品」の南無阿弥陀仏に、もとより願行が具足していることが最もよく顕されていると指摘している(同右、同頁)。

「**云何具足**」以下は、「南無阿弥陀仏」の六字に願行がどのように具足しているかを述べる。「**南無**」という言葉を翻訳すれば、「**帰命**」の意である。そして、この「帰命」には、もう一つ「**発願回向**」の義意が兼ねそなわっている。よって、「南無」には、「願」の義がある。次に「**阿弥陀仏**」とは、「即ち其の行なり」と述べて、衆生の称える「阿弥陀仏」が、衆生が浄土往生せんとするその「行体」となることを示すのである。即ち、「南無阿弥陀仏」の六字の中には、本来的に衆生の浄土往生の願と行とが全く具足しているから、『観経』「下下品」の十声の称名念仏は、願行具足して即座に往生できるとするのである。

ここで釈される「帰命」については、すでに「釈名門」において、

「南無阿弥陀仏」といふは、またこれ西国(印度)の正音なり。また「南」はこれ帰、「無」はこれ命、「阿」はこれ無、「弥」はこれ量、「陀」はこれ寿、「仏」はこれ覚なり。ゆゑに「帰命無量寿覚」といふ。

(七祖註釈版、三〇二頁)

と解釈されている如く、南無の直接的な翻訳語である。帰命について善導大師の他の記述を見れば、

『玄義分』「帰三宝偈」

世尊我一心　帰命尽十方　法性真如海　(聖典全書一、六五五頁)

我等咸帰命　三仏菩提尊　(同右、同頁)

我等咸帰命　三乗等賢聖　(同右、同頁)

『定善義』

欲使含霊帰命注想無遺乗仏本弘斉臨彼国　(同右、七四九頁)

『散善義』

南無帰命尽虚空遍法界一切三宝　(同右、七九三頁)

誠心帰命一如上法　(同右、七九四頁)

帰命礼本師釈迦仏　(同右、八〇六頁)

衆等咸帰命　(同右、八〇八頁)

帰命十方諸仏竜宮法蔵　(同右、八二〇頁)

至心帰命礼阿弥陀仏　(同右、八五八頁)

『往生礼讃』

南無至心帰命礼西方阿弥陀仏　(同右、九二四頁等)

等であるが、いずれも帰依敬順であり、教命に帰順することである。

このように、「南無」を「帰命」と翻訳した上で、その帰命を転釈すれば「発願回向」という義もあると示すのである。それは、阿弥陀仏に帰依敬順し教命に帰順する者には、当然の如く、阿弥陀仏の西方浄土に往生したいという発願回向の義が生じるのである。それ故に、帰命の所には「即是」とあり、発願回向の所では「亦是」とあり、「之義」と表すのである。行者の帰命には、発願回向「之義」も「亦是」あるという意である。したがって、この場合の発願回向は衆生の発願心であることは間違いない。

その上で善導大師は、阿弥陀仏を「即是其行」と規定するのである。それは南無阿弥陀仏の阿弥陀仏が、衆生往生の行体となることを指し示すことに他ならない。したがって、衆生が南無阿弥陀仏と称えるところに、願行が具足することになるというのであるが、善導大師の場合は、南無阿弥陀仏そのものに願と行が具足するというものの、願は衆生の発願心であり、行は阿弥陀仏のはたらきそのものということになる。よって、『伝通記』では、

六字倶行。但就南無有願有行。口唱南無是行。心念南無是願　(大正蔵五七、五五六頁下)

などと述べるように、南無阿弥陀仏の称名はそのまま行であるが、南無の二字に願と行とがあって、

南無と心に念ずることが願であり、南無と口に唱えることが行である。行者は、心に度我救我の思いを以て往生を願い、口に南無阿弥陀仏と唱える行によって願行具足して往生することができると解釈するのである。

しかしながら、先の問答で示したように、願と行とは必ず相扶けて離れることなく目的地に至るとするならば、衆生の往生の行体が阿弥陀仏と示された時、つまりは阿弥陀仏のはたらきそのものが衆生の行となるのであれば、行と離れぬ願もまた、仏の側に存していることが暗示されることになるのではなかろうか。

善導大師が、南無阿弥陀仏そのものに、衆生往生の行体を顕そうとされたことは、そこに行と離れぬ願があることになって、必然的に阿弥陀仏の願が南無阿弥陀仏そのものに含まれていることになる。即ち、願行が離れることがないのならば、一方が仏の行で一方が衆生の発願というのではなく、一方が仏の行ならば行と離れぬもう一方の願もまた仏の願とならざるを得ないのではなかろうか。その論理を推し進めて、南無阿弥陀仏そのものに仏の願行具足を見て行かれたのが宗祖であったといえるのではなかろうか。

宗祖は、『教行信証』の「行文類」「六字釈」において、

しかれば「南無」の言は帰命なり。「帰」の言は、［至なり］、また帰説なり、説の字は、［悦の音

なり」。また帰説なり、説の字は、［税の音なり。悦税二つの音は告なり、述なり、人の意を宣述するなり」。「命」の言は、［業なり、招引なり、使なり、教なり、道なり、信なり、計なり、召なり」。ここをもつて「帰命」は本願招喚の勅命なり。「発願回向」といふは、如来すでに発願して衆生の行を回施したまふの心なり。「即是其行」といふは、すなはち選択本願これなり。「必得往生」といふは、不退の位に至ることを獲ることを彰すなり。
（註釈版、一七〇頁）

と述べられる。即ち、南無は帰命であるとの『玄義分』の釈を受けて、「帰命は本願招喚の勅命なり」と釈し、そして「発願回向といふは、如来すでに発願して衆生の行を回施したまふの心なり」と釈し、「即是其行といふは、すなはち選択本願これなり」と釈されている。つまり、「帰命」は衆生を招き喚び続けておられる如来の仰せとされ、「発願回向」は阿弥陀仏が因位の時に誓願を起こされて衆生に往生の行を与える慈悲の心であるとされ、「即是其行」は衆生を救う為に選び取られた本願の行であるとされるである。

したがって、善導大師が「南無阿弥陀仏」を解釈された「帰命」「発願回向」「即是其行」の三義を、

帰命――――能回向の相（本願招喚勅命）
発願回向――能回向の心（如来已発願廻施衆生行之心）
即是其行――所回向の行（選択本願）

といわれるように、すべて阿弥陀如来のはたらきのものと解釈されるのである。

このような宗祖の解釈は、そもそも善導大師が南無阿弥陀仏そのものに衆生往生の行体を顕そうとされたことにその原点がある。善導大師が「阿弥陀仏」が「即ち其の行なり」と釈したことによって、南無阿弥陀仏そのものに衆生を往生せしめる仏の行があることとなり、それならば願行具足の論理からして、衆生に往生の行を与えたい・衆生を覚りに至らせたいという仏の願も南無阿弥陀仏そのものに具わっていることになるのである。つまりは、南無阿弥陀仏自体に行も願も具わっていることとなる。したがって、衆生の為に願行ともに用意し完成された阿弥陀仏が、さらに阿弥陀仏に帰せよの勅命を回向されるのが南無阿弥陀仏であると見るのが宗祖の「行文類」「六字釈」であろう。

また一方、宗祖には『尊号真像銘文』に、

「言南無者」といふは、すなはち帰命と申すみことばなり。帰命は、すなはち釈迦・弥陀の二尊の勅命にしたがひて、召しにかなふと申すことばなり。このゆゑに「即是帰命」とのたまへり。「亦是発願回向之義」といふは、二尊の召しにしたがうて、安楽浄土に生れんとねがふこころなりとのたまへるなり。「言阿弥陀仏者」と申すは、「即是其行」となり。即是其行は、これすなはち法蔵菩薩の選択本願なりとしるべしとなり。安養浄土の正定の業因なりとのたまへるこころなり。「以斯義故」といふは、正定の因なるこの義をもつてのゆゑにといへる御こころなり。「必」

はかならずといふ。「得」はえしむといふ。「往生」といふは、浄土に生るといふなり。かならずといふは、自然に往生をえしむとなり。自然といふは、はじめてはからはざるこころなり。

（註釈版、六五六頁）

という解釈がある。ここでは、

帰命――二尊の勅命にしたがひて召しにかなふ

発願回向――二尊の召しにしたがうて安楽浄土に生まれんとねがうこころなり

即是其行――法蔵菩薩の選択本願なり。安養浄土の正定の業因なり

とあるように、帰命とは弥陀釈迦二尊の帰せよの命に信順することと釈し、発願回向とは二尊の招きにしたがって安楽浄土に生まれようと願う心であると釈されている。いずれも衆生の心として解釈されているが、帰命と別に発願回向の心があるわけではなく、帰命という仏願への信順の心の義別として浄土往生を要期する心を顕したものである。したがって帰命と発願回向は衆生の信心を示したもので、即是其行は「行文類」と同じく如来のはたらきそのものをあらわしている。「行文類」では、三義すべてを如来の側で解釈していたが、『尊号真像銘文』では衆生の上にはたらいている相を示しているといえるであろう。

善導大師の六字釈の文は、衆生の十声称仏に願行具足することを述べたものであるから、明らかに

衆生の称名の上で、願行具足が語られているのであるが、しかしながら、下に引く第十八願文の意を示した文に、

ただよく上一形を尽くし下十念に至るまで、仏の願力をもつてみな往かざるはなし。

（七祖註釈版、三二六頁）

とあって、「仏願力」による往生が示されていることからして、やはり善導大師の意向には、衆生の称名そのものの中に、仏のはたらきを見る視点があるに相違ない。そこから南無阿弥陀仏そのものに衆生を往生させるはたらきを見出されたのである。これは、祐義師（『玄義分講要』二四六頁）が指摘されるように、道綽禅師や迦才や慈恩や懐感の如く、願生行者自身の能行能願の上に願行が具足するとした解釈と一線を画しているといえるであろう。そしてそのような善導大師の視点こそが、宗祖の六字釈につながっていくといえるのである。

・結成上来摂大乗論

又来『論』中「称多宝仏為求仏果」、即是正報、下「唯発願求生浄土」、即是依報。一正、一依、豈得相似。然正報難期。一行雖精未剋。依報易求、所以一願之心未入。雖然、譬如辺方投化即易、為主即難。今時願往生者、並是一切投化

衆生。豈非易也。但能上尽一形下至十念、以仏願力莫不皆往。故名易也。斯乃不可以言定義。取信之者、懐疑。要引聖教来明、欲使聞之者方能遣惑。

（聖典全書一、六七三～六七四頁）

また『論』（摂大乗論）のなかに「多宝仏を称してために仏果を求むる」とは、すなはちこれ正報にして、下に「ただ発願して浄土に生ぜんと求むる」とは、すなはちこれ依報なり。一は正、一は依、あに相似することを得んや。しかるに正報は期しがたし。一行精なりといへどもいまだ剋せず。依報は求めやすけれども、一願の心をもつてはいまだ入らざる所なり。しかりといへども、たとへば辺方化に投ずるはすなはち易く、主となることはすなはち難きがごとし。今時の往生を願ずるものは、ならびにこれ一切化に投ずる衆生なり。あに易きにあらずや。ただよく上一形を尽し下十念に至るまで、仏の願力をもつてみな往かざるはなし。ゆゑに易と名づく。これすなはち言をもつて義を定むべからず。取りて信ずるもの、疑を懐けばなり。かならず聖教を引きて来し明かし、これを聞くものをしてまさによく惑ひを遣らしめんと欲す。

（七祖註釈版、三二五～三二六頁）

▼この一段は、再度、真諦訳『摂大乗論釈』別時意説について述べ、成仏と往生とは明確に区別すべ

きであることを示す。

この「**又来論**」について、深励師（『四帖疏講義』一六三頁）は来を又の字の助字とする『楷定記』の説を取って、「又来」の二字で「マタ」と読んでいて、本テキストも同様に「又来《マタ》」と読んでいる。しかしながら、宗祖の加点本には「又来論」の「来論」を続けて読むように「来―論」（聖典全書三、四五二頁）と指示されている。よって、ここは、『伝通記』の如く、「上来所引の摂大乗論」の意であると思われる。つまり、上来の『摂大乗論』で述べられていた第一義の成仏別時意と第二義の往生別時意をもう一度挙げて、成仏と往生とを明確に区別すべきことを示すのである。つまり、往生別時意と成仏別時意とを混同すべきでないことを明かし、多宝如来の称名によって仏果を求めることは浄土の正報である仏に成ることであるから単なる一行にては不可能である。しかし依報である浄土に往生することは、『摂大乗論』に述べるように願のみでは往生できないが、依報中に生まれることなので一行にても可能であることを示すのである。

「**譬如辺方投化**」以下は、正報は得難く、依報は得易いことの譬喩であって、辺土の者が中国に入って一国の王となるのは困難であるが、辺鄙な地方に居ながらも王の徳化に遇って帰投帰服することは容易い。このように、成仏は国主となる如く容易ではないが、往生は王の徳化を受ける如く容易いのであるから、阿弥陀仏の徳化を受ける衆生は、「**仏願力**」のはたらきによる「**上尽一形、下至十念**」の称名念仏によって、往生しないものはない。だからこそ、易というのである。

ここでは、「別時意会通」の最後において、前段で述べられた『観経』「下下品」の願行具足の称名念仏が、第十八願に誓われている本願念仏に他ならないことが示されているのである。そして、その称名念仏は、上来述べてきた摂論家の人々のいう往生別時意説などではないことをあらためて明確にされるのである。

「**斯乃不可以言定義**」以下は、(五)別時意会通の結びを述べて、摂論家の経論に接する態度を誡める一段である。即ち、経論の言葉の表面だけを解釈して義を定めることの危うさを指摘し、ただ一経論の語句だけに頼らず、さまざまな「**聖教**」を引いて証明すべきことを述べる。それによって、聞く者の疑惑を払い除くようにすべきとされるのである。

(六)二乗種不生和会

◆これより以下は、「和会門」第六段の「二乗種不生和会」の一段である。天親菩薩の『浄土論』に示された「二乗種不生」の理解について、諸師の誤りを正す一段であるが、それについて五番の問答を設けて、西方浄土が報土か否かという問題と西方浄土の二乗種不生の問題を論じるのである。

▼第一問答では浄土の報化の問題を論じ、第二問答では『観音授記経』の弥陀入滅の問題を論じ、第三問答では願力による五乗斉入の問題を論じ、第四・第五問答では二乗種不生の問題を論じるのである。

したがって、前の三問答は浄土の報土を論じ、後の二問答にて二乗種不生を論じるのであるが、『伝通記』には、「二乗種不生の義を会通する段において、何故に報身報土の身土の分別をするのか」との問いを立て、

若不定立身土体者。何顕凡夫二乗往生報土之義。其義若不顕者。何致二乗種不生難。是故為決二乗不生之難。先判身土相也。（大正蔵五七、五五七頁中）

と述べて、仏身仏土の体を定めた上で、二乗種不生和会を明かすとして、五番の問答の意義を示している。

また深励師は、第六「和会門」の大意は、『観経』所被の機を論じる一段であり、その「和会門」の中で、ここまでに「凡夫往生」ということを明かし終わったが、凡夫が往生するのならば、応身応

土なるべしという論難がくることになる。これに対して弥陀の身土を定める前半の問答があり、それについて後の二問答が起こって二乗種不生を会通するのである。したがって、「凡夫入報土の義を明すがこの一章の大意来意」(『四帖疏講義』一六五頁上)ではあるが、第六「和会門」全体は、経論の相違を会通する一段であるので、後の二問答によって『浄土論』と『観経』の会通をすることがこの一章の「正所明」(同右、同頁)であると述べている。

〈一〉第一問答

第六会通二乗種不生義者、問曰、弥陀浄国為当是報是化也。答曰、是報非化。云何得知。如『大乗同性経』説。「西方安楽阿弥陀仏是報仏報土。」又『無量寿経』云、「法蔵比丘在世饒王仏所行菩薩道時、発四十八願。一一願言、若我得仏、十方衆生称我名号願生我国、下至十念、若不生者不取正覚。」今既成仏。即是酬因之身也。又『観経』中上輩三人、臨命終時、皆言「阿弥陀仏及与化仏来迎此人。」然報身兼化共来授手。故名為与。以此文証。故知、是報。然報・応二身者眼目之異名。前翻報作応、後翻応作報。凡言報者因行不虚、定招来果。以果応因、故名為報。又三大僧祇所修万行、必定応得菩提。今既道成、即是応身。斯

乃過・現諸仏弁立三身。除斯已外更無別体。縦使無窮八相・名号塵沙、剋体而論、衆帰化摂。今彼弥陀現是報也。

（聖典全書一、六七四～六七五頁）

第六に二乗種不生の義を会通すとは、問ひていはく、弥陀の浄国ははたこれ報なりやこれ化なりや。答へていはく、これ報にして化にあらず。いかんが知ることを得る。『大乗同性経』（意）に説きたまふがごとし。「西方安楽の阿弥陀仏はこれ報仏・報土なり」と。また『無量寿経』（上・意）にのたまはく、「法蔵比丘、世饒王仏の所にましまして菩薩の道を行じたまひし時、四十八願を発したまへり。一々の願にのたまはく、〈もしわれ仏を得たらんに、十方の衆生、わが名号を称してわが国に生ぜんと願ぜんに、下十念に至るまで、もし生ぜずは、正覚を取らじ〉」と。いますでに成仏したまへり。すなはちこれ酬因の身なり。また『観経』（意）のなかの上輩の三人、命終の時に臨みて、みな「阿弥陀仏および化仏と与にこの人を来迎す」とのたまへり。しかるに報身、化を兼ねてともに来りて手を授く。ゆゑに名づけて「与」となす。この文をもつて証す。ゆゑに知りぬ、これ報なり。しかるに報・応の二身は眼目の異名なり。前には「報」を翻じて応となし、後には「応」を翻じて報となす。おほよそ報といふは因行虚しからず、さだめて来果を招く。果をもつて因に応ず、ゆゑに名づけて報となす。また三大僧祇の所修の万行、必定して応じて菩提を得。いますでに道成ぜり、すなはちこれ応身なり。これすなはち過・現の諸仏に三身を弁立す。これを除きて以外さらに別の体なし。たとひ無窮の八相・名号塵沙なるも、体を剋して論ずれば、すべて化に帰して摂す。いまかの弥陀は現にこれ報なり。

（七祖註釈版、三二六～三二七頁）

▼第一問答は、弥陀の浄国は報なりや化なりやと問い、答えでは、いわゆる「**是報非化**」と示し、それを『大乗同性経』『大経』『観経』の経文によって立証するのである。そして、さらに報身と応身とを規定して、「**報応二身者眼目之異名**」とするのである。

まず阿弥陀仏の浄土が報土であるか化土であるかの問いから始まるのであるが、仏土の位の問いに対して、『**大乗同性経**』を引いて「**報仏・報土**」と示して、仏身の位をも示すのである。これは、仏土は仏身の位格によって定まる故に、仏身について論じるのである。

ここで、仏身論の三身説について、長尾雅人氏の「仏身論をめぐりて」（『中観と唯識』二六六頁以下）によって大まかに窺えば、まず、三身説の前段階ともいえる色身・法身の二身説が見られるのは、大乗初期の『般若経』『法華経』においてである。色身は言うまでもなく、「人間の肉体の姿において見られる仏陀」（同右、二六七頁）のことであり生身の釈尊のことである。この生身の釈尊が亡き後、遺された法は、仏弟子たちの永遠の師となり、「法や法性そのものにおいて仏陀の人格を見る」（同右、二六七頁）という法身が誕生するのである。

一方、大乗仏教においては、釈尊の精神に立ち戻るべく新たに菩薩思想が現れるが、この菩薩の本質を示すものが願と行であった。そこで、この「願と行との報いた結果としての仏身」（同右、二七〇頁）が考えられ、ここに色身や法身とは別に第三の概念として報身が登場することになる。この報身の代表となるのが阿弥陀仏ではあるが、実はあらゆる仏陀は報身仏なのであって、「菩薩思想というものは、必然的に報身仏としての仏陀のあり方を指し示すもの」（同右、二七〇頁）なのである。『般若経』や龍樹の中観思想までは、法身と色身のみであったが、「それが三身説に発展し完成するのは無著や世親によって代表される瑜伽行学派、あるいは唯識学派の哲学においてである」（同右、二七〇頁）と指摘されている。

瑜伽行学派の三身説では、三身は自性身・受用身・変化身と呼ぶが、その「三身はいずれも法界がゆらぎ出たもの」（同右、二七一頁）としてとらえられる。まず第一の自性身とは、「法界を自性とし全世界に遍満し、不動なる智であり、永遠なる仏身」（同右、二七一頁）として規定される。それは、人間の認識と思惟を超絶した不可知・不可思議であり、「色もなし形もましまさぬ」（同右、二七一頁）法身のことである。この自性身・法身は、「法界を自性とする故に、受用身・変化身の根拠であり根底となることができる」（同右、二七一頁）のである。

次に第二の受用身とは、報身のことであるが、「受用とは享受の意であり、願と行との結果として、清浄国土と法を享受するもの」（同右、二七二頁）とされている。この享受は、自らさとりの法を享受する「自受用」から、やがて「自らの法楽を他にわかち他に説法する」（同右、二七二頁）という「他受用」に発展していく。それ故に受用身とは、「説法の会座―法を聞こうとして大勢の者が集まっている集会―において見られる仏身である」（同右、二七二頁）と規定される。したがって、受用身は、「人間が理知的に（また情緒的にも）理解できるという意味において可視的な仏身にほかならない」（同右、二七二頁）のである。

第三の変化身とは、応身のことであるが、「人間的肉体的な存在としての色身」（同右、二七二頁）であり、釈尊がその適例である。これが変化身とよばれるのは、「法界が自らを限定して仮りの姿をとり（化作）、人間的肉体の所有者として現われているから」（同右、二七二頁）であるが、釈尊だけにとどまらず、様々な化作の存在を含む場合も考えられるのである。

このように、自性身・法身は他の二身の根拠となるが、自らは原理的・抽象的で不可視であり、受用身と変化身は、「具象的可視的であり、現象の世界に属する色身」（同右、二七二頁）なのである。ただし、同じ色身であっても、変化身は「弟子たちが親しく教えを聞くことができた仏陀」（同右、二七二頁）であったが、受用身は、「仏国土において菩薩にのみ見られる仏身であって」（同右、二七二頁）凡夫には見ることができない仏身である。仏身には三十二相好という特徴があるとされるが、「後世の三身説では、これらの相好をただ受用身についてのみ語り」（同右、二七三頁）変化身には認めていないのである。受用身には変化身にはない「高度な普遍性や神的性格が与えられ」（同右、二七三頁）、人間を超える超越性が与えられるのである。

要するに、釈尊の八十年の生を越え、釈尊の本生として過去世の無量の徳行が考えられた結果、それがモデルとなって願行の完成に報いた仏身が考えられ、人間としての仏陀・応身を超越し、歴史性を越えた普遍的な仏陀こそが報身なのである。

しかしながら、報身の超越性は自性身・法身の超越性と同質ではない。「自性身が全く抽象的原理であり、絶対不動である」（同右、二七三頁）のに対して、受用身には法の享受という動があるのである。「自性身の具象化としての受用身は、また等流身ともよばれ」（同右、二七四頁）、法界から大悲を契機として等流するのが受用身であり、いわば法界の自己顕現が受用身なのである。「人間にとっての救いは、このような受用身において成立つのであって、自性身においてではない」（同右、二七四頁）のである。

ところで、この法身・報身・応身の三身の名称については、「テキストにより、また漢訳者の用語の差などによって種々である。一般には、法身・報身・応身の三つが数えられたり、法身・応身・化身といったりする」（同右の註6、二八七頁）と指摘されるように、用語の使用のズレが生じている。特に「報身と応身の間には、概念的にその範囲が明瞭でないものがある」（同右の註19、二八九頁）とされ、その一例として浄影慧遠の説が指摘されている。

慧遠は『大乗義章』一九（大正蔵四四、八三九頁上）において、真身と応身の二身について開合を示し、開真合応と開応合真の二つに分け、開真合応は『十地経論』の意であって、開応合真は『金光明経』の意とするのである。即ち、

開真合応――『十地経論』┬法身┐
　　　　　　　　　　　├報身┴真身
　　　　　　　　　　　└応身―応身

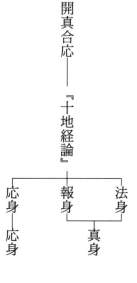

開応合真――『金光明経』
- 法身―真身
- 応身 ┐
- 化身 ┘―応身

と示される。開真合応とは、真身を開いて法身と報身とし、これに応身を合わせて三身とするものであり、開応合真とは、応身を開いて応身と化身とし、これに真（法）身を合わせて三身とするものである。これによれば、開真合応の時の応身とは、法身・報身・応身の応身に他ならないが、開応合真の時の応身とは、法身・報身・応身の報身の意味合いと法身・報身・応身・化身の応身・化身の意味合いの両方を併せ持っていることとなる。

しかしながら、同じく慧遠の書である『慧遠疏』においては、

仏具三身。一者真身謂法与教。二者応身八相現成。三者化身随機現起。

（大正蔵三七、一八三頁下）

と述べて、開真合応と開応合真とを混ぜ合わせたようになり、

真身——法身・報身の両方
応身——八相成道の仏身（阿弥陀仏の仏身）
化身——機に随って現じた六道に現れる様々な形の化仏

と規定している。したがって、慧遠の仏身論は、『金光明経』にある法身・応身・化身を真身・応身・化身と言い換えて、

法身（＝真身）┬法身
　　　　　　　└報身
応身————————応身
化身————————化身

と分類し、『金光明経』の応身の解釈に本来含まれていた報身の意味合いをまったく無くして、『金光

明経』の応身とは、法身・報身・応身と三身に分けた時の第三応身のことと解し、法身・報身・応身・化身と四身に分けた時の第三応身と解するのである。そして、『慧遠疏』に、

今此所観従寿為名。然仏寿命有真有応。真如虚空畢竟無尽。応身寿命有長有短。今此所論是応非真。（大正蔵三七、一七三頁下）

と述べるように、『観経』の阿弥陀仏は真身（法身・報身）ではなく、化身化仏を伴って来迎する第三応身仏であると解釈し、それ故に阿弥陀仏の浄土は応土であると規定したのである。加えて『慧遠疏』には、

弥陀仏国浄土中麁。（大正蔵三七、一八二頁下）

と述べて、阿弥陀仏の浄土を浄土の中でも程度の低い「麁の浄土」とし、『大乗義章』（大正蔵四四、八三四頁上）では、真浄土や相浄土に比べて程度の低い凡夫所居の事浄土と位置づけている。

このような慧遠の仏身仏土観と、基本的に同様の理解を示すのが天台智顗と嘉祥吉蔵である。『智顗疏』では、

如阿弥陀実期限。人天莫数是有量之無量。（大正蔵三七、一八八上）

と説かれ、阿弥陀仏は応身仏であるので実は寿命に限りがあるが、人天凡夫には測り知れない寿であるから無量寿というけれども、それは「有量の無量」であるとし、仏土も凡聖同居土の応土であると

する。また『吉蔵疏』（大正蔵三七、二三五頁上）においては、法蔵発願に本門迹門を分け、阿弥陀仏とその浄土は応身応土とした上で、応土中の報土であるので、仏身も報身ではないとしている。これは『大乗義章』の開応合真の如くであろう。

このような諸師の理解を楷定して阿弥陀仏とその浄土が報身・報土であることを主張せんが為に、第一問答において、阿弥陀仏の浄土は「**為当是是報是化**」と問い、それに答えて「**是報非化**」とされるのである。

これは師である道綽禅師の『安楽集』に、

問ひていはく、いま現在の阿弥陀仏はこれいづれの身ぞ、極楽の国はこれいづれの土ぞ。答へていはく、現在の弥陀はこれ報仏、極楽宝荘厳国はこれ報土なり。しかるに古旧あひ伝へて、みな阿弥陀仏はこれ化身、土もまたこれ化土なりといへり。これを大失となす。

（七祖註釈版、一九一頁）

と述べられる説示を受けたものであることは言うまでもない。

この第一問答においては、『安楽集』と同じく『大乗同性経』を経証として引用し、続いて『大経』『観経』の文を経証として引用されるが、『楷定記』（西山全書六、三三〇頁上）には、『大乗同性経』は文証であり、後の二経が理証であると指摘している。

まず、『大乗同性経』には、

阿弥陀如来、蓮花開敷星王如来、竜主王如来、宝徳如来有り。是の如き等の浄仏刹に生じて得道する者有り。〈中略〉諸の如来清浄仏刹にして現に得道する者当に得道すべき者、是の如きの一切即ち是れ報身なり。

（大正蔵一六、六五一頁下）

とあって、清浄の仏刹において成仏された阿弥陀如来・蓮花開敷星王如来・竜主王如来・宝徳如来等の諸々の如来は、清浄仏刹において成仏された故に、報身の仏であると説かれているのである。この意をとって「**阿弥陀仏是報仏報土**」と記すのである。

次に、『大経』の文によって、法蔵菩薩が因位の時に四十八願を発し因願酬報して仏果を得たことから、阿弥陀仏が報身仏である道理を示すのである。ここで四十八願の一々の願と言いながら第十八願を引くのは、他の四十七願も衆生を浄土往生せしめる為の願であるが、阿弥陀仏の本意は、何としてもあらゆる衆生を浄土往生させんとする第十八願に極まるから、王本願である第十八願のみを引用しているのである。この第十八願文は、先の六字釈に合わせて、「**称我名号**」の行と「**願生我国**」の願との願行具足を示し、「**下至十念**」は「称我名号」の数に定まりがないことを示している。そして「**今既成仏**」されている阿弥陀仏は、因願に酬報した「**酬因之身**」であることを明かす。

さらに『観経』上輩の文には、臨終においては阿弥陀仏がその化仏と共に来迎すると説かれていることから、本仏である報身仏が化仏を兼ね伴って来迎しているに他ならず、阿弥陀仏は報身仏であることを示すのである。慧遠は、法身・報身・応身・化身の四身説の内、第三応身仏である阿弥陀仏が分身の化身化仏を伴って来迎するのが『観経』の阿弥陀仏であるというのであるが、善導大師は、応身も化身もともに化仏の中に摂めて、「**報身兼化共来**」と述べて、本仏である報身仏が化仏を兼ね伴って来迎しているとするのである。

そもそも、先に述べたように、法身・報身・応身の名称は、テキストや訳者によって異なる場合があり、報身と応身とは概念が明瞭でないものがある。ここでいう「**報応二身者眼目之異名**」とは、その辺を指しているのであって、「**前翻報作応、後翻応作報**」というように、訳者によっては、報身を応身と訳しているのであって、応身と報身とは「眼」と「目」との相違に過ぎないと述べるのである。つまり、慧遠が『金光明経』の説によって、法身・応身・化身の内、法身（真身）とは法身・報身のことであり、応身と化身とが『観経』の来迎のことであるとするのに対し、善導大師は『金光明経』の法身・応身・化身の応身とは報身の意味であり、報と応とは眼目の異名に過ぎないとされるのである。

ここでいう「**前翻報作応、後翻応作報**」については、『伝通記』（大正蔵五七、五五九頁下）に『摂大乗論』の三訳を引用して解釈している。三訳とは、

魏訳（仏陀扇多訳）	梁訳（真諦訳）	隋訳（達摩笈多訳）
真身	自性身	自性身
報身	応　身	共用身（報身）
応身	化　身	化身

である。魏訳と梁訳とを比べれば、前の時代の訳である魏訳では報身と訳しているが、後の時代の梁訳では応身と訳しているので、「前には報と翻して後には応となし」となる。また、梁訳と隋訳とを比べれば、後の時代の訳である隋訳では、報身と訳しているが前の時代の梁訳では応身と訳しているので、「後には応を翻じて報となす」となるのである。

この解釈に対して、祐義師は、善導大師の所述は慧遠の仏身観に対するものであるから、『摂大乗論』の諸訳とは関係なく、ここでいう「前翻」とは、慧遠が拠り処とする『十地経論』（法身・報身・応身）や『金剛般若経』（法身仏・報仏・化仏）のことであり、「後翻」とは『金光明経』（法身・応身・化身）のことであるとし、「前翻の報は応と作り、後翻の応は報と作る」（『玄義分講要』二九四頁～二九五頁）と訓んでいる。

およそ報身の「報」とは、因位の行がむなしくなく、きまって未来の果を引き、「**以果応因**」、即ち果が因に応報するから報というのである。したがって『金光明経』の応身とは、仏果が因位の願行に応報して顕れたという意であって、報身の意味を持つのである。また、「**三大阿僧祇所修**」の六度万行は、間違いなく「**応得菩提**」するものであり、阿弥陀仏は既にさとりを成就されているので、その意味では「**即是応身**」なのである。

このように報身と応身とは同じ意味合いを持つ場合があり、応身とされていても報身の意であることに注意が必要である。ただし慧遠がいう如きの応身はたとえ「**無窮八相名号塵沙**」を示していても、その仏体からいえば化身に他ならない。『観経』の仏身は、あくまでも法身・報身・応身（化身）の内の報身なのである。

〈二〉第二問答

問曰、既言報者、報身常住永無生滅。何故『観音授記経』説「阿弥陀仏亦有入涅槃時。」此之一義若為通釈。

答曰、入・不入義者唯是諸仏境界。尚非三乗浅智所闚、豈況小凡輒能知也。雖然必欲知者、敢引仏経以為明証。何者如『大品経』「涅槃非化品」中説云。「仏告須菩提、於汝意云何。若有化人作化人、是化頗有実事不空者不。須菩提言、不也、世尊。仏告須菩提、色即是化。受・想・行・識即是化。乃至一切種智即是化。須菩提白仏言、世尊、若世間法是化、出世間法亦是化、所謂四念処・四正勤・四如意足・五根・五力・七覚分・八聖道分・三解脱門・仏十力・四無所畏・四無礙智・十八不共法、并諸法果及賢聖人、所謂須陀洹・斯陀含・阿那含・阿羅漢・辟支仏・菩薩摩訶薩・諸仏世尊、是法亦是化不。仏告須菩提、一切法皆是化。於是法中有声聞法変化、有辟支仏法変化、有菩薩法変化、有諸仏法変化。有煩悩法変化、有業因縁法変化。以是因縁故、須菩提、一切法皆是化。須菩提白仏言、世尊、是諸煩悩断、所謂須陀洹果・斯陀含果・阿那含果・阿羅漢果、辟支仏道断諸煩悩習、皆是変化不。仏告須菩提、若有法生滅相者、皆是変化。須菩提言、世尊、何等法非変化。仏言、若法無生無滅、是非変化。須菩提言、何等是不生不滅非変化。仏言、無誑相涅槃、是法非変化。世尊、如仏自説、諸法平等非声聞作、非辟支仏作、非諸菩薩摩訶薩作、非諸仏作。有仏無仏、諸法性常空。性空即是涅槃。云何涅槃一法非如化。仏告須菩提、如是如是。諸法平等非声聞所作。乃至性空即是涅槃。若新発意菩薩聞是一切法皆畢竟性空、乃至涅槃亦皆如化者、心則驚怖。為是新発意菩薩、故分別生滅者如化、不生不滅者不如化耶。」今既以斯聖教験知、弥陀定是報也。縦使後入涅槃、其義無妨。諸有智者応知。

（聖典全書一、六七五〜六七六頁）

問ひていはく、すでに報といはば、報身は常住にして永く生滅なし。なんがゆゑぞ、『観音授記経』（意）に、「阿弥陀仏また入涅槃の時あり」と説きたまふ。この一義いかんが通釈せん。

答へていはく、入・不入の義はただこれ諸仏の境界なり。なほ三乗浅智の闚ふところにあらず、あにいはんや小凡たやすくよく知らんや。しかりといへども、かならず知らんと欲せば、あへて仏経を引きてもつて明証となさん。なんとなれば、『大品経』の「涅槃非化品」（意）のなかに説きてのたまふがごとし。「仏、須菩提に告げたまはく、〈なんぢが意においていかん。もし化人ありて化人をなす、この化すこぶる実事にして、空ならざるものありやいなや〉と。須菩提まうさく、〈いななり、世尊〉と。仏、須菩提に告げたまはく、〈色すなはちこれ化なり。受・想・行・識すなはちこれ化なり。乃至一切種智すなはちこれ化なり〉と。須菩提、仏にまうしてまうさく、〈世尊、もし世間の法これ化なり、出世間の法もまたこれ化ならば、いはゆる四念処・四正勤・四如意足・五根・五力・七覚分・八聖道分・三解脱門・仏の十力・四無所畏・四無礙智・十八不共法、ならびに諸法の果および賢聖人、いはゆる須陀洹・斯陀含・阿那含・阿羅漢・辟支仏・菩薩摩訶薩・諸仏世尊、この法またこれ化なりやいなや〉と。仏、須菩提に告げたまはく、〈一切の法みなこれ化なり。この法のなかにおいて声聞法の変化あり、辟支仏法の変化あり、菩薩法の変化あり、諸仏法の変化あり、煩悩法の変化あり、業因縁法の変化あり。この因縁をもってのゆゑに、須菩提、一切の法はみなこれ化なり〉と。須菩提、仏にまうしてまうさく、〈世尊、このもろもろの煩悩断の、いはゆる須陀洹果・斯陀含果・阿那含果・阿羅漢果、辟支仏道の、もろもろの煩悩の習を断ぜるも、みなこれ変化なりやいなや〉と。仏、須菩提に告げたまはく、〈もし法の生滅の相あるは、みなこれ変化なり〉と。須菩提まうさく、〈世尊、なんらの法か変化にあらざる〉と。仏のたまはく、〈もし法の無生無滅なる、これ変化にあらず〉と。須菩提まうさく、〈なんらかこれ不生不滅にして変化にあらざる〉と。仏のたまはく、〈誑相なき涅槃、この法のみ変化にあらず〉と。〈世尊、仏のみづから説きたまふがごときは、諸法は平等にして声聞の作にあらず、辟支仏の作にあらず、諸菩薩摩訶薩の作にあらず、諸仏の作にあらず。有仏無仏、諸法の性はつねに空なり。性空すなはちこれ涅槃なり。いかんが涅槃の一法のみ化のごとくにあらざる〉と。仏、須菩提に告げたまはく、〈かくのごとしかくのごとし。諸法は平等にして声聞の所作にあらず。乃至性空すなはちこれ涅槃なり。もし新発意の菩薩、この一切の法はみな畢竟じて性空なり、乃至涅槃もまたみな化のごとしと聞かば、心すなはち驚怖せん。この新発意の菩薩のために、ことさらに生滅のものは化のごとく、不生不滅のものは化のごとくにはあらずと分別するなり〉」と。いますでにこの聖教をもつてあきらかに知りぬ、弥陀はさだめてこれ報なることを。たとひ後に涅槃に入るとも、その義妨げなし。もろもろの有智のもの知るべし。

（七祖註釈版、三二七～三三〇頁）

▼この問答は、「**既言報者**」とあるように、上の問答を承けての問答である。即ち、上において弥陀は報身、浄土は報土であると論じられたのであるが、それならば、『観音授記経』の「弥陀入滅」の経文に相違するのではないかという問いである。これは、道綽禅師の時代から善導大師の時代に至るまで問題となっていた「弥陀入滅」説に対する問答である。

まず、この問題について『慧遠疏』は、先に引用した「是応非真」の文に続いて、

今此所論是応非真。故彼観音授記経云無量寿仏命雖長久亦終尽。故知是応。此仏応寿長久無辺非余凡夫二乗能測故曰無量。命限称寿。

（大正蔵三七、一七三頁下）

と述べられ、阿弥陀仏の寿命が無量とされるのは、凡夫や二乗の測ることができないくらい長久であるが故に無量寿とされるが、真身のように虚空無尽の寿命ではないとするのである。その根拠として、『観音授記経』に阿弥陀仏の寿命は長久といっても終には尽きるとあることを挙げ、それ故に阿弥陀

仏は応身であって真身ではないというのである。

これを受けて善導大師は、問いにおいて、「**報身常住永無生滅**」という報身の定義を出し、『観音授記経』の「**阿弥陀仏亦有入涅槃時**」との矛盾を提示するのである。

この『観音授記経』の相当箇所と考えられるのは、阿弥陀仏の入涅槃が説かれる場面であって、

阿弥陀仏当般涅槃。般涅槃後。正法住世等仏寿命。在世滅後。所度衆生悉皆同等。仏涅槃後。或有衆生不見仏者。有諸菩薩。得念仏三昧。常見阿弥陀仏。（大正蔵一二、三七五頁上）

と記されている。

これについて、道綽禅師は、『安楽集』第一大門の「三身三土」において、問ひていはく、如来の報身は常住なり。いかんぞ『観音授記経』（意）に、「阿弥陀仏入涅槃の後、観世音菩薩次いで仏処を補す」とのたまふや。答へていはく、これはこれ報身、隠没の相を示現す。滅度にはあらず。かの『経』（同・意）にのたまはく、「阿弥陀仏入涅槃の後、また深厚善根の衆生ありて、還りて見ること故のごとし」と。すなはちその証なり。また『宝性論』（意）にいはく、

「報身に五種の相まします。説法とおよび可見と、諸業の休息せざると、および休息隠没と、

不実体を示現するとなり」と。

すなはちその証なり。（七祖註釈版、一九二頁）

と述べている。これは『観音授記経』の「仏涅槃後。或有衆生不見仏者。有諸菩薩。得念仏三昧。常見阿弥陀仏」の意を取って、「仏入涅槃の後」も「深厚善根の衆生」が仏を見ることができると示し、さらに『究竟一乗宝性論』に、

此神力自在　略説有五種　説法及可見　諸業不休息　及休息隠没　示現不実体

（大正蔵三一、八四三頁上）

と説かれている五種の自在相を挙げて、それを証明として報身仏には休息隠没の自在相があることを示すのである。

つまり、阿弥陀仏の入滅の相が説かれているのは、諸師が述べる如きの実の入滅ではなく、入滅後にも念仏三昧によって見仏できる如く、休息隠没の自在の相を示しているに過ぎないのである。よって、阿弥陀仏は報身仏に他ならず、諸師のいう如き化身化仏ではないと会通している。そもそも『観音授記経』は異訳の経題名が『仏説如幻三摩地無量印法門経』（大正蔵一二、三五七頁下）とあるように、観音・勢至の二菩薩が「如幻三昧」を得ることが説かれる経典である。如幻三昧とは、「三界無依止」を証すれば一切法は夢幻の如しと知る三昧であるが、異訳ではその如幻三昧を説くところに、

当知西方無量光如来寿命無量。極不可計。仮使倶胝那庾多百千劫中。亦復不能説其辺際。其仏正法住世。八万四千那庾多劫。仏涅槃後。以諸衆生善根力故。亦得値遇余仏出世。而諸菩薩安住念仏三昧常得見仏中無間欠。（大正蔵一二、三六三頁上）

と「弥陀入滅」のことが記されている。したがって、弥陀入滅のことも、結論的には如幻の一つの相を示されたことに他ならず、それ故に仏涅槃後も衆生の善根力を以て見仏することができると説かれるのであろう。祐義師（『玄義分講要』三〇五頁）は、「（道綽）禅師はこの経説の目的意味と『宝性論』の休息隠没相とを連絡せしめて、『授記経』は実滅を示す化身でなく、報身五種自在相中の一相であると云われた」と指摘している。

この道綽禅師の意向を承けた善導大師は、この問答の答えにおいて、まず仏の入滅・不入滅のいわれは、「**諸仏境界**」であって、声聞・縁覚・菩薩などの浅い智慧では窺い知るところではないと記されている。これは、『大般涅槃経』に、

善男子、如来の境界は、諸の声聞・縁覚の知る所に非ず。善男子、説きて「如来の身は是滅法なり」と言ふべからず。善男子、是の如き滅法は、是仏の境界なり、諸の声聞・縁覚の及ぶ所に非ず。善男子、汝今、如来は何の処に住し、何の処に行じ、何の処に見、何の処に楽むと思量すべからず。善男子、是の如きの義も、亦、汝等が知り及ぶ所に非ず。諸仏の法身、種種の方便は思

議すべからず。（大正蔵一二、三八二頁中）

と説かれる如くであって、如来の境界や如来の仏身については、声聞・縁覚等の浅智の及ぶところではないことが示されてあり、ましてや愚かな凡夫がたやすくよく知ることなどできないと述べられているのである。

善導大師はそのように諫めた上で、是非とも知りたいと思うならば、「敢引仏経以為明証」と述べて、『大品般若経』を引用して、如来の入涅槃・不入涅槃の問題に答えるのである。

この『大品般若経』では、解空第一の須菩提が一切法の如化（空）不如化（不空）について釈尊との問答することが説かれている。その原文は、

須菩提。於汝意云何。若有化人作化人是化頗有実事不空者不。須菩提言。不也世尊。（是化人無有実事而不空。是空及化人二事不合不散。以空故空不応分別是空是化。何以故。是二事等空中不可得。所謂是空是化。何以故。）須菩提。色即是化受想行識即是化。乃至一切種智即是化。須菩提白仏言。世尊。世間法是化出世間法亦復是化不。所謂四念処四正勤四如意足五根五力七覚分八聖道分三解脱門仏十力四無所畏四無礙智十八不共法。并諸法果及賢聖人。所謂須陀洹斯陀含阿那含阿羅漢辟支仏。菩薩摩訶薩諸仏。世尊。是法亦是化不。仏告須菩提。一切法皆是化。於是法中有声聞法変化。有辟支仏法変化。有菩薩摩訶薩法変化。有諸仏法変化。有煩悩法変化。有業因縁

法変化。以是因縁故。須菩提。一切法皆是変化。須菩提白仏言。世尊。是諸煩悩断。所謂須陀洹果斯陀含果阿那含果阿羅漢果辟支仏道。断諸煩悩習断皆是変化不。仏告須菩提。若有法生滅相者。皆是変化。須菩提言。世尊。何等法非変化。仏言。若法無生無滅是非変化。須菩提言。何等是不生不滅非変化。仏言。不誑相涅槃是法非変化。世尊。如仏自説諸法平等。非声聞作非辟支仏作。非諸菩薩摩訶薩作非諸仏作。有仏無仏諸法性常空。性空即是涅槃。云何言涅槃一法非如化。仏告須菩提。如是如是。諸法平等非声聞所作。乃至性空即是涅槃。若新発意菩薩聞是一切法畢竟性空。乃至涅槃亦皆如化心則驚怖。為是新発意菩薩故。分別生滅者如化不生不滅者不如化。

（大正蔵八、四一五頁下）

であって、善導大師は「この化人、実事にして空ならざることあることなし。この空及び化人の二事は合せず散ぜず。空をもっての故に空は（『大智度論』の所引では「以空空故空」《大正蔵二五、七二八頁下》となっている）、これ空これ化を分別すべからず。何をもっての故に、この二事等しく空の中にて得るべからず。所謂これ空なりこれ化なり。何をもっての故に」を除いて、全文を引用されている。

その内容をみれば、まず第一に、仏が須菩提に「**於汝意云何**」と問いかけることから始まる。「**若有化人作化人**」とは、神通力によって変化して人となった化人が他の化人を拵えたとすれば、その拵えた化人は実体のあるものか実体のないものかという問いである。これに対して、須菩提が、「不也」（実体がありません）と答えるのである。

これについて、深励師は「化人が化人をこしらへると云は訳あり、一切諸法空なり。其空も又空也。空と云一物体あるやうに思ふが空も亦空なりとたとへんために化人、化をこしらへると云なり」（『四帖疏講義』一七三頁）と説明している。即ち、空であるといった上で、空に執着することも否定していくことを示す為に、化人によって拵えた化人の譬喩を用いているのである。

続いて、仏は須菩提に対し、一切法は実体がなくすべて化の如しということを明かされる。「**色・受・行・想・識**」の五蘊は凡夫の有漏法であって、すべて「**是化**」にして実体がないのである。さらに、声聞・縁覚・菩薩の三乗の者はもちろんのこと、聖者の無漏法である仏の「**一切種智**」も「**即是化**」なのである。したがって、一切の諸法はすべて悉く如化であり空であると説かれるのである。

そこで、次に須菩提の問いが示される。

①須菩提の第一の問い

須菩提は、もし迷いの世間凡夫の一切法がすべて化なれば、覚りの出世間聖者の一切法も「**亦復是化**」となるのかと問うのである。そして次に、その出世間法として、初期仏教経典の代表的な覚りへの実践法である「三十七道品」が挙げられる。

三十七道品とは、

四念処＝四つの専念の意。浄楽常我の四顚倒を打破する為に①身体の不浄性を観察（身念処）し、②感覚の苦性を観察（受念処）し、③心の無常性を観察（心念処）し、④法の無我性を観察（法念処）する。

四正勤＝四正断ともいう。①すでに起こっている悪を断つ努力②未だ生じていない悪を起こさない努力③未だ生じていない善を起こす努力④すでに生じている善を大きくする努力。

四如意足＝四神足ともいう。神通力を獲得する基礎となる①意欲②努力③思念④思惟観察の四種の三昧。

五根＝覚りを得る為の五つのすぐれた力・機能。①信仰②精進③思念④禅定⑤智慧。

五力＝覚りに至る為に五つの障害を克服する力。①欺に対する信②怠に対する勤③瞋に対する念④恨に対する定⑤怨に対する慧。

七覚分＝覚りに導く要素。①念②択法③精進④喜⑤軽安⑥定⑦捨。

八聖道分＝①正見②正思惟③正語④正業⑤正命⑥正精進⑦正念⑧正定。

であって、この三十七道品は、声聞の見道以上の修行である。

これに続いて、無漏の法門が示されている。これは、

三解脱門＝解脱に通じる入り口となる三種の瞑想。①空（あらゆるものが実体を持たない）②無相（あらゆるものが特徴を持たない）③無願（あらゆるものが欲求に値しないこと）を瞑想する三昧。

仏十力＝仏に特有な十種の智力。①道理と非道理を弁別する力（処非処智力）②それぞれの業とその果報を知る力（業異熟智力）③諸々の禅定を知る力（静慮解脱等持等至智力）④衆生の機根の優劣を知る力（根上下智力）⑤衆生の種々の望みを知る力（種種勝解智力）⑥衆生の本性を知る力（種種界智力）⑦衆生の輪廻や解脱の行因を知る力（遍趣行智力）⑧自他の過去世を思い起こす力（宿住随念智力）⑨衆生がこの世で死に、かの世に生まれることを知る力（死生智力）⑩煩悩を断じた境地とそこに到る方法を知る力（漏尽智力）。

四無所畏＝仏が説法する際にもつ四種のゆるぎない自信。①自分が完全な覚りを得ている自信（正等覚無畏）②すべての煩悩を断じ尽くしている自信（漏永尽無畏）③弟子に染法が仏道の障害になることを説く自信（説障法無畏）④弟子に苦しみから解放される道を説くことに関する自信（説出道無畏）。

四無碍智＝自由自在で滞ることのない理解力・表現力などの四種の智慧。①教法に関して自在である（法無碍）②教えの内容理解に関して自在である（義無碍）③言葉の表現力に関して自在である（詞無碍・辞無碍）④以上の無碍智によって衆生の為に明かに教えを説くことが自在である（楽説無碍）。

十八不共法＝声聞・縁覚にはなく（不共）、仏もしくは菩薩だけが持つすぐれたはたらき。異説あるが、通常は仏の十力に四無畏、三念住、大悲を加えたもの。三念住とは、説法の相手である①よく聴こうと思う者②そう思わない者③その両者の三者に対してこだわりのない心のこと。

であって、以上のような仏に関する無漏の法門が挙げられる。

さらに、上に挙げたそれぞれの修行法によって得るところの聖なる果報、及び「賢聖人」と呼ばれる、いわゆる「須陀洹・斯陀含・阿那含・阿羅漢」という声聞乗の四果を始め、「辟支仏」即ち縁覚乗の聖者や「菩薩摩訶薩」と呼ぶ大乗の三賢十聖や、さらには「諸仏世尊」に至るまでや、その修行の教法もそれによって得た功徳力もすべて「亦是化不」と、須菩提は問うのである。

この問いに対して、仏は「一切法皆是化」と答えられる。これらの法の中には、声聞の法とあらわれてあるもの、辟支仏の法とあらわれてあるもの、菩薩の法とあらわれてあるもの、諸仏の法とあらわれてあるもの、煩悩の法とあらわれてあるもの、業因縁の法とあらわれてあるものがあるが、これらの法は「**有声聞法変化。有辟支仏法変化。有菩薩摩訶薩法変化。有諸仏法変化。有煩悩法変化。有業因縁法変化**」であって、無漏法であっても有漏法であっても、必ず因縁果の関係による「**変化**」があるのである。したがって、仏は重ねて「**一切法皆是変化**」と答えられるのである。

②須菩提の第二の問い

これに対して、次に須菩提の二度目の問いが示される。『大智度論』で、「須菩提意有為法虚誑故如変化。無為法真実無作故不応是化。是故問」（大正蔵二五、七三〇頁中）と解説するように、須菩提には、有為法はみな空であって変化であるけれども、無為法は空ではないという思いがあって、次の問いをなすのである。それは、いわゆる声聞乗の四果や縁覚乗の証などは、諸々の煩悩を断じて、その果報を得たものであり、そのような無為法までが「**皆是変化不**」という問いである。

これについて、仏は「**若有法生滅相者、皆是変化**」と答えて、法に生滅の相があるものは全て変化であって空であると述べられる。『大智度論』で、「仏意一切従因縁生法皆無自性。無自性。故畢竟空。畢竟空故皆如化」（同右）と述べるように、諸法は因縁生なるが故に無自性空であって、それ故にすべて如化なのである。

③須菩提の第三の問い

しかし、須菩提の諸法実相を求める意は止まずに、さらに続いて三度目の問いをなして、「**何等法非変化**」と問うのである。『大智度論』（同右）で「須菩提意謂、有一決定実法不如化。可依是法而精進求」と解説するように、それによって精進して覚りに至らんとするからである。これに対して、仏は「**無生無滅**」「**不生不滅**」なる「**誑相**」なき「**涅槃**」こそが「**是法非変化**」と答えられる。即ち、生滅の相がある一切の法は畢竟空にしてすべて変化法であるが、ただ涅槃の一法のみが「非如化」であると答えられるのである。

④須菩提の第四の問い

この答えに対して、須菩提は四度目の問いをなす。仏が予てより説かれているのは、一切の諸法は平等にすべて本来空なるものであって、「**声聞作**」でもなければ「**辟支仏作**」でもない。「**諸菩薩摩訶薩作**」でもなければ「**諸仏作**」でもない。したがって「**有仏**」の時も「**無仏**」の時も、「**諸法性常空**」であり、本性が空であるのが即ち涅槃であると説かれている。それなのに、何故に「**涅槃一法**」のみが「**非如化**」、即ち空ではないと仰せになるのかと反問し、無為法の涅槃もまた空ではないかと主張するのである。

これに対して、仏は「如是如是」と答え、いかにも須菩提のいう通りであって、涅槃もまた本来空であると述べられる。その上で、新たに菩提心を発して仏道を歩もうという「新発意菩薩」の為に、ただ涅槃の一法のみが変化の法ではないと説いたのである。というのは、「新発意菩薩」は、涅槃に常住の実体があると思ってこれを得ようとして精進するであろうから、いきなり涅槃もまた空であると説くと、心が「驚怖」するに相違ない。したがって、このような菩薩の為に、仏は故意に分別して、生滅するものは化の如く空であるが、「不生不滅」の涅槃は常住不変であると説くのである。

そして最後に、今この『大品般若経』の証明によって、明らかに知ることができる。「弥陀定是報」であることが証明され、「縦使後入涅槃」の相が経典に説かれていても、まったく問題がないということを「諸有智者」は知るべきであると纏められている。

以上のように、「和会門」二乗種不生の五番問答の第二問答では、『観音授記経』の「阿弥陀仏入涅槃」に基づいて阿弥陀仏が応身であるとする主張に対して、入涅槃の相が説かれているからといって、阿弥陀仏は入滅の相を示す応身ではないことを示す。その証明として『大品般若経』「如化品」（非化品）を引用する。そして、一切諸法は全て化であって空なるものである。有為法も無為法もすべて空なるものであるから、涅槃もまた空なるものに相違ない。したがって、そのような空なるものへの入涅槃が説かれたとしても、実の入滅と受け取ってはならない。ただ、新発意菩薩などの為に、涅槃が実体があるものと説かれることがあるが、それは仏の分別によって説かれたものに過ぎない。そのようなものに執われて、阿弥陀仏を実の入滅のある応身と捉えるのはとんでもない間違いであると古今を楷定するのである。

なお、柴田泰山氏は、善導大師が『大品般若経』の「如化品」を「涅槃非化品」とされていることに注目し、「『観音授記経』に説示されている阿弥陀仏入滅説を意図的に阿弥陀仏入涅槃説と理解した上で、涅槃は不生不滅であり変化ではないという前提から、阿弥陀仏の報身性を無生無滅のものであると指摘している」（『善導教学の研究』五六三頁）と説明している。

〈三〉第三問答

問曰、彼仏及土既言報者、報法高妙、小聖難階。垢障凡夫云何得入。

答曰、若論衆生垢障、実難欣趣。正由託仏願以作強縁、致使五乗斉入。

（聖典全書一、六七六～六七七頁）

問ひていはく、かの仏および土すでに報といはば、報法は高妙にして、小聖すら階ひがたし。垢障の凡夫いかんが入ることを得ん。

答へていはく、もし衆生の垢障を論ぜば、実に欣趣しがたし。まさしく仏願に託してもって強縁となすによりて、五乗をして斉しく入らしむることを致す。（七祖註釈版、三三〇頁）

▼この問答は、前の「是報非化」と次の「二乗種不生」との間にあって、前を承けて後を起こす（成上起下）ものである。阿弥陀仏の願力によって報土に五乗斉入することを明かす。

先の二問答によって、阿弥陀仏の浄土が報土であることが明かされたが、今は摂論家が高次の報土への凡夫往生を認めないことに対する問答である。また本書「序論」（二六頁）で示したように、玄奘系の人々が「下品の凡夫は往生が不可能である」と主張する当時の阿弥陀仏信仰を批判するものである。

「**報法高妙**」の報法とは「報のものがら」の意であって、報身・報土はまことに高次で妙なるものであるから、小乗のさとりを得た聖者である「**小聖**」でも往生し難いのに、「**垢障**」の凡夫が報土に至ることはできないのではないかという問いである。

これに対して、衆生の垢障の面をいうのならば、到底至ることはできないが、阿弥陀仏の願力に乗託することによって、それが「**強縁**」となって、五乗のもの（人・天・声聞・縁覚・菩薩）が同じく往生できると答えるのである。『伝通記』（大正蔵五七、五六三頁上）では、四十八願の中で、凡夫（第十一・第十八）と声聞縁覚（第十四）と菩薩（第二十二）の往生を誓う願を区分けしているが、深励師（『四帖疏講義』一七七頁）は第十八願に十方衆生と誓われるからは、「上は菩薩より下は薄地の凡夫まで通ずるなり」と「託仏願」は第十八願に乗託することであるとする。この一段は、「序題門」の「皆乗阿弥陀仏大願業力為増上縁」を承けたものである。

〈四〉第四問答

問曰、若言凡夫・小聖得生者、何故天親『浄土論』、云「女人及根欠、二乗種不生。」今彼国中現有二乗。如斯論教、若為消釈。

答曰、子但誦其文不闚理、況加以封拙懐迷、無由啓悟。今引仏教以為明証、却汝疑情。何者即『観経』下輩三人是也。何以得知。如下品上生云。「或有衆生、多造悪法無有慚愧。如此愚人命欲終時、遇善知識、為説大乗、教令称阿弥陀仏。当称仏時化仏・菩薩現在其前。金光・華蓋迎還彼土。華開已後、観音、為説大乗。此人聞已即発無上道心。」（聖典全書一、六七七頁）

問ひていはく、もし凡夫・小聖生ずることを得といはば、なんがゆゑぞ、天親の『浄土論』に、

「女人および根欠、二乗の種生ぜず」といへる。いまかの国のなかに現に二乗あり。かくのごとき論教、いかんが消釈せん。

答へていはく、なんぢただその文を誦して理を闚はず、いはんや加ふるに封拙懐迷をもってすれば、啓悟するに由なし。いま仏教を引きてもつて明証となして、なんぢが疑情を却けん。なんとなれば、すなはち『観経』の下輩の三人これなり。なにをもつてか知ることを得る。下品上生にのたまふがごとし。「あるいは衆生ありて、多く悪法を造りて慚愧あることなし。かくのごとき愚人命終らんと欲する時、善知識の、ために大乗を説き、教へて阿弥陀仏を称せしむるに遇ふ。仏を称する時に当りて化仏・菩薩現じてその前にまします。金光・華蓋迎へてかの土に還る。華開以後、観音、ために大乗を説きたまふ。この人聞きをはりてすなはち無上道心を発す」（観経・意）と。（七祖註釈版、三三〇～三三一頁）

▼これより以後の二問答は、関連して「二乗種不生」の問題を論じる。第四問答は、前の問答によって仏願力によって報土に五乗斉入するというならば、浄土には当然、二乗である声聞縁覚が往生している筈である。然るに、天親菩薩の『浄土論』では「**女人及根欠二乗種不生**」と言われ、二乗の者が往生しないとされている。この『浄土論』と『観経』の五乗斉入とをどのように会通するのかと問う

のである。

この問いに対する答えに、『観経』の下上品の文を経証として引用されるのである。そこでは「多造悪法無有慚愧」の愚人が「命欲終」時、善知識がその者の為に大乗の教えを説き、教えて念仏を称えさせるに遇う。仏名を称える時にあたって、「化仏・菩薩」がその者の前に来迎して、浄土に往生し、「華開已後」に観音菩薩が大乗の法を説かれるのを聞いて、大乗のさとりを求める「無上道心」を発すと説かれている。

したがって、往生した者が大乗の無上道心を発すわけであるから、『浄土論』の「二乗種不生」とは、二乗の者が往生しないという意味ではなく、浄土においては大乗の心を発すのであって、二乗心を発さないということを述べているのである。つまり、二乗種とは二乗心のことであって、「二乗種不生」とは浄土において二乗心を生じないという意なのである。

〈五〉第五問答

問曰、種之与心有何差別。

答曰、但以取便而言、義無差別。当華開之時、此人身器清浄、正堪聞法。亦不簡大小、但使得聞即便生信。是以観音不為説小、先為説大。聞大歓喜即発無上道心。即名大乗種生、亦名大乗心生。又当華開時、観音先為説小乗者、聞小生信。即名二乗種生、亦名二乗心生。此品既爾、下二亦然。此三品人倶在彼発心。正由聞大即大乗種生。由不聞小故、所以二乗種不生。凡言種者即是其心也。上来解二乗種不生義竟。女人及根欠義者彼無故、可知。又十方衆生修小乗戒行願往生者、一無妨礙悉得往生。但到彼先証小果。証已即転向大。一転向大以去、更不退生二乗之心。故名二乗種不生。前解就不定之始、後解就小果之終也、応知。

（聖典全書一、六七七〜六七八頁）

問ひていはく、種と心となんの差別かある。

答へていはく、ただ便を取りていふのみ、義は差別なし。華開くる時に当りて、この人身器清浄にして、まさしく法を聞くに堪へたり。また大小を簡ばず、ただ聞くことを得ればすなはち信を生ず。ここをもつて観音、ために小を説かず、先づために大を説きたまふ。大を聞きて歓喜してすなはち無上道心を発す。すなはち大乗の種生ずと名づけ、また大乗の心生ずと名づく。また華開くる時に当りて、観音、先づために小乗を説きたまはば、小を聞きて信を生ぜん。すなはち二乗の種生ずと名づけ、また二乗の心生ずと名づけん。この品（下品上生）すでにしかなり、下の二もまたしかなり。この三品の人はともにかしこにありて発心す。まさしく大を聞くによりてすなはち大乗の種生ず。小を聞かざるによるがゆゑに、ゆゑに二乗の種生ぜず。おほよそ種といふはすなはちこれその心なり。上来二乗種不生の義を解しをはりぬ。女人および根欠の義はかしこになきがゆゑに、知るべし。また十方の衆生、小乗の戒行を修して往生を願ずるもの、一も妨礙なくことごとく往生を得。ただかしこに到りて先づ小果を証す。証しをはりてすなはち転じて大に向かふ。一たび転じて大に向かひて以去、さらに退して二乗の心を生ぜず。ゆゑに二乗種不生と名づく。前の解は不定の始めに就き、後の解は小果の終りに就く、知るべし。

（七祖註釈版、三三一～三三二頁）

▼この問答は、まず前釈に示した種と心とが同義語であることを示して、次に二乗種不生の二つの解釈を示す。

先の問答で二乗種を二乗心と述べたが、種と心とに意味の違いはなく同義語であるとする。種とはタネでありモトである。仏道の発心は証果のタネモトとなるから、発心の義意から心を種と同義語と見られたのである。この種と心との解釈について、柴田泰山氏は善導大師当時の「浄土への生因は

（大乗）種子である」とする道誾や靖邁や玄奘系の法相宗などの見解に対する批判であると指摘している。（『善導教学の研究』三二四頁）

「二乗種不生」について、初めの釈では、下三品の悪人が浄土に往生して、観音菩薩が大乗の法を説かれ、その大乗の法を聞く時、大乗の菩提心を発すから声聞縁覚の「二乗の心を生じない」とするので、「二乗種不生」というのである。

諸師は下三品の者を大乗始学の凡夫とするが、善導大師は悪に遇う凡夫であるとし、大乗にも小乗にも出遇っていない「**不簡大小**」の不定の機であるとする。よって「**華開時**」にあたって観音菩薩が小乗を説いたならば小乗の種が生じたであろうが、観音菩薩はこの者の為に小乗を説かないで最初から大乗を説かれたから即座に「無上道心」を発すのである。これを「**大乗種生**」「**大乗心生**」と名づけ、「二乗の種」「二乗の心」が生じないとするのである。

後の釈では、中三品に「中輩は小を学んで生を得る」と説かれていることから、中輩の者は、小乗の根機である故に「**小乗戒行**」を修して浄土に生まれて阿羅漢果等の小乗の果を証するのであって、小乗の者であっても往生することに「一**無妨礙**」悉く往生することができるとする。しかしながら、小乗の果を証し終わって「一**転向大以去**」は、直ちに大乗の果を証するが故に、再び小乗の心を生起しない。これを「二乗種不生」というのである。

このように、「**前解**」の下三品の解釈は、根機がいずれとも定まっていない「**不定之始**」についていうのであり、「**後解**」の中三品の解釈は、小乗のさとりを開いた「**小果之終**」についていうのである。

第十一章　得益門

◆科段

一、標――「第七料簡」～「分斉者」
二、正釈
　一、定得処
　　問――「問曰」～「何文」
　　答――「答曰」～「得也」
　二、会観経諸文

問――――「問曰」～「通釈」

答――――「答曰」～「故也」

◆これより以降は、第七「得益門」である。第一問答では、韋提希が無生忍という利益を得たのは、『観経』説法中のどの時であったかを示し、それに関して第二問答では、『観経』の諸文を会通する。

(一) 標・第一問答

第七料簡韋提聞仏正説得益分斉者、問曰、韋提既言得忍。未審、何時得忍、出在何文。

答曰、韋提得忍、出在第七観初。『経』云、「仏告韋提、仏当為汝分別解説除苦悩法。説是語時、無量寿仏住立空中。観音・勢至侍立左右。時韋提応時得見、接足作礼歓喜讃歎即得無生法忍。」何以得知。如下利益分中説言。「得見仏身及二菩薩、心生歓喜、歎未曾有。廓然大悟得無生忍。」非是光台中見国時得也。

(聖典全書一、六七八頁)

第七に韋提、仏の正説を聞きて益を得る分斉を料簡すとは、問ひていはく、韋提すでに忍を得といふ。いぶかし、いづれの時にか忍を得たる、出でていづれの文にかある。答へていはく、韋提の得忍は、出でて第七観の初めにあり。『経』（観経・意）にのたまはく、「仏、韋提に告げたまはく、〈仏まさになんぢがために苦悩を除く法を分別し解説すべし〉と。この語を説きたまふ時、無量寿仏空中に住立したまふ。観音・勢至左右に侍立したまへり。時に韋提、時に応じて見たてまつることを得て、接足作礼し歓喜讃歎してすなはち無生法忍を得」と。なにをもつてか知ることを得る。下の利益分のなかに説きてのたまふがごとし。「仏身および二菩薩（観音・勢至）を見たてまつることを得て、心に歓喜を生じ、未曽有なりと歎ず。廓然として大悟して無生忍を得」（観経）と。これ光台のなかに国を見し時得たるにはあらず。

（七祖註釈版、三三二頁）

▼この一段は、標と正釈一、定得処の第一問答である。

標では、第七に韋提希が仏の「正説」を聞いて利益を得た「分斉」、即ち得益をいずれのところとするかを解釈することを示す。「正説」とは、一経二会の『観経』において、阿難の耆闍崛山におけ

る伝説ではなく、釈尊の王宮での説法を指す。『観経』経末において、

この語を説きたまふ時、韋提希、五百の侍女とともに仏の所説を聞き、時に応じてすなはち極楽世界の広長の相を見たてまつる。仏身および二菩薩を見たてまつることを得て、心に歓喜を生じて未曾有なりと歎ず。廓然として大悟して無生忍を得たり。（註釈版、一一六頁）

と説かれ、仏の「正説」を聞いた韋提希及び五百侍女が無生法忍を得忍したことが記されているが、韋提希が聞いたのは、「序分」から「正宗分」の終わりまでを聞いているのであるから、釈尊のどの説法の時に得忍したかが明らかではない。これを明らかにする為に、第七「得益門」を設けるのである。

『慧遠疏』では、経末の文を解釈して、

上来広教三種浄業十六正観。下明説益。益別有三。一韋提及与五百侍女見安楽国仏及菩薩得無生忍。二五百侍女発菩提心願生彼国仏説悉生。三諸天発心。此正宗竟。（大正蔵三七、一八六頁上）

と述べる。即ち、経末に釈尊が「三種浄業・定善十六観」の全部を説き終わられた時に、その利益として、韋提希及び五百侍女が安楽国の仏及び観音勢至の二菩薩を見て無生忍を得忍したとしている。それ故に、ここまでを「正宗分」と見て「此正宗竟」と述べている。したがって、韋提希の得忍の時

分は、経末であるとするのである。

しかしながら善導大師は、慧遠や諸師の見解に対して、第七華座観こそが韋提希得忍の時分であることを明らかにする為に、この「得益門」を設けたのである。そもそも善導大師は『観経』を序分・正宗分・得益分・流通分・耆闍分の五分にわけ、諸師が「正宗分」に入れている経末の「得無生忍」の部分を、得益門として別立てされるが、『玄義分』において「得益門」の一門を立てるのも、以下の二つの問答によって、諸師の理解を楷定する意向からである。

先ず第一問答の問いにおいて、韋提希はいずれの時分において無生忍を得忍したのか、それは『観経』のどの文に出ているのかを問う。

この問いに対し答えでは、第七華座観の初めの「住立空中尊」の文を出す。

この語を説きたまふ時、無量寿仏、空中に住立したまふ。観世音・大勢至、この二大士は左右に侍立したまふ。光明は熾盛にしてつぶさに見るべからず。百千の閻浮檀金色も比とすることを得ず。時に韋提希、無量寿仏を見たてまつりをはりて、接足作礼して仏にまうしてまうさく、「世尊、われいま仏力によるがゆゑに、無量寿仏および二菩薩を見たてまつることを得たり。

（註釈版、九七～九八頁）

即ち、釈尊が韋提希の為に「**除苦悩法**」を「**分別**」し「**解説**」してやろうという言葉を説かれた時に、たちまちに「無量寿仏」が「空中」に「住立」され、「観音・勢至」の二菩薩が「左右」に侍られて立たれ、韋提希はこの阿弥陀三尊を見たてまつることを得たと説かれている。この時に韋提希は「無生法忍」を得たとされるのである。

華座観の経文では、「世尊。われいま仏力によるがゆゑに、無量寿仏および二菩薩を見たてまつることを得たり」とあるのみで、「得無生法忍」とは説かれていない。しかしながら善導大師は、韋提希がこの時に得忍したことを知ることができるのは、下の「利益分」に「仏身および二菩薩を見たてまつることを得て、心に歓喜を生じて未曾有なりと歎ず。廓然として大悟して無生忍を得たり」と説かれているからであるという。つまり、経末で説かれる「得無生法忍」とは、第七華座観で得忍したことを的示したものに他ならないとするのである。そしてまた、「序分」の「定善示観縁」に説かれる「光台」（現国）において、安楽国を見た時に得たのでもないと述べる。経末の文では、「聞仏所説」「応時見極楽世界」だけではなく、「得見仏身及二菩薩」と示した上で「得無生法忍」と説かれている。ここに着目して、韋提希は、第七華座観で住立された無量寿仏を見仏した時に得忍したのであって、光台現国で安楽国を見た（見土）時に得忍したのではないとするのである。したがって見仏得忍したのは、正しく「住立空中尊」においてのこととするのである。

ここでの解釈で、善導大師は華座観の文を引用する中に、「接足作礼」に付け加えて経文にはない

「歓喜讃歎即得無生法忍」の語を入れているが、これは経末の文に「心歓喜故応時即得無生法忍」とあるものに結びつけて、経末の「得無生法忍」が第七華座観の時分であることを証明しようとするからであろう。

このように得忍の時分を第七華座観の住立空中尊の見仏の時分とされるのには、どのような意向が窺われるのであろうか。一つには、釈尊が定散の法を説き終わられた利益によって、韋提希が得忍したのではないことを示すのである。今一つは、経末の「聞仏所説」は、『観経』全体にかかる語であるが、特に第七華座観の「除苦悩法」の語に対応していると見て、釈尊の「除苦悩法」の言葉に応じて突如として現れた阿弥陀仏の仏身を見たことによって韋提希が得忍したことを示すのである。深励師（『四帖疏講義』一八〇頁）はこれについて、「今経正所被の韋提の得忍の所は釈迦の定散の法を聞て得忍せず。安楽の能人弘願を顕彰するときに得忍なり」と述べて、韋提希は、釈尊が説かれた定散の法を聞いて得忍したのではなく、阿弥陀仏が「除苦悩法」たる別意の弘願を顕彰されることによって得忍された、即ち阿弥陀仏の本願力のはたらきによって韋提希が得忍することを顕わさんとする意向があると見ている。

（二）第二問答

問曰、上文中説言、「見彼国土極妙楽事、心歓喜故、応時即得無生法忍。」此之一義云何通釈。

答曰、如此義者、但是世尊酬前別請、挙勧利益方便之由序。何以得知。次下文中説言、「諸仏如来有異方便、令汝得見。」次下日想・水想・氷想乃至十三観已来尽名異方便也。欲使衆生於此観門一一得成、見彼妙事心歓喜故、即得無生。斯乃直是如来慈哀末代、挙勧励修、欲令積学之者無遺、聖力冥加現益故也。

（聖典全書一、六七八～六七九頁）

問ひていはく、上の文のなかに説きてのたまはく（観経）、「かの国土の極妙の楽事を見れば、心歓喜するがゆゑに、時に応じてすなはち無生法忍を得」と。この一義いかんが通釈せん。

答へていはく、かくのごとき義は、ただこれ世尊、前の別請に酬いて、利益を挙勧したまへる方便の由序なり。なにをもつてか知ることを得る。次下の文のなかに説きてのたまはく（同）、「諸仏如来に異の方便ましまして、なんぢをして見ることを得しめたまふ」と。次下の日想・水想・

氷想よりすなはち十三観に至るこのかたをことごとく異の方便と名づく。衆生をしてこの観門において一々に成ずることを得て、かの妙事を見て心歓喜するがゆゑに、すなはち無生を得しめんと欲す。これすなはちただこれ如来末代を慈哀して、挙勧して修することを励まし、積学のものをして遺りなく、聖力冥に加して現益あらしめんと欲するがゆゑなり。

（七祖註釈版、三三三頁）

▼次に、第二問答では、「序分」「定善示観縁」に説かれた「得無生法忍」の文をどう見るかを示す。

まず問いでは、前段の問答では、経末の「心歓喜故応時即得無生法忍」を第七華座観に結びつけて解釈したが、それならば、「序分」「定善示観縁」の、

見彼極妙楽事、心歓喜応時即得無生法忍

の文こそ、経末の文と対応しているとも考えられる。したがって、韋提希は「序分」の光台現国の時分に得忍したのではないか。第一問答の最後に否定した点について、もう一度どう解釈するかと問うのである。

これに対して答えでは、「序分」に「得無生法忍」を説くのは、韋提希の「別請」に酬いてこれか

ら釈尊が「正宗分」で説く定善観法の前に、あらかじめその観の利益を挙げて定善観を勧められる序であるとしている。したがって、「定善示観縁」において「玄談未標得処」(はるかに談じていまだ得処を標せず)と示すように、まだ無生法忍がどこで得られるかということをあらわさずに、韋提希や未来世の衆生にこの利益を願わせようとされる釈尊の思し召しが示された一段と見ている。月珠師(『玄義分講録』五六三頁)は、見土によって得忍するのであれば、その後に「教我思惟教我正受」と別請する必要はなく、光台見土は第七観得忍の前方便に他ならないと述べている。

このように、第七華座観において得忍するということが、どうして知れるかというと、次の「**諸仏如来有異方便令汝得見**」の経文によるのである。

この「**諸仏如来有異方便**」とは、韋提希は凡夫である故に浄土を見ることはできない筈であったが、如来の異の方便の仏力が見せしめることを示す。「諸仏如来」について、深励師(『四帖疏講義』三二九頁)は、ここでの釈迦仏の立場を、仏仏平等一仏即一切仏の道理から、諸仏に広げていうとする。

「異方便」について、『慧遠疏』では、

教観此方日水等事令知彼方名異方便令得見矣。　(大正蔵三七、一七九頁上)

と釈している。慧遠は、十六観の内、前七観を依報観としているが、この「定善示観縁」の経段からが依報観を説くと見ており、「日水等」とあるのは前の六観までを指し、それを後の正報観を知らし

むる為の異の方便とするのである。また、『智顗疏』では、

異方便者。即十六観。非直観名方便。以仏力故見彼国者。亦是方便也。

（大正蔵三七、一九一頁中）

として、十六観すべてを異方便とし、兼ねて韋提希が光台現国によって見たことも方便としている。

これに対して善導大師の釈では、「日想・水想・氷想乃至十三観」とあって、定善十三観を異の方便とする。この「異の方便」の「異」とは、常識とは異なる、特に勝れた特異なるという意である。つまり、他経で説く常なる法門では、とても凡夫の観成就はあり得ないけれども、仏の特に勝れた方便によって、「聖力冥加」して見ることができることを示すのである。このように、この一段では、諸師の見方を楷定し、実の凡夫たる韋提希が定善観を成就するのは、全く仏の異の方便としての仏力によって行われることを明かにするのである。

ただし、『般舟讃』には、

定散ともに回すれば宝国に入る［願往生］

すなはちこれ如来の異の方便なり［無量楽］

（七祖註釈版、七九一頁）

とあることから、善導大師には定散二善を異の方便とする意向もあることが分かる。これは、定散二善によって浄土往生できるのは、仏力によることを示すものであろうが、宗祖はこの点に着目されて、

「化身土文類」に、

「諸仏如来有異方便」といへり、すなはちこれ定散諸善は方便の教たることを顕すなり。

（註釈版、三八二頁）

とされ、定散二善が弘願に通入する方便の教えであることを示されるのである。

次に「**令汝得見**」とは、勝れた方便によって、韋提希を始め未来の衆生をして、この定善十三観の「一一」を成し遂げさせ、かの浄土の「**妙事**」を見て「**心歓喜**」することによって「無生法忍」を得させようとされるのである。これについて深励師（『四帖疏講義』一八二頁）は、十三観成じた所で弘願に入れて他力の信をうれば無生忍を得るという意味が含まれていると指摘している。よって、如来が「**末代**」を「**慈哀**」して、一人残らず「**聖力冥加**」して「無生法忍」を得させようと思し召しになっていると述べるのである。

ただし、注意しなければならないことは、この「無生法忍」の内容について、諸師と善導大師とに相違がある。慧遠は、「無生忍」を解釈して、

無生理也。慧心安理名無生忍。忍具有五如仁王経説。一是伏忍在於種性解行位中学観諸法能伏煩悩故名為伏。二是信忍二三地於無生理信心決定名為信忍。三者順忍四五六地破相入如趣順無生名為順忍。四無生忍七八九地証実離相名無生忍。

（大正蔵三七、一七九頁上）

と述べるように、七八九地の菩薩の所証であるという。また智顗や吉蔵も高位の菩薩の所証であるとする。

これに対して、善導大師は『序分義』に、

「心歓喜故得忍」といふは、これ阿弥陀仏国の清浄の光明、たちまちに眼前に現ず、なんぞ踊躍に勝へん。この喜によるがゆゑに、すなはち無生の忍を得ることを明かす。また喜忍と名づけ、また悟忍と名づけ、また信忍と名づく……これ多くこれ十信のなかの忍にして、解行以上の忍にはあらず。（七祖註釈版、三九〇頁）

と述べるように、「十信」位で得るものとされる。したがって、善導大師は『観経』の「得無生法忍」を、十住（解）十行（行）以上の位で得るものではなく、十信位に属する凡夫が得る忍であると解釈されるである。つまり、底下の凡夫が、「如来異方便」である仏力によって、「聖力冥加」して得られるものが、『観経』に説かれる「無生法忍」の利益であることを明らかにされるのである。

第十二章　結証

証曰、掌握機糸十有三結、条条順理、以応玄門訖。此義周三呈前証者矣。上来雖有七段不同、総是文前玄義。料簡経論相違妨難、一一引教証明。欲使信者無疑、求者無滞、応知。

（聖典全書一、六七九頁）

証していはく、掌に機糸を握ること十有三結、条々理に順じて、もつて玄門に応じをはりぬ。この義周りて三たび前の証を呈すものなり。

上来七段の不同ありといへども、総じてこれ文前の玄義なり。経論の相違妨難を料簡するに、一々に教を引きて証明す。信ずるものをして疑なく、求むるものをして滞りなからしめんと欲す、知るべし。

（七祖註釈版、三三三〜三三四頁）

◆科段

結証
- 一、呈証――「証曰掌握」以下
- 二、正結――「上来七段」以下

◆この一段は、上来の『玄義分』全体を結成されたものである。

「掌握機糸」とは、『観経』全体を織物に見立てたもので、掌に握った「十有三結」の十三束の機織り糸の一条一条が正しく理に順っていることを示している。「十有三結」の十三条とは、古来より「序題門」「釈名門」「宗教門」「説人門」「定散門」「和会門」「得益門」の七門に加えて、和会門中の「諸師解」「道理破」「返対破」「出文顕証」「別時意会通」「二乗種不生」の六項目を合わせて十三条とする。

「証曰」とは、善導大師自身が感得した『散善義』末尾で表白する三夜の証のことを指すのであろう。それは、毎夜夢中に一人の僧来たりて、玄義の科段を指授し、さらに脱稿の後に、第一夜には、白駱駝に乗れる人来たって往生決定して退転せずといい、第二夜には阿弥陀仏を見たてまつり、第三夜には幢幡等の荘厳を見たというものである。これらの霊験が、『玄義分』の内容は単に自らの思考ではなく、正しく仏意にかなったものであることを証明していると述べる。
「文前玄義」とは、これより以下の『序分義』『定善義』『散善義』において経文の解釈に入る前の奥深い義のことである。この中において、特に「和会門」では、「経論相違」によって浄土の教えを「妨難」する者に対して、その誤りを正して信じる者をして疑いを無くし、往生を求める者に滞りがないように書き表したことを述べて、玄義の一段を結ぶ語とするのである。

以上

著者紹介

森田　眞円（もりた　しんねん）〈法名　浄円〉
1954年　奈良県に生まれる
龍谷大学大学院文学研究科博士課程真宗学専攻満期退学，
本願寺派宗学院卒業
現　在　京都女子大学教授　本願寺派勧学
　　　　奈良県教善寺住職
著　書　『観経序分義窺義―「王舎城の悲劇」に聞く―』
　　　　『観念法門窺義』『ひらがな真宗』『ひらがな正信偈』
　　　　『埋み火』『はじめての親鸞さま』
　　　　『白き蓮華のひらく刻』など，ほか論文多数

観経玄義分窺義

平成二十九年七月十八日　第一刷

著　者　森　田　眞　円
発行者　永　田　　悟
印刷所　㈱図書印刷同朋舎
製本所　㈱吉田三誠堂
発行所　永　田　文　昌　堂
600-8342　京都市下京区花屋町通西洞院西入
電　話（〇七五）三七一―六六五一番
ＦＡＸ（〇七五）三五一―九〇三一番

ISBN978-4-8162-2154-5 C3015